Dr. DINERO

Jan van Helsing

WISSEN IST MACHT

Wie viel Macht kannst Du ertragen?

amadeus-verlag.com

Die Benutzung dieses Buches und die Umsetzung der darin enthaltenen Informationen erfolgt ausdrücklich auf eigenes Risiko. Die in diesem Buch beschriebenen Hypothesen, Methoden, Verfahren, Ansätze, Geräte und Aussagen von Personen sind nicht als Ersatz für professionellen und kompetenten medizinischen Rat bei gesundheitlichen Beschwerden und Störungen zu verstehen. Die gegebenen Hinweise und Empfehlungen zur Selbsthilfe können bei schweren Erkrankungen den Arzt oder Heilpraktiker nicht ersetzen. Autor und Verlag geben ausschließlich Informationen weiter. Sie beabsichtigen auf keinen Fall, Diagnosen zu stellen, medizinische Ratschläge oder therapeutische Empfehlungen zu geben.

aus rechtlichen Gründen

Amadeus Verlag GmbH & Co. KG
Birkenweg 4
74579 Fichtenau
Fax: 07962-710263
www.amadeus-verlag.com
Email: amadeus@amadeus-verlag.com

Druck:
CPI – Ebner & Spiegel, Ulm
Satz und Layout:
Jan Udo Holey
Umschlaggestaltung:
Amadeus Holey

ISBN 978-398562-888-9

Inhaltsverzeichnis

TEIL 3

Vorwort

Liebe Leserinnen und Leser,
ist Ihnen bewusst, dass wir von morgens bis abends belogen werden? Mir ist eines Tages klar geworden, dass wir nach dem Aufstehen eine Lüge nach der anderen aufgetischt bekommen, nur zu dem Zweck, innerhalb des bestehenden Systems zu funktionieren – wie Sklaven. Bloß nicht hinterfragen, einfach nur arbeiten, bis wir am Ende des physischen Daseins in die Kiste steigen.

Es fängt nach dem Aufstehen mit dem Fluorid in der Zahncreme an oder mit dem Aluminium in den Deodorants. Da kommt bereits das erste Gift in den Körper. Geputzt werden Zähne, die mit Amalgam repariert wurden – Amalgam enthält Quecksilber und kann zu Schwermetallvergiftungen führen. Der Zahnarzt winkt natürlich ab – genauso wie beim Fluorid – und erklärt, dass das alles ganz harmlos sei… Als Nächstes kommt der Kaffee, von dem drei Viertel der Menschheit abhängig sind, und hinterher die Kuhmilch, die im menschlichen Körper nichts zu suchen hat. Während des Frühstücks läuft bereits die Glotze oder das Radio, mit denen die Gehirnwäsche gleich am Morgen losgeht. Es wird einem gesagt, wovor man Angst zu haben hat, wer der böse Feind ist, dass Impfen unerlässlich ist, eine konservative Weltsicht „rechts" ist und die klassische Familie eigentlich längst ausgedient hat.

Sie können meine ersten Sätze bestätigen? Und es geht noch weiter mit der Lügerei: Wir müssten an und für sich gar nicht so viel arbeiten. Eigentlich würden 4 bis 5 Stunden Arbeit pro Tag ausreichen, wenn man denn diverse Technologien nicht unterdrücken bzw. nur militärisch verwenden, sondern jedem einzelnen Bürger zur Verfügung stellen würde. Es gibt Gerätschaften bzw. technologische Entwicklungen, um elektrischen Strom zuhause herzustellen – solch eine Freie-Energie-Maschine (Magnetmotor) hatte ich 1992 zum ersten Mal mit eigenen Augen in Funktion gesehen – ein kleines Gerät, das ein Einfamilienhaus komplett mit Strom versorgte. Wenn ich mein Elektroauto nie zu laden habe, da der Strom mit einem Generator während der Fahrt erzeugt wird und weder Heiz- noch Stromkosten anfallen, muss ich weniger arbeiten und lebe zudem wesentlich autonomer und unabhängiger vom Staat. Zudem kann ich mir ein Gewächshaus bauen und dieses das ganze Jahr über mit meinem selbsterzeugten Strom beheizen.

Das Haus, in dem wir wohnen, wie sieht es aus? Wir leben in rechteckigen Häusern, was unnatürlich ist, da das Eckige, vor allem der rechte Winkel, in der Natur kaum vorkommt. Es ist sicherlich praktisch, keine Frage, ist aber wider die Natur. Asien zeigt uns, dass es auch anders geht. Und hier kommen wir auch gleich auf etwas zu sprechen, was noch wichtiger ist: Man achtet in der westlichen Welt beim Architektenentwurf weder auf das Feng Shui bzw. die Geomantie, noch darauf, ob sich auf dem Bauplatz Wasseradern oder andere Störfelder befinden – und wundert sich dann, dass man krank wird. Dieses Wissen war ja auch in Europa einmal vorhanden, was uns die Heilige Geometrie in der Gotik zeigt. Zudem gäbe es auch ganz andere Baustoffe. Ein österreichisches Familienunternehmen, mit dessen Inhabern ich befreundet bin, hat ein Imprägnierverfahren für Holz auf Nanobasis entwickelt, das Holz unbrennbar macht. Sie bekommen keine Zulassung, weil es der Metall- und Beton-Industrie nicht schmeckt. Dann gibt es die Glühbirne, die nie kaputt geht, die Schauberger-Turbine, die jeglichen Müll in Pulver verwandelt, aus dem man wiederum Bausteine herstellen kann, oder den Asphalt, der ewig währt… Ist alles nicht erwünscht.

Die Art des Anbaus bei uns in Deutschland oder in Österreich ist ebenso massiv ausbaufähig, was beispielsweise Sepp Holzer beweist. Dieser züchtet mit seiner Permakultur Zitronen auf 1.300 Metern Höhe in den österreichischen Bergen. Tja, das lernt man in der Landwirtschaftsschule nicht, gell? Zudem kaufen wir Obst und Gemüse, auf dem „Bio“ steht. Ja, geht's noch? Das ist das, was eigentlich „normal“ ist – der Rest ist gedüngt, genetisch verändert oder sonst wie behandelt. Es müsste statt „Bio“ „normal“ draufstehen und auf dem anderen „genetisch verändert“.

Es werden uns über die Werbung Dinge feilgeboten, die unerlässlich sind, um „in“ zu sein, oder es werden Urlaubsorte angepriesen, die man unbedingt aufzusuchen hat. Deshalb muss nicht nur der Mann, sondern auch die Frau mitarbeiten, damit all das bezahlt werden kann. Die „Karrierefrau“ ist eine prima Erfindung einer Institution, die heutzutage kaum einer kennt: den *Club of Rome*. Der *Club of Rome* ist ein Zusammenschluss von Experten verschiedener Disziplinen aus mehr als dreißig Ländern und wurde 1968 von dem Industriellen Aurelio Peccei gegründet. Offiziell setzt sich diese gemeinnützige Organisation für eine nachhaltige Zukunft der Menschheit ein. Die Wissenschaftler dieses *Club of Rome* kamen 1972 zu der Erkenntnis, dass wir ab einem bestimmten Zeitpunkt – um das Jahr 2000 – derart viele Menschen auf der Erde haben würden, dass die vorhandenen natürlichen Ressourcen nicht mehr ausreichen, weshalb man zu der Entscheidung kam, dass die Geburtenrate gesenkt und die Sterberate der Menschen erhöht werden müsse. Zusammengefasst hatte das der *Club of Rome* in seiner Schrift »Limits of Growth« (»Grenzen des Wachstums«). Wie senkt man die Geburtenrate? Nun, eine Frau, die Karriere machen will, arbeitet viel, was bedeutet, dass sie weniger Kinder in die Welt setzt. Daher wurde seitdem die Frauen- sowie Emanzipationsbewegung massiv finanziell unterstützt, vor allem von der Rockefeller Foundation. Die Frau musste jetzt plötzlich „ganz hoch hinaus“, also wurde in der Werbung auch die emanzipierte Frau gezeigt, die ihr Leben selbst meistert. Ebenso startete man damals die Homosexuellenbewegung, denn diese Menschen vermehren sich nicht…

Das allerschlimmste Übel von allen ist allerdings das Zinseszins-System, das im Islam übrigens verboten ist, und das die heutige Menschheit komplett versklavt hat, denn um die gewaltigen Zinsen der Geldverleiher – die auch Staaten Geld leihen – bezahlen zu können, mussten entsprechende Steuern erlassen werden, die den Einzelnen immer mehr in ein Hamsterrad treiben, aus dem er bis zum Lebensende kaum herauskommt. Unser Geldsystem darf auf keinen Fall hinterfragt werden, was vor allem unser ehemaliger Finanzminister Oskar Lafontaine einst zu spüren bekam, der wirklich etwas am Finanzsystem ändern wollte. Er bzw. seine Familie wurde deshalb bedroht, und Lafontaine trat wenige Tage später von allen Ämtern zurück. Von ihm stammt auch der Satz: „*Die Weltpolitik wird von einem Hochfinanzimperium regiert.*"

Und genauso wenig wie unser Finanzsystem darf auch die Politik der EZB oder der EU in Brüssel nicht angetastet werden, wo Politiker tätig sind, die wir nie gewählt haben…

Und jetzt kommt das Beste: Wir sollen zur Wahl gehen, das sei die Pflicht und Verantwortung eines guten Demokraten. Wieso soll ich denn überhaupt ein Demokrat sein? Wer sagt denn, dass es nicht etwas Besseres als die Demokratie gibt? Hatten sich die Monarchien denn nicht hervorragend bewährt? Wem waren sie ein Dorn im Auge, dass zum Beispiel die Zarenfamilie exekutiert wurde? Wer wurde mehr geliebt? Die damaligen Monarchen – wo ein König oder Kaiser den männlichen Teil des Volkes repräsentierte und eine Königin oder Kaiserin den weiblichen – oder unsere heutigen Politiker? Libertäre sehen das wiederum ganz anders, sie wollen weder noch. Das sind auch keine Demokraten. Oder Vertreter eines Matriarchats. Wieso sollen wir unbedingt in einer Demokratie leben, von der Winston Churchill sagte: „*Das beste Argument gegen die Demokratie ist ein fünfminütiges Gespräch mit einem durchschnittlichen Wähler.*"? Oder zu der der amerikanische Schriftsteller Mark Twain meinte: „*Wenn Wahlen irgendeine Bedeutung hätten, würde man uns nicht erlauben, sie abzuhalten.*" Die Menschen werden in den sogenannten „Demokratien" in dem Glauben gelassen, dass sie etwas zu sagen hätten, dem ist aber nicht so. Die Demokratie ist die geeignetste Regierungsform, um die Massen beliebig zu lenken.

Hierzu ein kleines Beispiel, welches ich erst im August 2022 zugetragen bekommen hatte: Im Jahre 1996 hatte ein österreichischer Metall- und Glasbauer den Auftrag bekommen, das Haus eines nach St. Johann im Pongau umgezogenen US-Amerikaners einbruchsicher zu machen. Es handelte sich um einen Diplomaten und dessen Gattin.

Während der Umbauarbeiten hatten sich der Diplomat und der Bauunternehmer etwas angenähert, und es wurde offenbar, dass der Herr ein hochrangiger CIA-Agent war. Der Bauunternehmer fragte damals, als es auf die nächsten Präsidentschaftswahlen zuging, wer denn wohl der nächste Präsident werden würde – damals war Bill Clinton in seiner zweiten Amtsperiode und es war nicht klar, wen man auf Seiten der Republikaner ins Rennen schickt. Der CIA-Mann sagte: *„Bush"*. Der Bauunternehmer stutzte und erwiderte, dass George Bush doch schon zweimal Präsident gewesen wäre und nicht mehr antreten könne. *„Nein, dessen Sohn, George W. Bush"*, erklärte der Amerikaner mit selbstsicherer Stimme. George W. Bush war damals überhaupt nicht bekannt, weswegen der Bauunternehmer nachhakte und wissen wollte, wie das denn geschehen solle, was der CIA-Mann mit den Worten niederbügelte: *„Wir machen das schon, keine Sorge."*, womit er den Geheimdienst meinte. Er erklärte zudem, dass es ohnehin egal sei, wer Präsident werde, da diese nur Schauspieler fürs Volk seien und dazu herhalten müssen, das Volk zu beschäftigen, *„damit die wahren Herrscher im Hintergrund in Ruhe ihre Arbeit machen können"*. Der Bauunternehmer war natürlich skeptisch, ist er doch ein recht bodenständiger Mensch. Die Skepsis wich, als eines Tages auf dem Grundstück hinter dem Haus ein NATO-Hubschrauber landete und den Amerikaner abholte. Jahre später, so berichtete mir der Bauunternehmer, habe er in der Zeitung gelesen, dass ein Diplomatenehepaar bei einem Hausbrand – ausgelöst durch einen defekten Toaster – ums Leben gekommen sei. Und der Sohn der beiden hatte kurz zuvor einen tödlichen Autounfall. So beseitigt man Zeugen und Mitwisser, wenn die Arbeit getan ist. Tja, so läuft das, liebe Leserinnen und Leser.

Wenn wir schon Demokratie spielen wollen, dann bitte richtig – so wie in der Schweiz. Zu allen wichtigen Entscheidungen gibt es Volksbefragungen, das heißt, dass alle mitbestimmen dürfen, nicht nur die Politiker in Berlin oder in Brüssel, sondern jeder Bürger. Hätten die Bürger zum Thema Euroeinführung, Rechtschreibreform, Flüchtlingsaufnahme, Impfpflicht, Öffnung von Nord Stream 2, Abschaltung der Atomkraftwerke oder Waffenlieferungen in die Ukraine mitbestimmen dürfen, sähe unser Land ganz anders aus…

Weiter geht es mit unseren Kindern: *„Mein Kind muss heute Vormittag zum Impftermin, denn Impfungen sind ja so wichtig…"* Auch das darf nicht hinterfragt werden, wir haben ja inzwischen eine gigantische Impfindustrie, die alles daran setzt, dass jedes Lebewesen Chemie in den Körper injiziert bekommt. Einen Bezug von Impfungen zu Autismus, zum Asperger-Syndrom oder Multipler Sklerose gibt es natürlich keinen… Und unsere Kinder zuhause erziehen dürfen wir auch nicht, sie müssen ja für das System geformt werden. In der Grundschule geht es bereits los, was in den Universitäten dann vollends eingebaut wird: Man muss „links" sein und „grün" wählen, sich für irgendwelche Minderheiten und Benachteiligte einsetzen, anstatt die Stärksten und Besten zu fördern, um eine Elite zu schaffen, die vorbildlich ist und an der man sich orientieren kann. Stattdessen werden Randgruppen und Minderheiten in den Vordergrund gestellt – sei es in der Musikszene, in der Kunst oder auch im gesellschaftlichen Leben. Wie krank! Zudem müssen die Kinder sich für ein Aufhalten einer angeblich vom Menschen verursachte Klimaerwärmung engagieren, obwohl das von seriösen Wissenschaftlern längst widerlegt ist. Wehe denen, die den Mainstream anzweifeln! Aber diese eingeschlagene Richtung, für die man die jungen Menschen missbraucht, ist Teil eines großen Plans, den man „Agenda 21", „Great Reset" oder „Neue Weltordnung" nennt.

Unser Schulsystem war laut der Pisa-Studie 2000 ein extrem schlechtes. Und warum kopiert man nicht einfach das von Finnland oder Südkorea, die Platz 1 und 2 erreicht hatten? Ist nicht erwünscht. Stattdessen hat man eine völlig unnötige Rechtschreibreform durchgeführt. Man will bewusst die Kinder verblöden. Und wenn sie vom Babyalter an ständig gefilmt werden und gesagt bekommen, wie großartig sie sind und wie gut sie aussehen, züchtet man so eine Generation von versorgungsabhängigen Narzissten heran. So sieht es aus.

Und das betrifft auch unsere Migrationspolitik: Wir bräuchten Menschen aus fernen Ländern, um unsere Wirtschaft zu festigen, heißt es. Das ist totaler Müll. Wir haben eine völlig verquere Familienpolitik, die wir von der EU und den Weltherrschern vorgeschrieben bekommen, damit wir keine homogenen Völker mehr haben. Chaos ist das Ziel sowie Unruhe. Können Sie mir erklären, wie Menschen, die aus einem Entwicklungsland zu uns kommen, uns „bereichern" sollen? Schauen Sie in die Großstädte Europas und Sie sehen die Ernte dieser Aussaat!

Es gibt unendlich viele weitere Lügen, die man uns täglich vorkaut und durch die man uns zu hörigen und rückgratlosen Systemlingen formen will:

- Die Pyramiden sind nicht von den Ägyptern gebaut worden, sondern von den Atlantern.
- Die verschiedenen Rassen auf der Erde haben keinen gemeinsamen Ursprung – sie stammen weder vom Affen ab noch aus Schwarzafrika. Vor allem Jason Mason belegt in seinem Buch »Mein Vater war ein MiB – Band 2«, dass man hunderte Skelette von Riesen oder Humanoiden mit extrem großen Köpfen gefunden hat, die teilweise zwei oder drei Zahnreihen aufweisen sowie sechs Finger und Zehen. Es gab – und gibt heute teilweise immer noch im Verborgenen – andere Spezies, die vor und teilweise parallel zum Homo sapiens hier lebten und sich auch genetisch mit uns vermischten. Diese Wesen, von den indigenen Völkern oft als „Götter" bezeichnet, waren meist groß, blond und blauäugig, weswegen man in Afrika sowie im südamerikanischen Dschungel Menschen mit blauen Augen fand, deren Vorfahren einst Verkehr mit diesen Göttern hatten.
- Wir müssten nicht wegen jedem Wehwehchen zum Arzt gehen, es gibt andere Wege, gesund zu sein und auch zu bleiben. Naturheilkunde und Homöopathie werden als Scharlatanerie gebrandmarkt, Hellseher und Heiler sind Betrüger oder Kurpfuscher, nur die Pharmaindustrie kennt den wahren Weg…

- Die drei großen Religionen des Westens in der heutigen Form sind teilweise Irrlehren, da sie die Reinkarnation ausklammern. Aus der christlichen Lehre wurde diese im Jahre 553 n.Chr. beim Konzil von Konstantinopel einfach entfernt. Unabhängig davon hatte ich selbst ein Nahtoderlebnis und sah währenddessen nicht nur, wie ich mir meine Eltern ausgesucht habe, sondern auch, wer ich in meinem letzten Leben war.
- Ach ja, und sollten Sie glauben, dass NASA, ESA und Roskosmos die einzigen Organisationen sind, die sich in den Weltraum hinausgewagt haben, dann sind Sie völlig auf dem Holzweg. Bereits 1943 gab es die erste deutsche Weltraummission, und parallel zur NASA gab es ein weiteres, von Privatinstitutionen finanziertes Weltraumprogramm mit einer ganz anderen Technologie, die man bis heute der Masse vorenthält – aus gutem Grund. Wie sagte schon Henry Kissinger 1976 zu einem Soldaten in der Wright Patterson Air Force Base – im Hangar 18 –, wo dieser in einer Untergrundbasis fliegende Untertassen stehen sah: *„Ja, das gibt es. Aber die Menschheit ist noch nicht reif dafür. Wissen Sie, die Masse braucht die Bibel.“* Der inzwischen verstorbene Chef der Lockheed Skunk Works, der Entwicklungsabteilung von Lockheed Martin, die ihr Testgelände auf der Area 51 in Nevada betreibt, sagte im Jahr 1976: *„Wir haben jetzt die Technologie, um ET nach Hause zu bringen.“* – also außerhalb unseres Sonnensystems zu reisen. Tja, aber wir Trottel fahren Autos mit Motoren, die vor mehr als 100 Jahren entwickelt wurden und fliegen Flugzeuge mit ähnlich alten Motoren...
- Und war Ihnen bekannt, dass alle Kulturen der Welt unterirdische Tunnelsysteme gebaut haben – bereits vor zigtausenden Jahren? Weil sie wussten, dass die Erde alle zirka 11.500 Jahre von Kataklysmen heimgesucht wird. Deshalb baut auch unser Militär weltweit für sich und eine auserwählte „Elite“ ein gigantisches System von Militäranlagen in der Erdkruste, die alle durch Tunnel mit Hochgeschwindigkeitszügen miteinander verbunden sind.

Das war Ihnen nicht bekannt? Auch nicht, dass eine dieser Anlagen unter „Stuttgart 21“ erbaut wurde? Na dann...

- Und dass der Mond ein Hohlkörper ist, hat nicht erst Roland Emmerich herausgefunden, sondern darauf kamen bereits die ersten Astronomen. Und was bedeutet das? Finden Sie es heraus. Ich habe es auch herausgefunden. Es hat mich zwanzig Jahre meines Lebens gekostet, doch das war es wert! Wenn Sie es wissen, wird nichts mehr so sein, wie es einmal war, glauben Sie mir...
- Die Nato ist ein Friedensbündnis? Fragt sich nur, für wen... Der erste Nato-Generalsekretär Lord Hastings Ismay sagte über den Zweck der Nato bezüglich Europa: *„Der einzige Grund war es, die Amerikaner drinnen, die Russen draußen und die Deutschen unten zu halten.“* Ist ja ein richtig toller Verein, bei dem wir Deutschen unbedingt Mitglied sein müssen und dessen Befehlen wir gehorchen. Und unsere Vorzeige-Regierungspolitiker werden einen Teufel tun, um daran etwas zu ändern, schließlich sind fast alle Mitglieder der *Atlantik-Brücke*, deren ehemaliger Chef, Dr. Arend Oetker, einst sagte: *„Die USA werden von 200 Familien regiert, zu denen wollen wir gute Kontakte haben.“*
- Dann wären da noch die vielen kleinen Lügen der Politiker, die das Wahlvolk immer wieder zu vergessen scheint: Uwe Barschel: *„Ich gebe Ihnen mein Ehrenwort.“*, Bill Clinton: *„Ich hatte nie Sex mit dieser Person.“*, die Spendenaffären von Strauß, Kohl und Schäuble, die Bereicherung an Maskengeschäften usw. Wieso vergessen das die Leute immer wieder?
- Und dann, ja dann gab es noch das Ereignis, das keiner jemals vergessen wird: Die Zwillingstürme bei 9/11 sind nicht durch arabische Terroristen zerstört worden. Und das weiß auch ein Donald Trump, der nach seiner Wahl zum Präsidenten nicht ein einziges Wörtchen dazu über seine Lippen hat kommen lassen, ebenso wenig über die Auftraggeber des Mordes an John F. Kennedy. Trump kennt die Namen, schließlich war er mit John F.

> Kennedys Sohn eng befreundet. Warum hat er nichts gesagt? Und auch nicht über den Angriff der Japaner auf Pearl Harbor, der den Amerikanern schon eine Woche zuvor bekannt war – man benötigte nur einen Vorwand, um in den Zweiten Weltkrieg eintreten zu können. Vor wem hat Donald Trump Angst? Hatte man ihm mitgeteilt, dass es ihm wie JFK ergehen wird, wenn er nicht mitspielt?

Und so könnte ich die Liste beliebig weiter verlängern. Meine Bücher sind gespickt mit diesen Themen und der Bloßstellung solcher Lügen. Aber hierbei handelt es sich um Lügen im Außen, WIR werden belogen von anderen, vom System, vom Mainstream – man macht das mit uns.

Viel interessanter – und nun kommen wir zu Dr. Dineros Buch – sind die inneren Lügen, die vielen kleinen Lügen unterm Tag, die unser eigenes Leben betreffen – wo wir es sind, die andere oder sogar uns selbst belügen. Ein Beispiel gefällig? Wie viele Männer gehen fremd – Frauen natürlich auch –, wie viele gehen, wenn sie auf Montage sind, mit den Kollegen in den Puff? Alleine in meinem Bekanntenkreis weiß ich von etlichen Familienvätern, was sie so nebenbei treiben. Sie belügen nicht nur ihre Frauen und die Kinder, sondern auch sich selbst und Gott, denn schließlich hatte man ja bei der Trauung vor Gott ein Versprechen abgegeben. Und Sie glauben, das bleibt unbestraft? Dass der Schöpfer da mal ein Auge zudrückt? Oder wenn man beim Auto- oder Hausverkauf dem Käufer diverse Mängel verschwiegen hat und sich ins Fäustchen lacht? Oder beim Versicherungsbetrug? Oder wenn man den Handwerker im Preis gedrückt oder sich woanders einen Vorteil erwirkt hat? Oder ein Beispiel aus dem Verlagswesen: Normal ist ein Autorenhonorar von „10 Prozent vom Ladennettoverkaufspreis". Manche Verlage nutzen allerdings die Unwissenheit von neuen Autoren aus und schreiben im Vertrag „10 Prozent vom Umsatz". Das ist dann nur noch die Hälfte, da der Buchgroßhandel 50 Prozent Rabatt bekommt. Die Unwissenheit oder Naivität eines anderen Menschen bewusst auszunutzen, ist schlicht und ergreifend Betrug. Und ich kenne mehrere Fälle eines solchen verlegerischen Vorgehens in der deutschen Esoterikszene, und manche von denen hat es in den letzten Jahren hart getroffen – Zufall? Nö…

Ich weiß nicht, ob Ihnen das klar ist, aber wir leben innerhalb eines intelligenten Systems, einer Matrix, wenn Sie so wollen, und diesem entgeht nichts, aber auch gar nichts. Jede Ungerechtigkeit, jeder Betrug und jede Lüge wird früher oder später wieder ins rechte Lot gerückt. Die Menschen wundern sich, dass sie eines Tages schwer krank werden, dass das Haus abbrennt, sie einen Unfall erleiden, gekündigt werden oder man sie betrügt – und sie sehen den Zusammenhang nicht, den Zusammenhang zu dem, was sie selbst verursacht haben, wo sie im Leben Grenzen überschritten und andere Menschen übervorteilt haben. Eines ist klar: Man kann das Leben nicht betrügen, abgerechnet wird zum Schluss! Das nennt sich auch Karma. Hat man die Möglichkeit, über eine hellsichtige Begabung, so wie zum Beispiel der Pastor Johannes Bolte, den mein Vater noch kannte und der bei jedem Menschen die Vorleben sehen konnte sowie die karmischen Verbindungen zwischen diesen, so sieht man, dass das Leben letztlich alles ausgleicht. Kein Unfall ist „zufällig", auch Krankheiten und Schicksalsschläge haben immer eine Ursache.

Wir leben in einem Kosmos (griech.; Ordnung), in einem perfekten, durchgeplanten System mit ganz klar definierten Gesetzen. Sich herauszureden, dass man die Gesetze nicht kennen würde, zieht nicht. Sie wurden vor 2.000 Jahren von einem jungen Mann in einen Satz gepackt: „*Was Du säst, wirst Du auch ernten!*" Das hat sich bis heute nicht geändert, so wie sich die chemisch-physikalischen Gesetze auch nicht geändert haben.

Mit Dr. Dinero begeben wir uns auf eine Reise in diese „unsichtbare" Welt, um besser verstehen zu lernen, wie das Leben funktioniert und was es uns durch diverse Ereignisse sagen möchte. Vielmehr zeigt

Dr. Dinero auch auf, wie man Situationen, die man einst verursacht hat – ob bewusst oder unbewusst –, wieder lösen kann, und wie wir es anstellen können, dass wir endlich in die Souveränität kommen. Raus aus dem Sklavendasein und hin zum selbstbewussten Schöpfer.

Und nun lassen wir Dr. Dinero loslegen…

Ihr *Jan van Helsing*

TEIL 1

Kapitel 1 – Persönlichkeit

Wie Sie vermutlich schon bemerkt haben, werden wir von den Massenmedien von morgens bis abends belogen. Und belogen werden wir auch, was uns selbst betrifft und was unsere Macht angeht, unsere Schöpferkraft, die definitive Macht eines jeden Menschen. Man hat uns einfach dieses Wissens beraubt. Diejenigen, die dieses Wissen haben, beherrschen jene, die dieses Wissen nicht haben. Und um genau dieses Wissen geht es in diesem Buch.

Es geht darum, diese Macht kennenzulernen, wiederzuerlangen und sie praktisch anzuwenden. Diese Macht, dieses Wissen, hat mit der Natur des Menschen zu tun, mit unserer Persönlichkeit. Und genau mit dieser Persönlichkeit möchte ich hier auch beginnen. Wenn wir uns die Frage stellen: „*Was ist eine Persönlichkeit?*“, dann fallen uns vielleicht Begriffe ein wie „Führungspersönlichkeit“, „charismatische Persönlichkeit“, „Verkäuferpersönlichkeit“, „starke Persönlichkeit“ oder „schwache Persönlichkeit“, aber all das besagt noch lange nicht, was denn nun eine Persönlichkeit ist. Die Frage ist wahrhaftig auch nicht ganz so leicht zu beantworten, zumindest in der heutigen Zeit. In der Antike war es noch deutlich einfacher. Damals gab es nur zwei Sorten von Menschen. Zum einen gab es Menschen, die konnten frei und individuell entscheiden, wie sie leben wollten, und zum anderen gab es jene, die das nicht durften. Die einen, die frei leben konnten, das waren die Persönlichkeiten, und der Rest, das waren ganz einfach die Sklaven.

Auch heute noch sieht es offensichtlich so aus, dass es nur einige wenige Menschen gibt, die völlig frei leben und sehr mächtig sind, und irgendwie scheint es auch heute noch eine Unmenge von „Sklaven“ zu geben, denen es jedoch überhaupt nicht bewusst ist, dass sie nicht frei sind. Was ist mit den Menschen geschehen? Wir werden auf dieser Erde frei geboren, furchtlos, voller Kraft und Tatendrang, Neugierde, Willenseinsatz, Leidensfähigkeit und Disziplin. Wir stehen wieder auf, wenn wir hingefallen sind, und das nicht nur einmal. Ein Mensch wird frei geboren – ein Riese, das Potential für alles in sich –, und kaum ist dieser Mensch 30 oder 35 Jahre alt geworden, ist er voller Sorgen, Nöte, Zweifel, innerer Unruhe, Unzufriedenheit, Ängste und Gedanken wie *„Ich kann das nicht.“*, *„Bei mir klappt das nicht.“*, *„Ich kann doch nicht einfach so...“*, und er spürt im tiefsten Inneren, dass es nicht wahr ist, kommt jedoch in der Regel nicht da heraus.

Offensichtlich ist zwischen Geburt und diesem Zustand irgendetwas passiert. In dieser Zeit – so meine Definition – hat sich dieser Mensch selbst versklavt. Dieses vorliegende Buch ist eine Anleitung zur Befreiung von eben dieser Selbstversklavung. Back to the roots! Kommen wir wieder dahin zurück, wo diese Kraft noch da war, wo dieses unbändige Leben in uns pulsiert hat und die Neugierde noch da war, der Mut, die Zuversicht, der Glaube, die Freude am puren Sein! Befreien wir uns von dieser Versklavung!

Heutzutage wird der Begriff „Persönlichkeit“ etwas anders definiert als in der Antike. Im Wesentlichen gibt es fünf entscheidende Elemente, auf die ich im Folgenden kurz eingehen werde, wobei wir diese Elemente auch im Laufe des Buches immer wieder aufgreifen, vertiefen und damit arbeiten werden:

1. Die Persönlichkeit ist die ausgeprägte Individualität eines Menschen.
2. Die Persönlichkeit beschreibt die Gesamtheit der charakterlichen Eigenschaften eines Menschen.
3. Eine Persönlichkeit übernimmt Eigenverantwortung.
4. Eine Persönlichkeit ist im Einklang mit sich selbst.
5. Eine Persönlichkeit entscheidet, womit sie sich identifiziert, und kann mit dem Thema „Identifikation“ gezielt arbeiten.

Schauen wir uns zunächst einmal den ersten Punkt an: ***„Die Persönlichkeit ist die ausgeprägte Individualität eines Menschen.“*** Wenn jemand für sich selbst annimmt, dass er ein einzigartiges Individuum ist, dann hat das natürlich Konsequenzen. Die größte Konsequenz, die das für ihn hat, ist, dass er dann unvergleichlich ist. Wenn ein Mensch sich vergleicht, dann will er sein wie der, die oder das, womit er sich vergleicht – oder er will besser sein. Dann ist er messbar geworden, denn messen heißt vergleichen. Das haben wir in der Schule gelernt. Wenn wir einen Zollstock nehmen und irgendwo eine Länge messen, dann vergleichen wir in Wahrheit die abgelesene Länge mit dem genormten Urmeter, welches derzeit in Frankreich in einem klimatisierten Raum liegt.

Ja, womit soll ich denn einen Menschen vergleichen? Mit irgendeinem genormten Urmenschen? Mit irgendeiner genormten Art, wie wir zu denken, wie wir uns zu verhalten oder wie wir irgendwelche Dinge zu sehen haben? Merken wir uns: Genau an diesem Punkt, also wenn wir anfangen, in eine Norm hineinzufallen, dann sind wir vergleichbar. Und genau an diesem Punkt werfen wir gleichzeitig auch unsere Persönlichkeit über Bord.

Jetzt heißt natürlich dieses Individuellsein nicht, dass ich mich optisch im Äußeren individuell ganz abartig gestalten und dann so herumlaufen muss – im Gegenteil. Das machen häufig Menschen mit einer schwachen Persönlichkeit, die dadurch ihre Persönlichkeit aufpeppen wollen, dass sie optisch eine Individualität darstellen. Das muss nicht der Weg sein. Dieses Individuelle, das ist in uns. Das müssen wir nicht durch Kleidung oder durch Frisuren oder Ähnliches zeigen, das müssen wir in uns selbst finden – unsere individuelle Einmaligkeit. Aber das Wichtigste dabei ist, dass wir nicht vergleichbar sind. Das müssen wir erkennen!

Der Mensch ist ein Individuum. Der Begriff „Individuum“ kommt aus dem Lateinischen und bedeutet „das Ungeteilte“, „das Unteilbare“. Das wiederum bedeutet, dass sich ein Mensch nicht teilen lässt. Sobald sich jemand eine Teilung einreden lässt, und dass er so, wie er ist, nicht ganz sei, ist seine Persönlichkeit stark geschwächt, und er wird den Rest seines Lebens versuchen, wieder ganz zu sein und diese angebliche Teilung aufzuheben. Teilung verwirrt. Es gibt einen sehr großen Markt, der davon lebt, Menschen in der Verwirrung der scheinbaren Teilung wieder zum Ganzsein zu verhelfen und zu helfen, die angeblich verlorenen Teile von sich selbst wiederzufinden: *„Finde Dein höheres Selbst, Dein ‚Es', Deine Seele."* Wenn ein Mensch sich als individuelles Individuum annimmt und sich eine solche angebliche Teilung nicht einreden lässt, dann ist er auch immer komplett.

Kommen wir nun zum zweiten Punkt: ***„Die Persönlichkeit beschreibt die Gesamtheit der charakterlichen Eigenschaften eines Menschen."*** Hier stellt sich die Frage: Was macht denn den „Charakter" eines Menschen aus? Es ist wichtig für uns, das zu wissen, und wir werden uns auch in späteren Kapiteln nochmals damit beschäftigen, damit wir besser erkennen können, wie der Mensch verändert und manipuliert wird und was wir dagegen tun können. Einfach und sehr simplifiziert ausgedrückt entsteht der Charakter eines Menschen aus seinen Erbanlagen und Umwelteinflüssen. Und der große Streitpunkt in der gesamten Psychologie ist, zu wie viel Prozent der Mensch aus Erbanlagen und zu wie viel Prozent er aus seiner Umwelt besteht. Diese Diskussion möchte ich hier nicht aufwerfen, jedoch festhalten, dass wir auf jeden Fall beides in uns tragen.

Dass wir Erbanlagen mitbekommen, ist klar. Manchen Menschen sieht man das sogar an, und manchmal kann man dies auch an so manch einem Verhalten merken. *„Ganz der Papa!"* oder auch *„Ganz die Mama!"*, heißt es dann oft. Manch einer ärgert sich sogar darüber, wenn man sagt: *„Du bist genau wie Deine Mutter."* oder: *„Du bist wie Dein Vater."* Wir bekommen also einerseits schon einmal Informationen von den Eltern mit und andererseits natürlich letztendlich auch Kollektives, welches im Kollektiv der verschiedenen Menschenrassen genetisch verankert ist und sich bei uns in den Erbanlagen findet. Darüber hinaus sind wir durch unsere Umwelt geprägt worden. In der frühesten Kindheitsphase, in den ersten fünf, sechs oder sieben Lebensjahren, in denen sozusagen die „Hardware" angelegt wird, bekommen wir so einiges von den Eltern mit. Zunächst einmal schauen wir uns als Kind die Eltern an, und noch sind sie für uns Gott gleich. Ein Vater ist für seinen fünfjährigen Sohn wie Gott – unbesiegbar! Er ist der Stärkste, er kann alles reparieren, er weiß eine Antwort auf jede Frage. Und dieses Verhalten guckt der Junge sich ab. Das braucht der Vater nicht zu erklären, sondern nur vorzuleben, und dieser kleine fünfjährige Junge übernimmt das dann ganz automatisch. Dieser Umwelteinfluss der Eltern kann ein Kind sehr stark prägen.

Nehmen wir ein einfaches Beispiel: Der fünfjährige Hans steht neben seinem Vater, und der Nachbar fährt vorbei in einem nigelnagelneuen roten Porsche 911 – mit einem super Sound. Und der Kleine bekommt glänzende Augen und sagt zu seinem Vater: *„Papa, schau mal, was der für ein tolles Auto fährt!“* Und wie der Vater jetzt reagiert, das kann den kleinen Hans vielleicht sogar sein Leben lang prägen. Und der Papa reagiert vielleicht folgendermaßen und sagt: *„Ja, das ist ein Supertyp, dieser Nachbar! Du musst Dich mal mit dem unterhalten. Der ist immer nett. Der hat auch immer Zeit für ein Gespräch. Der ist charmant. Der weiß, was er will. Der ist absolut zielorientiert. Außerdem ist er diszipliniert. Du musst mal schauen – jeden Morgen um sechs Uhr siehst Du den: Haustür geht auf, und der joggt, egal was für ein Wetter da ist. Auch seine Frau, die ist so nett. Bei denen ist alles in Ordnung. Du, Hans, wenn Du das machst, wenn Du Dich ein bisschen um Dich selbst kümmerst wie der Nachbar, wenn Du nett bist zu anderen, wenn Du zielklar bist und entschieden und wenn Du ein bisschen Disziplin an den Tag legst, ja, lieber Hans, dann fährst Du nachher einen noch viel größeren und teureren Porsche als dieser Nachbar.“ „Wow!“*

Vielleicht hat der Papa jedoch auch ganz anders reagiert und einfach aufgrund der Aussage des Kleinen das Gesicht zu einer bitter-sauren Miene verzogen und dann gesagt: *„Du, lass mal, mit dem stimmt was nicht. In Wahrheit ist das doch nur ein arroganter Schnösel. Dieser Blödmann glaubt, er wäre etwas Besseres. Und sein Schnippchen, was der sich da irgendwo angelacht hat, die ist auch nicht viel besser. Vergiss ihn! Außerdem ist so ein Porsche viel zu teuer und hat wenig Platz. Schau mal, unser Passat ist viel praktischer. Da kannst Du was einladen...“*

Heute ist dieser Hans dreißig Jahre alt. Nun wundert es nicht, wenn er Gedanken hat wie *„Geld ist schlecht."*, *„Geld verdirbt den Charakter."* oder *„Porsche-Fahrer sind arrogante, blöde Menschen."*, und wenn er einen roten Sportwagen sieht, fühlt er sich merkwürdig. Der Zusammenhang beziehungsweise die Herkunft dieser Glaubenssätze ist ihm selbst heute nicht mehr unbedingt zwingend bewusst, aber dennoch prägt ihn das möglicherweise sein ganzes Leben lang, wenn er nicht irgendwann lernt, wie er sich davon befreien kann.

Zusätzlich zu diesen charakterlichen Eigenschaften bekommen wir natürlich in der frühesten Kindheit auch Werte vermittelt – Ehrlichkeit, Pünktlichkeit, Zuverlässigkeit, Loyalität und viele andere. Es gibt unglaublich viele Werte, die wiederum abhängig sind von der Generation, in die wir hineingeboren werden. In der heutigen Generation sind manche Werte nicht mehr so „in" wie früher. Wenn man heute falsch betont sagt: *„Sei pünktlich, ehrlich und zuverlässig!"*, dann kann es einem passieren, dass man gleich in die „rechte Ecke" gesteckt wird. Welche Werte wir vermittelt bekommen, ist auch abhängig vom gesellschaftlichen Status der Eltern, von der Kultur, von der Religionszugehörigkeit und von der Bildung, die sie erhielten.

Und so ist für jeden logisch ersichtlich, dass wir alle in der frühesten Kindheit ganz individuell unterschiedliche Werte entwickeln. Diese Werte prägen im Folgeschritt die Art, wie wir denken. Aus der Art, wie wir denken, resultiert die Art, wie wir fühlen. Aus der Art, wie wir fühlen, resultieren die Handlungen. Und die Handlungen, die schaffen ein Ergebnis. Und dieses Ergebnis bekommen wir zu spüren als Erfahrung. Wir können also sagen: *Wertvorstellungen* plus die daraus in der letzten Konsequenz entstehenden *Erfahrungen* prägen unsere Wurzeln, prägen unsere *Charaktereigenschaften*. Es gibt auch erlernte Werte, doch darauf muss ich hier nicht weiter eingehen. Manchmal ändern sich Wertvorstellungen auch mit der Zeit wie von selbst. Aber wir können unsere Wertvorstellungen auch ganz bewusst ändern. Halten wir einmal fest: Wertvorstellungen sind bei jedem ganz unterschiedlich und individuell verschieden. Und dementsprechend verhalten wir uns auch ganz unterschiedlich. Vielen Menschen ist das nicht bewusst, und manche leiden darunter bis zum bitteren Ende.

Kommen wir zum dritten Punkt: *„Eine Persönlichkeit übernimmt Eigenverantwortung.“* Diese Eigenverantwortung ist sicherlich der sich am meisten lohnende Schritt im Leben eines Menschen. Im Privatleben und im Beruf ist der Schritt zu Eigenverantwortung, sich zu überlegen: Wie gestalte ich mein Leben? Wie ist meine Einstellung beruflich und privat, wie ist mein Verhalten? Im Allgemeinen ist es mit unserer Eigenverantwortung so, dass wir die schon gerne annehmen, wenn etwas gut läuft. Wenn wir gesund sind, wenn wir Geld haben, wenn alles gut läuft und jemand fragt: *„Mensch, wie hast Du das hinbekommen?“*, dann sagen wir: *„Ich arbeite hart dafür. Das habe ich mir erarbeitet.“* Dann übernehmen wir gerne die Verantwortung dafür. Aber wenn es schlecht läuft und wir kein Geld haben, wenn wir schwach sind und die Dinge nicht so gut sind, dann sind immer andere an allem schuld. Da werden wir selten jemanden finden, der sagt: *„Ja, ich habe das selbst verursacht.“* Dann sind es lieber die anderen gewesen.

Schon in meiner Kindheit hat man versucht, mir diese Eigenverantwortung abzugewöhnen. Ich war früher in der Schule ein relativ wilder Bursche. Wenn ich etwas angestellt hatte, fragte der Lehrer: *„Wer war das?“* Wenn ich dann Eigenverantwortung zeigte und mich meldete und sagte: *„Ich.“*, dann musste ich feststellen, dass es mir hinterher schlechter ging als vorher. So blöd ist man nicht lange. Und schon lernte ich in der Schule, in einer anderen Situation, als es wieder hieß: *„Wer war das? Warst Du das wieder?“*, zu sagen: *„Nein, nein, nein, nein, nein. Ich war das nicht. Das kam da irgendwo aus einer ganz anderen Ecke.“* Das war für mich der bequemere Weg. Keine Eigenverantwortung zu haben, ist natürlich bequem im Leben.

Und heute ist das in einem viel größeren Maße der Fall. Man nimmt uns jede Eigenverantwortung ab, indem man uns sogar die Verantwortung dafür abnimmt, wie wir denken, wie wir uns ernähren und was wir alles machen sollen. Die ersten Einflussnahmen haben wir schon im Kindergarten und durch das gesamte Schulsystem. Wir müssen jedoch wissen, dass wir ohne das Annehmen dieser Eigenverantwortung und ohne das Wissen, wie wir das machen, nie zu einer starken Persönlichkeit werden können. Es gibt hier nur zwei Wege im Leben: Erstens: Ich bin verantwortlich. Zweitens: Ich suche die Verantwortung bei anderen. Das ist der bequeme Weg, der jedoch – und das garantiere ich an dieser Stelle – zum Sklaventum führen wird.

Nun gibt es für uns Menschen klassische Fluchtwege aus dieser Zwickmühle heraus. Zunächst müssen wir jedoch verstehen, warum wir aus der Eigenverantwortung heraus flüchten wollen. Dieses Thema werde ich später nochmals massiv aufgreifen. Eigenverantwortung ist immer verbunden mit Entscheidungen. Wenn wir uns bei irgendeiner Angelegenheit nicht entscheiden können, sind wir in einer inneren Scheidung. Diese innere Scheidung führt dazu, dass wir immer zwischen mindestens zwei Stühlen sitzen. Und das zerreißt uns. Dieser Zustand der inneren Zerrissenheit ist sehr unangenehm, weshalb wir bestrebt sind, so schnell wie möglich aus diesem Zustand wieder herauszukommen.

Es gibt zwei typische Fluchtwege, um aus dieser Zerrissenheit herauszukommen, die allerdings beide falsch sind.

1. Der eine Fluchtweg ist Selbstverleugnung beziehungsweise Schuldzuweisung an Dritte: *„Mein Lebenspartner ist dran schuld. Der unterstützt mich nicht. Den schleppe ich wie einen Treibanker durch das Leben.“*, *„Meine Eltern sind dran schuld. Mein Vater war ein Säufer und hat meine Mutter geschlagen. Ich hatte keine gute Kindheit.“*, *„Man hat mir keine gute Schulbildung ermöglicht.“*, *„In der Gegend, wo ich wohne, sind die Leute alle ein bisschen komisch. Da kann man nichts machen, da muss man sich ein wenig anpassen.“*, *„Man hat das doch früher schon einmal probiert, und es hat nichts gebracht.“*, *„Das machen wir doch schon immer so.“*, *„Dafür bin ich zu jung – später, später.“* oder auch: *„Dafür bin ich zu alt.*

Was soll ich in meinem Alter jetzt noch anfangen, Eigenverantwortung an den Tag zu legen?"

2. Der zweite Fluchtweg ist Kompensation. Man verzettelt sich. Viele flüchten unbewusst in eine Krankheit hinein oder in Süchte – in Alkoholismus, Spielsucht, Zuckersucht, Handysucht… Es gibt sehr viele Süchte. Alle dienen letztendlich demselben Zweck, aus dieser inneren Unruhe, dieser inneren Zerrissenheit, inneren Schwäche, diesem inneren Sklaventum herauszukommen und bloß nicht damit konfrontiert zu werden. Eigenverantwortung zu stärken heißt selbstsicher zu werden, also sicher in sich selbst zu sein und die Macht in sich selbst zu haben, die Persönlichkeit in sich selbst zu stärken. Und wenn wir eingangs auf dem Cover provoziert haben: „*Wie viel Wissen kannst Du ertragen?*", dann geht es dabei auch um die Frage, wie viel Eigenverantwortung Du ertragen kannst. Du kannst dann nicht mehr sagen: „*Die Umstände sind dran schuld.*" oder „*Die Vorgaben der Politik sind dran schuld.*" oder „*Das Wetter ist dran schuld!*" Du kannst die Schuld dann nicht mehr wegdeligieren. Das ist vollkommene Eigenverantwortung. Und das muss man aushalten können, das muss man ertragen können.
3. Kommen wir zum dritten Punkt: „***Eine Persönlichkeit ist im Einklang mit sich selbst.***" Ein Mensch, der im Einklang mit sich selbst ist, ist authentisch. Wenn ich jemanden frage: „*Bist Du authentisch?*", dann bekomme ich häufig die Antwort: „*Ja, sag Du's mir, das weiß ich nicht.*", als ob andere jemandem sagen könnten, ob er authentisch ist. Ob jemand authentisch ist oder nicht, das weiß in Wahrheit nur er selbst. Wenn Sie bei dem, was Sie tun – dem Beruf, den Sie ausführen; die Haare, wie sie Sie kleiden; die Kleidung, die Sie tragen; die Dinge, die Sie sagen –, wenn Sie sich dabei wohlfühlen, dann sind Sie dabei auch authentisch. Wenn wir uns in einer Art kleiden, die gar nicht zu uns passt; wenn wir Dinge sagen, es aber nicht wirklich unsere Sätze sind, dann spüren wir beim Reden, dass wir das nicht wirklich sind und fühlen

uns dabei gar nicht wohl. Und je mehr das Innere im Einklang ist mit dem, was wir davon nach außen kehren, desto mehr sind wir im Flow, also im Fluss. Alles geht leicht, und wir fühlen uns dabei wohl.

4. Ein weiterer wichtiger Punkt ist der vierte Punkt: ***„Eine Persönlichkeit entscheidet, womit sie sich identifiziert, und kann mit dem Thema ‚Identifikation' gezielt arbeiten.“*** Das Thema „Identifikation“ ist ein sehr wichtiges Thema, welches wir in einem späteren Kapitel nochmals aufgreifen werden, denn es hat mehr Auswirkungen auf unser Leben, als man vielleicht im ersten Augenblick meint. Im Allgemeinen ist Identifikation ein Vorgang des Wiedererkennens, wobei wir uns anschließend mit dem, was wir wiedererkannt haben, gleichsetzen beziehungsweise feststellen, dass wir damit übereinstimmen.

   Man kann sich das gut vorstellen, wenn man sich den menschlichen Körper betrachtet. Die Zellen des Körpers sind auf Abstoßung programmiert. Wenn jemand zum Beispiel im Rahmen einer Organtransplantation ein fremdes Organ erhält, dann akzeptieren die Zellen des Körpers dieses anfangs nicht und stoßen es ab. Deswegen braucht der Patient dann sehr starke Medikamente, die diesen Abstoßungsprozess verhindern. Nun, das Gleiche passiert auch bei der Gesamtheit aller Zellen, das sind bei unserem Körper angeblich etwa 50 Billionen. Einige Quellen sprechen aktuell sogar von bis zu 100 Billionen Zellen. Wenn andere Menschen sich anders verhalten, anders aussehen, andere Gewohnheiten haben, anders riechen, wenn sie einer anderen Kultur angehören und einen anderen Glauben haben, dann ist das natürlich anders als bei uns selbst, also fremd, und unsere Zellen lehnen das ab. Das ist in Wahrheit ein Schutzmechanismus und hat mit Angst zu tun.

Die Lösung liegt bereits in der Definition des Wortes „Identifikation“, nämlich im Wiedererkennen, also dem Erkennen der Übereinstimmung und der eigenen Gleichsetzung damit. Wenn sich zum Beispiel jemand an mich wendet, weil er ein aggressives Abwehrverhalten gegenüber andersdenkenden Menschen hat, dann erkläre ich ihm, dass er in Wahrheit Angst hat: *„Ihr Limbisches System – der Teil Ihres Gehirns, der dafür zuständig ist, Sie zu beschützen – verteidigt Ihr Selbst. Sie sind mit dem, was die andere Person macht, nicht identifiziert. Wenn Sie wollen, dass dieser Verteidigungsprozess aufhört, müssen Sie die Angelegenheit in die Identifikation bringen."* Das bedeutet im Klartext: Man muss die Person oder das Thema kennenlernen, immer besser und immer mehr kennenlernen. Man muss sich die Argumente anhören und erkennen, dass eine ganze Menge Argumente dabei sind, mit denen man übereinstimmen kann – und siehe da: Der Widerstand verschwindet, weil das Abwehrverhalten aufgehört hat. Wir haben die Angelegenheit bei uns selbst in die Identifikation gebracht.

Als seinerzeit Corona-Maßnahmen ergriffen wurden, hat die Bundesregierung es ganz geschickt gemacht und diese Maßnahmen vor der offiziellen Verkündigung zunächst einmal bei der gesamten Bevölkerung in die Identifikation gebracht. Eine oder anderthalb Wochen bevor wieder einmal eine Ministerpräsidentenkonferenz tagte, bekamen wir bereits von verschiedensten Medien mitgeteilt, was für Anträge auf dem Tisch lagen und was beschlossen werden sollte: *„Die Beschlussvorlage liegt schon vor. Es wird..."* Dadurch, dass wir das so oft gehört und somit das Thema kennengelernt haben, es oftmals mehrfach wiederholt kennengelernt haben, haben wir es uns durch dieses mehrmalige Wiederholen zu eigen gemacht, sodass wir jeglichen Widerstand aufgegeben haben und anfingen, es zu akzeptieren. Als dann nachher die Maßnahme wirklich beschlossen wurde, hat jeder nur gedacht: *„War ja klar. Wissen wir doch schon. Kennen wir ja schon."*

Wenn wir eine starke Persönlichkeit haben wollen, dann müssen wir uns selbst kennenlernen. Wir müssen anfangen, uns selbst zu akzeptieren und den Widerstand aufgeben, den wir gegen uns selbst haben, zumindest gegen Teile von uns. Auch diese Teile müssen wir annehmen und in die Identifikation bringen, um dann als Mensch wieder ganz zu sein und in Stärke und Kraft durch das Leben zu schreiten.

Kapitel 2 – Modernes Sklaventum

Wie Sie in Kapitel 1 lesen konnten, gab es in der Antike Persönlichkeiten und Sklaven. Aber wie sieht es heute aus? Gibt es heute noch Sklaven? Offiziell sicherlich nicht! Dennoch haben wir heute ein ausgeprägtes „modernes Sklaventum". Ich arbeite seit über dreißig Jahren im Bereich Persönlichkeitsentwicklung und Weiterbildung. Zu meinen Kunden gehören sehr viele Führungskräfte großer Unternehmen, und ich kann aus meiner Praxis berichten, dass das Thema „Persönlichkeitsentwicklung" in vielen Unternehmen absolut unerwünscht ist. Das ist scheinbar paradox, wo doch starke Persönlichkeiten ein starkes Unternehmen tragen können.

Häufig ist es in der Praxis jedoch so, dass viele Führungskräfte nur deshalb Führungskräfte geworden sind, weil es sich nicht mehr vermeiden ließ, sie endlich zu befördern, oder weil sie da, wo sie vorher waren, eventuell zu viel „Schaden" angerichtet haben. Sie wurden dann einfach befördert, um sie aus dem Bereich herauszubekommen, wo sie wirklich Schaden anrichten konnten. Manch einer hatte auch einfach nur gute Beziehungen. Kurzum: Nicht alle Führungskräfte sind auch Führungspersönlichkeiten. Und wenn eine Führungskraft selbst keine starke Persönlichkeit hat, dann kann sie ihren Mitarbeitern auch nicht dabei helfen, eine starke Persönlichkeit zu entwickeln. Solche Personen sind natürlich wesentlich leichter zu führen. Eine starke Persönlichkeit fragt nach. Eine starke Persönlichkeit fragt nach dem Sinn oder Unsinn der Dinge. Eine starke Persönlichkeit sagt auch mal „Nein" und muckt leichter auf, was für viele Führungskräfte verständlicherweise sehr unangenehm ist.

Das können wir auch genau so auf unseren Staat übertragen. Wenn Staatenlenker das Volk lenken wollen, dann geht das am einfachsten, wenn die Bürger in ihrer Persönlichkeitsstruktur wie Sklaven sind, denn dann machen sie brav das, was ihnen gesagt wird, ohne irgendetwas zu hinterfragen. Und heute ist es wahrhaftig so, dass ein Großteil der Menschheit sukzessive versklavt wird, allerdings mit zwei entscheidenden Unterschieden zur Antike. Der eine Unterschied ist, dass die modernen Sklaven noch nicht einmal merken, dass sie in Sklaverei leben. Der zweite Unterschied ist, dass sich schlechter um die Sklaven gekümmert wird als in der Antike. Ein Sklave in der Antike wurde in der Regel gut ernährt, und es wurde dafür gesorgt, dass er ausreichende Erholungs- und Ruhephasen hatte. Man hat ihm ein Dach über dem Kopf gegeben und ein Lager zum Ruhen. Der moderne Sklave heute muss sich auch um diese Dinge noch selbst kümmern.

Nun, wie könnte das gehen? Wie kann man aus einer Persönlichkeit einen Sklaven machen? Im Prinzip ist das ganz einfach: Man muss einfach genau die Eigenschaften, die eine Persönlichkeit ausmachen, sukzessive zerstören. Dann ist die Persönlichkeit zerstört, und ein Sklave bleibt übrig. Schauen wir uns das einmal etwas genauer an!

2.1 – Individualität zerstören

Individualität setzt voraus, dass jemand nicht vergleichbar ist. Wenn man die Persönlichkeit zerstören will, muss man also dafür sorgen, dass der Mensch vergleichbar wird. Das kann man beispielsweise im Außen machen, indem man ihm eine Uniform gibt. Man könnte Schulkinder dazu zwingen, eine Schuluniform zu tragen, was ja auch bereits in vielen Ländern der Welt geschieht, vor allem auch in den bevölkerungsreichsten Ländern Indien und China, aber auch in Australien, England, Russland und zahlreichen anderen Ländern. Auch gibt es überall auf der Welt Firmen, die von ihren Mitarbeitern verlangen, Arbeits-Uniformen zu tragen, sodass alle Mitarbeiter gleich gekleidet sind.

Und man könnte natürlich auch generell weltweit eine Gesichts-Uniform einführen, nämlich diese Maske, die tatsächlich auch in der Antike ein Zeichen des Sklaven war. Mit dieser Maske ist keine individuelle Mimik mehr möglich. Diese Maske erzeugt Angst und führt bei anderen Menschen zu Abwehrverhalten, also auch zu Erstarren. Diese Maske ist ein Zeichen. Wer aufmerksam beobachtet hat, der hat auch während der sogenannten Corona-Krise oftmals gesehen, dass Herrschende bedient wurden von Bedienenden mit Masken, während die Herrschenden keine Masken trugen.

Des Weiteren könnte man die Unterschiede der individuellen Rassen aufheben. Man könnte den Begriff „Rasse" sogar aus dem Gesetz streichen, jegliche Rassendiskussion verdammen und dafür sorgen, dass Rassen, die in der Vergangenheit, also in den letzten Jahrhunderten und Jahrtausenden, als Sklaven gehalten wurden, sich mit den anderen Rassen vermischen, sodass es eine Vermischung aller Rassen gibt und folglich auch keine Rassenindividualität mehr.

Als Nächstes könnte man den individuell unterschiedlichen Besitz verteilen. Auch das ist zu beobachten – eine kommunistische Umverteilung von oben nach unten. Man könnte Erbschaften ganz stark besteuern und die Reichen mit in die Pflicht nehmen, zum Beispiel mit dem Argument, dass diese Reichen sich ja schließlich auf Kosten der Natur eben diesen Reichtum erarbeitet haben, weshalb sie jetzt ihren Anteil tragen sollen und davon etwas abgeben. Dies gilt natürlich nur für das gemeine Volk und nicht für die wirklich Ultrareichen, die weiterhin dafür sorgen, dass der Großteil allen Geldes letztendlich wieder in ihre Taschen fließt.

Auch die Unterschiede bei der individuellen Bildung könnte man aufheben. Gleiche Bildung für alle! Jeder soll die gleiche Chance auf Bildung bekommen, egal aus welchem Hause er kommt, ob es eine bildungsferne oder eine bildungsnahe Familie ist, ob es reiche Leute sind oder die dritte Generation von Hartz-IV-Empfängern. Das soll keinen Unterschied mehr machen, sodass wirklich jeder die gleichen Bildungsmöglichkeiten hat.

Es wäre auch nicht schlecht – das wäre so eine Riesennummer –, wenn man sogar die Geschlechterunterschiede und -individualitäten aufheben würde, sodass die biologischen Geschlechtsmerkmale überhaupt keine Rolle mehr spielen und wir alle wirklich im Prinzip ein Geschlecht sind. Natürlich gibt es zwar weiterhin individuelle Geschlechtsmerkmale, aber das macht im Prinzip gar keinen Unterschied mehr. Auch die Werbung könnte hierbei hilfreich sein. Man könnte die klassische Rollenverteilung, die wir gewohnt waren, auflösen und das klassische Bild der weiblichen beziehungsweise männlichen Individualität zerstören, zum Beispiel die des starken Mannes, indem man im Fernsehen Bilder von Männern einblendet, die Babys stillen. Man könnte Frauen zeigen, die die typischen Männerberufe ausüben. Wichtig ist hierbei natürlich auch die Mode. Männer laufen in Damenmoden herum und zeigen ihre Fußknöchel, tragen Umhängetaschen und V-Ausschnitt. Und Frauen laufen in Männermoden herum, tragen Anzüge und einen Kurzhaarschnitt. Dann gibt es auch bei der Kleidung keine geschlechtsspezifische Individualität mehr, und alles ist ganz durchgemischt.

Und ganz optimal wäre – und damit würde man dem Ganzen die Krone aufsetzen –, wenn wir uns wirklich alle vergleichen könnten. Und es gibt eine geniale Messgröße, mit der man tatsächlich jeden messen und vergleichen kann und die wirklich jegliche Individualität wegnimmt, und das ist der sogenannte CO_2-Fußabdruck. Damit kann man jeden Menschen reduzieren auf seinen CO_2-Verbrauch, der sich dann auch locker digitalisieren und optisch in irgendwelchen Apps darstellen lässt, sodass wirklich alle Menschen weltweit absolut vergleichbar werden. Und wie Ihnen sicherlich nicht entgangen ist, sind wir auf dem besten Wege genau dahin.

Wenn man dann noch das Individuum (das Unteilbare), glauben lässt, dass es geteilt und nicht komplett ist, dann ist dieser Mensch den Rest seines Lebens wie ein Sklave damit beschäftigt, endlich wieder komplett zu werden – entweder über den Weg der Religionen oder über die mannigfaltigen esoterischen Wege, bei denen wir eingeredet bekommen, dass wir ohne unser Krafttier überhaupt nichts sind, oder dass wir noch im Verstand sind und nicht in unserem Höheren Selbst, oder dass wir unser inneres Kind noch nicht geheilt und überhaupt unser Über-Ich noch nicht gefunden und uns mit unseren Ahnen noch nicht ausgesöhnt haben. Wenn man uns weismacht, dass das Unterbewusstsein etwas Tierisches und etwas Schlechtes ist und dass Teilen heilend ist, sodass wir von Kindesbeinen an so konditioniert werden, dass wir alles Mögliche teilen sollen (später als Erwachsene dann Fotos und in der Zukunft dann auch Autos, Wohnungen oder Sexualpartner), dann wird das Individuum gänzlich zerstört und wir sind ein Leben lang verwirrt und verlieren unsere wertvolle Lebenszeit und Lebensenergie bei dem Versuch, irgendwie wieder ganz und heil zu werden. Mir geht es hier in diesem Buch explizit nicht um die Frage der Aussöhnung mit Gott oder um Schuld, Buße, Bekehrung und so weiter, obwohl es sicherlich essentiell für jeden ist, dass er Frieden mit Gott hat und im Gericht Gottes besteht.

2.2 – Charakterliche Eigenschaften zerstören

Die charakterlichen Eigenschaften zu zerstören, ist schon etwas schwieriger. Wie Sie eingangs gelesen haben, entsteht der Charakter ganz einfach ausgedrückt aus Erbanlagen und Umwelteinflüssen. Das Erste, was man dann also zerstören müsste, wären die Erbanlagen. Das ist jetzt ein heißes Eisen, und ich möchte mich dabei nicht zu weit aus dem Fenster lehnen, aber dennoch möchte ich jedem empfehlen, doch einmal aufmerksam hinzuschauen. Machbar wäre die Zerstörung der Erbanlagen zum Beispiel durch Rassendurchmischung.

Wir haben ja bereits festgestellt, dass es bestimmte Interessengruppen gibt, die der Meinung sind, dass die Rassenunterschiede aufgehoben werden sollten. Messbar sind diese Unterschiede der Erbanlagen logischerweise mit Hilfe der DNA, aber auch durch Blutgruppenbestimmung. Wenn man dafür sorgt, dass die unterschiedlichen Rassen sich fleißig vermischen – und das ist ja eine gigantische Völkerwanderung über die ganze Erde, die aktuell stattfindet –, dann wird sich das letztendlich zu einer einzigen Einheitsrasse vermischen, die nachher natürlich auch einheitliche charakterliche Eigenschaften hat. Aus *„Ganz der Papa!“* oder *„Ganz die Mama!“* wird dann: *„Ganz wie jeder!“*

Selbstverständlich wäre es auch möglich, die DNA durch gezielte gentechnische Eingriffe zu verändern. Auch dadurch würden sich dann diese charakterlichen Eigenschaften verändern lassen. Das geht auch mit Medikamenten. Medikamente dämmen ein und wirken nicht nur auf den Körper, sondern auch auf die Psyche und den Geist. Sie legen sich zum Teil wie eine dicke Decke auf den Geist. Einige dämmen ganz subtil das Bewusstsein ein, andere schaffen Euphorie, zum Beispiel Psychopharmaka. Auch durch Medikamente könnten wir also die charakterlichen Eigenschaften ändern, die ursprünglich durch die Eltern geprägt wurden.

Dann gibt es natürlich noch die Wertvorstellungen, die ja, wie ich eingangs erläutert habe, unser Denken und Fühlen und somit auch das Handeln beeinflussen, was wiederum die Ergebnisse beeinflusst. Also könnte man, um die charakterlichen Eigenschaften zu zerstören, idealerweise auch die Wertvorstellungen zerstören. Da ja bekannt ist, dass die grundprägenden Wertvorstellungen zunächst einmal in den ersten fünf, sechs oder sieben Lebensjahren entstehen, bedeutet dies, dass man die Kinder aus dem Bereich der Eltern herausnehmen und die Wertvorstellungen stattdessen durch Institutionen vermitteln lassen müsste, die bundesweit einheitlich die gewünschten Werte vorgeben.

Das geschieht wahrhaftig bereits dadurch, dass es heutzutage kaum noch möglich ist, dass eine Mutter zu Hause bleibt und ihr Kind selbst versorgt, da in der Regel auch sie, um finanziell über die Runden zu kommen, ihren Beitrag zum Einkommen leisten muss. Das hat die Konsequenz, dass Kinder oftmals schon im Alter von ein oder zwei Jahren in die Kindertagesstätte kommen und dann diesem Einfluss ausgesetzt sind. Dies führt natürlich zu einem schleichenden Verlust der Rechte der Eltern. Wenn nämlich zu einem späteren Zeitpunkt die Eltern die Dinge anders sehen, als das vorgegebene Narrativ es vorgibt, dann wird ihnen im Zweifelsfalle die Erziehungsberechtigung entzogen. Die meisten Eltern geben dieser subtilen Drohung nach und geben diesen gewaltigen Einflussbereich gleich freiwillig ab und deligieren ihn.

Und so werden die Kinder dann konditioniert mit Werten zum Thema „Pandemie“, zum Thema „Klima“, „Klimakatastrophe“, „CO_2 einsparen“, „Ernährung“, „kein Fleisch essen“ und so weiter. Die Bildung wird zerstört durch die Delegation des selbstständigen Denkens an das Smartphone. Es gibt einige Studien, die belegen, dass die Denkleistung signifikant sinkt durch die Annahme, dass die Ergebnisse, die über das Internet und Wikipedia geliefert werden, wahr sind und im Zweifelsfalle „wahrer“ sind als die eigene Recherche, das eigene Empfinden, Hören, Sehen, Schmecken, Fühlen, das eigene Denken.

Durch diese beiden Möglichkeiten, also einerseits die Erbanlagen und andererseits die Wertvorstellungen zu verändern, werden also auch ganz elegant die charakterlichen Eigenschaften zerstört.

2.3 – Eigenverantwortung zerstören

Eigenverantwortung ist ein wichtiger Schritt, ohne den das Entwickeln einer starken Persönlichkeit nicht möglich ist. Wie könnte man also diese Eigenverantwortung zerstören? Zum einen durch das Vorgeben eines Narratives, das Eigenverantwortung als Egoismus und damit als etwas Schlechtes brandmarkt, aber noch viel mehr durch die Schwächung des Organs, mit dem Entscheidungen getroffen werden. Und dieses Organ ist unser Frontallappen, der Stirnlappen. Eigenverantwortung geschieht im Stirnlappen. Entscheidungen werden im Stirnlappen getroffen. Und wenn dieser Stirnlappen geschwächt würde, dann wäre es sehr schwer, Entscheidungen zu treffen, und ohne Entscheidungen gibt es keine Eigenverantwortung.

Dazu sollten wir wissen, dass der Stirnlappen, der bei uns Menschen bis zu 44% des Neokortexes ausmacht, am meisten Sauerstoff verbraucht im Kopf. 20% des Sauerstoffverbrauchs geschieht im Kopf, und davon wiederum der Löwenanteil am Frontallappen, am Stirnlappen. Und eine einfache Möglichkeit, ihn zu schwächen, wäre, wenn man den Menschen Sauerstoff entziehen würde. Und ein Schelm ist, wer dabei irgendwie an Masken denkt.

Eine weitere Möglichkeit wäre, den Frontallappen zu schwächen, indem man der Nahrung Fluorid zusetzt. Und das finden wir nicht nur in Zahnpasta. Fluorid finden wir in unglaublich vielen Produkten – vielerorts sogar im Trinkwasser –, und es schwächt und schädigt den Frontallappen.

Eine andere Möglichkeit, den Frontallappen zu schwächen, wäre, Angst zu erzeugen. Wenn wir eine subtile Angst haben vor was auch immer, dann fallen wir in dieses berühmte Kampf-Flucht-Erstarren-Muster hinein, und in diesem Kampf-Flucht-Erstarren-Muster können wir nicht mehr klar denken, können wir nicht mehr über das Problem nachdenken. Wir können die Umwelt nicht mehr mit Distanz betrachten und uns anschauen, was wo passiert, sondern wir stecken mitten im Problem drin und reagieren – wenn überhaupt – nur sehr zögerlich. Die Möglichkeit, eine Entscheidung zu treffen, ist dann gewaltig geschwächt.

Eine weitere Möglichkeit, den Frontallappen zu schwächen beziehungsweise komplett auszuschalten, wäre, wenn man den Menschen wirklich in Trance versetzen würde. Und eine phantastische Möglichkeit, einen Menschen in Trance zu versetzen, die zur Zeit wunderbar zu beobachten ist, ist das ständige monotone Wiederholen derselben Aussagen. Und es gibt noch viele weitere Methoden, durch die Hypnosen induziert werden. Als ich Mitte der 1980er-Jahre meine Ausbildungen zum Hypnotiseur absolvierte, wurden in diesen Ausbildungen mehrere Möglichkeiten gelehrt, wie eine Hypnose, also eine Trance induziert wird.

Eine ganz einfache Methode, die theoretisch von jedem sofort nachmachbar wäre, ist, wenn man einem Menschen eine Information ins rechte Ohr flüstert, also etwas erzählt, und ins linke Ohr sagt man ihm dann das genaue Gegenteil davon. Dann schafft der Verstand das nicht mehr vor lauter Verwirrung und klinkt sich aus. Mit diesem Wissen sollten wir uns einmal die Informationen anschauen, die uns täglich präsentiert werden. Wenn man mit den Menschen redet, sagen viele: *„Ja, man hört ja so vieles. Man weiß ja gar nicht mehr, was man glauben soll. Die einen sagen, dass es so ist, und die anderen sagen genau das Gegenteil."* Ja, denken Sie mal darüber nach. Dafür gibt es einen Grund. Das führt dazu, dass die Menschen aufgeben. Wir können dann einfach nicht mehr reflektiert denken und machen dann automatisch das, was all die anderen „Sklaven" auch machen.

2.4 – Authentizität zerstören

Die Authentizität zu zerstören, ist ziemlich einfach. Am einfachsten ist es, wenn man einem Kleinkind von Anfang an einredet, dass es weder Junge noch Mädchen ist, sondern sein „Geschlecht" selbst wählen kann und dass es völlig okay ist, wenn ein Junge lieber in Kleidchen herumlaufen will und ein Mädchen lieber mit Zinnsoldaten spielt. Wenn man wiederholt zeigt, dass Jungs schwach sind und dass starke Frauen Männer verprügeln, dann kann es ganz gut sein, dass ein junger Mann mit dreißig vielleicht eines Tages aus seinem tiefsten Innern sagt: *„Ja, ich bin mir gar nicht sicher, ob ich wirklich ein Mann bin oder eine Frau?"* Und wenn bei dieser entscheidenden Frage Unsicherheit herrscht, kann ein solcher Mensch natürlich nicht authentisch sein.

Authentisch ist ein Mensch, wenn er sich wohlfühlt bei dem, was er sagt, wie er lebt und was er tut. Das kann aber nicht funktionieren, wenn ein Mensch hin- und hergerissen ist bei solchen entscheidenden Themen. Wie soll man denn da authentisch sein?

2.5 – Identifikation manipulieren

Auch hier greift natürlich der Punkt von eben mit hinein: *„Bin ich ein Mann oder eine Frau?"* Womit soll ich mich identifizieren? Wenn man die Vergangenheit betrachtet und sich die letzten Jahrhunderte anschaut und wofür die Menschen aufgestanden und eingestanden sind und wofür sie gekämpft haben, so wird man feststellen, dass die Dinge, für die sich der Mensch wirklich eingesetzt hat, jene Dinge waren, mit denen er sich wirklich identifizierte. Und im Wesentlichen waren das drei Punkte: der Glaube, das liebe Vaterland und die Familie.

Heute wissen die meisten Menschen nicht mehr, was sie glauben sollen, weil sie mit viel mehr Informationen zugeschüttet werden, als sie jemals verarbeiten können und weil fortwährend Zweifel gesät wird. Ist es wirklich so? Ist es richtig, was die Kirche erzählt? Stimmt das, was die verschiedenen Religionen erzählen?

Wenn man uns das Vaterland wegnimmt, indem man politische Entscheidungen ganz nach dem Motto *„Alles ist für alle da!"* trifft, dann ist das nicht mehr das Land, das unsere Vorväter besessen und das wir von ihnen geerbt haben. Wenn man das traditionelle Narrativ zerstört, warum sollte dann noch irgendjemand für sein Vaterland aufstehen und dafür kämpfen?

Das Gleiche gilt für die Familientradition – Erkaltung. Heute gibt es so viele neue Möglichkeiten des familiären Zusammenlebens, dass die traditionelle Familienbande bereits größtenteils zerstört ist. Dann ist jedoch eben auch die Identifikation mit genau diesen Familien zerstört. Wenn die Identifikation fehlt, dann fehlt Persönlichkeit.

In diesem Kapitel konnten wir also ganz klar erkennen, dass das, was eine Persönlichkeit wirklich ausmacht, dass genau diese Eigenschaften in der heutigen Zeit nach und nach von allen Seiten angegriffen werden. Wenn wir dieses Wissen haben, genügt es, aufmerksam zu beobachten. Dann können wir das alle sehen. Wir können erkennen, wie sukzessive „Sklaven" erzeugt werden, die nur noch arbeiten dürfen und von ihrem Verdienst das Allermeiste abgeben müssen, sodass sie von der eigenen Arbeit nur noch ganz wenige Früchte tragen.

TEIL 2

Kapitel 3 – Persönlichkeit stärken

Wie wir im Kapitel „Modernes Sklaventum“ gesehen haben, wird aus der Persönlichkeit ein Sklave generiert, indem die Persönlichkeitsmerkmale geschwächt werden. Um diese Schwächung wieder rückgängig zu machen, müssen wir nun einfach die Persönlichkeit stärken. Wir hatten zum Beispiel die Schwächung der Individualität. Wenn wir dies rückgängig machen wollen, bedeutet das für uns, dass wir unsere Einmaligkeit annehmen und aus dem Vergleichen heraustreten müssen.

Ich bin seit über dreißig Jahren in diesem Beruf tätig, und in diesen dreißig Jahren wurde ich oftmals darauf angesprochen, warum ich nicht einen Youtube-Kanal habe oder einen Facebook-Account oder einen Video-Blog oder sonst einen Blog oder Ähnliches, weil die meisten meiner Kollegen das offensichtlich haben. Ich kann dann nur entgegnen, dass meine Kollegen das machen, weil sie glauben, es wäre dienlich für ihre Ziele. Da ich jedoch deren Ziele nicht kenne, kann ich das in keiner Weise kommentieren. Ich kenne nur meins, und das ist individuell. Und damit ist die Frage auch schon beantwortet. Wenn ich sie ausführlicher beantworten würde, würde ich mich auf einen direkten Vergleich einlassen, Vor- und Nachteile abwägen. Das ist völlig irrelevant.

Wir sollten auch immer erkennen, wenn wir von anderen in Vergleiche hineingetrieben werden und dann klar und deutlich zu uns stehen und „Nein“ sagen. Es hilft auch, wenn wir jegliche Form von Uniform ablehnen. Das heißt natürlich nicht, dass wir uns nicht gesellschaftlich korrekt kleiden und uns entsprechend auch in unserem sozialen Umfeld anpassen und sauber herumlaufen können. Wir brauchen jetzt nicht irgendwie komplett in die Opposition zu gehen. Aber wenn wir merken, dass uns jemand eine Uniform verpassen will, sollten wir gut aufpassen. Und ich spreche es deutlich aus: Ich bin kein Mediziner und kann und werde mich nicht über den Sinn und Unsinn der Masken im Zusammenhang mit den Corona-Maßnahmen äußern, aber sollten sie aus medizinischer Sicht keinen Sinn machen, dann wird das Ganze zur

Uniform, und diese hat zur Folge, dass den Menschen die Individualität genommen wird.

Individualität zu stärken bedeutet auch, dass wir zu unserem Vaterland stehen, zur individuellen Kultur, zur Familie, zur Tradition. Das sollten wir uns nicht nehmen lassen! Auch all das, was wir in unserem Leben erreicht haben, sollten wir annehmen. Lassen Sie uns das integrieren. Lassen Sie uns aber auch das Erreichte verteidigen, denn wir haben es individuell so gewollt und nur deshalb auch erreicht. Wir sollten unsere Talente fördern, auch unsere Bildung, unseren kritischen Geist und auch bewahren und bedenken, dass die beste Investition, die wir machen können, immer die Investition zwischen den beiden Ohren ist, also die Investition in Wissen. Individualität anzunehmen bedeutet auch, sein Geschlecht anzunehmen, seine Männlichkeit oder Weiblichkeit, und auch dazu zu stehen und sich nicht verunsichern zu lassen. Wir können auch die Wechselhaftigkeit der Mode erkennen. Idealtypischerweise hat eine starke individuelle Persönlichkeit ihren eigenen Stil gefunden, der keine Opposition darstellt, sondern wirklich einfach ein eigener Stil ist.

Eine individuelle Persönlichkeit lässt sich auch keine bestimmte Art von Bewusstsein vorschreiben oder wie sie zu leben hat. Ich lasse mir das nicht vorschreiben. Ich lasse mir auch nicht vorschreiben, wie umweltbewusst ich zu sein habe. Das ist *meine* Entscheidung. Das bedeutet nicht, dass ich nicht umweltbewusst bin. Und ich lasse mir auch nicht vorschreiben, wie mein CO_2-Fußabdruck sein soll. Bitte verstehen Sie das nicht als Aufruf zur Opposition. Wir wollen nicht gegen Gesetze verstoßen, aber Gesetze, die nur pseudomäßig in den Köpfen installiert werden sollen, die brauchen wir eben nicht zu befolgen.

Wir müssen uns als Individuum, also als unteilbar annehmen und sollten uns weder von der Kirche noch von anderen esoterischen Trends verunsichern oder gar einreden lassen, dass wir noch etwas brauchen, um komplett zu sein. Ich habe in meinem Leben so manchen „Meister“ aufgesucht, in der Hoffnung, dass ich durch ihn nun endlich meiner „Erleuchtung“ näherkomme. Ich habe „Meister“ erlebt, denen man im wahrsten Sinne des Wortes die Füße geküsst hat. (Kein Scherz.) Auf meine Fragen habe ich oft nebulöse und nichtssagende Antworten bekommen wie: *„Du weißt es, wenn es so weit ist. Das kann man mit Worten nicht erklären...“*, und zwar von „Meistern“, die wenig bis nichts demonstrieren konnten und außer dem Image oder dem Glauben, den die „Jünger“ an sie hatten, nichts weiter vorweisen konnten. Im Gegenteil: Einer dieser „Meister“ hat mir sogar die praktische und geschäftliche Nachfolge angeboten: *„Du bist der Typ dafür, das bekommst Du hin...“* Bitte verstehen Sie mich richtig: Es gibt wahre Meister, allerdings sind die sehr schwer zu finden, und in der Regel sind sie nicht sonderlich interessiert an der Vermarktung über soziale Netzwerke und so weiter. Wir können und sollen uns weiterentwickeln. Aber wir sind komplett! Daran sollten wir uns immer wieder erinnern, wenn uns jemand glauben machen will, dass wir nur mit seinen Methoden endlich ganz sein können.

Wenn wir den Effekt der schwächenden Maßnahmen wirklich umkehren wollen, dann dürfen wir uns auch unsere charakterlichen Eigenschaften nicht zerstören lassen. Es ist sicherlich kein Fehler, wenn wir uns unser reines Blut bewahren, das uns genetisch vererbt wurde. Insbesondere sollten wir auf unsere gottgegebene DNA aufpassen und sie nicht zerstören lassen durch Medikamente oder durch unüberlegte Nahrungsaufnahme (zum Beispiel durch genetisch manipulierte Nahrungsmittel) und schon gar nicht durch Impfungen – um das mal auszusprechen. Bitte verstehen Sie mich richtig: Medikamente haben natürlich ihren Sinn, aber sie sollten sicherlich nicht der erste Schritt sein. Der erste Schritt ist zunächst einmal der Dialog mit dem Leiden, um herauszufinden, was es uns sagen will, und dann gibt es viele Lösungsansätze. Dazu kommen wir auch noch in einem späteren Kapitel, wenn wir dann durch die praktische Anwendung lernen, unsere ureigene Macht wirklich anzunehmen und bewusst anzuwenden.

Auch die traditionellen Werte, die wir gelernt haben, sollten wir verteidigen und uns nichts vorschreiben lassen. Werte wie Loyalität und Ehrlichkeit, Pünktlichkeit, Zuverlässigkeit und Ordentlichkeit – warum sollten die auf einmal nicht mehr gelten? Unsere charakterlichen Eigenschaften, unsere Erbanlagen und unsere Wertvorstellungen sollten wir uns nicht nehmen lassen.

Und wenn wir sicherstellen wollen, dass auch die Eigenverantwortung als ganz wichtiger Baustein der Persönlichkeit nicht zerstört wird, dann sollten wir diese Eigenverantwortung natürlich auch stärken, indem wir uns daran erinnern, dass wir der Boss sind in unserem Leben, und indem wir dafür sorgen, dass wir die Plappermäuler und die ganzen Ministerien, die wir im Kopf haben, zur Ruhe bringen. Wir sollten uns auch daran erinnern, dass wir Positives denken sollten. Wenn wir negativ denken, hat das in der letzten Konsequenz zur Folge, dass sich unser Halswirbel dadurch etwas verschiebt und die Wirbelschlagader weniger Blut und folglich auch weniger Sauerstoff durchlässt, sodass der Stirnlappen beziehungsweise Frontallappen nicht mehr genug mit Sauerstoff versorgt werden kann und wir ihn nicht mehr benutzen können. Das führt dazu, dass wir nicht mehr klar denken und dementsprechend auch keine Entscheidungen mehr fällen können.

In diesem Zusammenhang ist es auch wichtig zu verstehen, dass wir nicht gut denken können, wenn wir Angst haben. Ich hatte das bereits angedeutet und möchte hier noch etwas genauer darauf eingehen. Wir benötigen das auch später im Buch noch für das weitere Verständnis, dass wir hier differenzieren können und den groben Unterschied kennen zwischen Angst und Furcht. Ich möchte das mit einem ganz einfachen Beispiel verdeutlichen: Sie sitzen in einem Flugzeug, und es ist ein ganz ruhiger klassischer Flug. Sie schauen aus dem Fenster, sehen den Sonnenuntergang, hören Menschen, die sich murmelnd unterhalten und haben einen schönen Drink vor sich. Alles ist gut. Doch Sie sitzen dort und haben Schweißperlen auf der Stirn, das Herz rast, der Magen krampft sich zusammen, und Sie haben einen Adrenalinstoß nach dem anderen. Es gibt keinen guten Grund dafür, aber dennoch ist es so. Hier handelt es sich ganz klar um Angst, in diesem Falle um Flugangst, erzeugt zwischen den beiden Ohren.

Eine andere Situation wäre es, wenn Sie im Flugzeug sitzen, und Sie schauen aus dem Fenster und sehen voller Entsetzen, dass ein Triebwerk brennt. Und der Körper reagiert eventuell genau so wie zuvor beschrieben, nur ist es jetzt natürlich keine Angst, sondern jetzt ist das konkret, jetzt ist es Furcht. Furcht ist also die Reaktion auf eine konkrete Bedrohung. Psychologisch betrachtet ist es bei Angst in der Regel so, dass wir die Befürchtung haben, dass uns etwas passieren könnte, das uns oder auch anderen schon einmal passiert ist. Das ist dann die sogenannte Befürchtungsangst, die einfach zwischen den beiden Ohren geschieht.

Wenn wir einmal nicht wissen, ob wir gerade Angst haben oder Furcht, mit all diesen grässlichen Reaktionsmechanismen, dann ist es sehr hilfreich, wenn wir uns fragen: Gibt es eine reale Bedrohung? Und wenn es eine reale Bedrohung gibt, dann sollten wir froh sein, dass wir entsprechend reagieren. Falls es jedoch keinerlei Bedrohung gibt und unsere Angst lediglich durch eine Geschichte verursacht wurde, dann sollten wir darüber herzhaft lachen und uns nicht in die Angst treiben lassen, die uns daran hindert, klar zu denken und klare Entscheidungen treffen zu können, sodass wir die Eigenverantwortung über Bord werfen und eine ganz schwache Persönlichkeit Richtung Sklaventum entwickeln.

Stärken sollten wir auch unsere Authentizität. Wir müssen unsere Authentizität annehmen, und das bedeutet, dass wir zu uns stehen müssen. Wir wissen ja bereits: Wenn unser Denken, Fühlen und Handeln im Einklang sind, dann fühlen wir uns gut. Wir müssen zu uns stehen und uns annehmen, wie wir sind. Und dazu gehört auch alles andere, was uns wirklich ausmacht, auch unsere Körpergröße, unser Gewicht, unser Alter, unsere Pickel, unsere Frisur, unsere Figur, unser Intellekt, unser Dialekt, unsere Eltern, unsere Herkunft – wenn wir zu alldem „Ja“ sagen können, wenn wir all dies annehmen können, dann können wir uns wirklich auch so geben, wie das eine starke Persönlichkeit macht, und dabei fühlen wir uns auch noch richtig gut.

Der letzte Punkt, wo wir dem modernen Sklaventum entgegenwirken sollten, betrifft die Identifikation, die wir uns nicht zerstören lassen wollen. Wir entscheiden selbst, womit wir identifiziert sein wollen. Und die Themen, mit denen wir identifiziert sein wollen, sollten wir uns wiederholt betrachten und uns damit auseinandersetzen, sodass wir den Sinn darin erkennen. Durch dieses wiederholte Betrachten und die Auseinandersetzung mit diesen Themen und durch das Akzeptieren oder die Gleichsetzung damit bekommen wir sie in die Identifikation gebracht. Auf der anderen Seite sollten wir auch ganz klar selbst entscheiden, womit wir uns *nicht* identifizieren wollen und dazu klar und deutlich „Nein“ sagen. In der Praxis ergibt sich auf diese Weise während wir durchs Leben gehen, ein Automatismus, der uns automatisch fernhält von gewissen Dingen und hinzieht zu anderen.

Kapitel 4 – Die Lebensgesetze

Kommen wir nun zu den Lebensgesetzen, die ich Ihnen zunächst einmal in Kürze vorstellen möchte, damit Sie diese kennenlernen. Wir werden im Verlauf des Buches immer wieder auf diese Lebensgesetze zurückkommen und im dritten Teil des Buches noch intensiver damit arbeiten.

Das erste Lebensgesetz lautet: **Der Mensch bekommt nicht das, was er will, sondern das, was er glaubt!** Dieses Lebensgesetz ist für manche etwas schockierend, weil wir ja gelernt haben: *„Du kannst alles bekommen, was Du wirklich willst. Wir brauchen einen starken Willen. Mit diesem Willen können wir dort weitermachen, wo andere längst aufgehört haben, Berge erklimmen, sportliche Höchstleistungen erreichen...“* – und jetzt heißt es in diesem Gesetz, dass wir nicht das bekommen, was wir *wollen*, sondern das, was wir *glauben*.

Nun ja, im Optimalfall sind Glaube und Wille identisch, gehen also in dieselbe Richtung. In der Praxis ist das aber häufig genau umgekehrt. Da glaubt ein Mensch zum Beispiel in seinem tiefsten Inneren, dass er keine Anerkennung von anderen Menschen bekommt. Logischerweise entwickelt er den Willen, diesbezüglich etwas zu unternehmen, damit er von anderen Menschen Anerkennung bekommt. Er macht Geschenke, organisiert Feiern, spricht Einladungen aus, ist außerordentlich nett zu anderen und stellt möglicherweise zu seinem Entsetzen fest: Es kommt trotz aller Bemühungen nichts zurück! Würde er das bekommen, was er will, dann hätte er ja dann entsprechend die Anerkennung, aber irgendwie bekommt er in Wahrheit das, was er glaubt, auch wenn ihm dieser Glaube vielleicht überhaupt nicht bewusst ist.

Ein anderer Mensch glaubt möglicherweise, dass er nicht genügend Geld hat. Er entwickelt den Wunsch und den Willen, Geld haben zu wollen. Er spart, er macht dubiose Anlagegeschichten – und am Ende ist das Ergebnis, dass sich sein Glaube bewahrheitet. Er kann machen, was er will – zack –, wie gewonnen, so zerronnen! Unterm Strich hat er einfach kein Geld.

Und dieses Gesetz können wir übertragen auf alle Themen in unserem Leben: auf die Gesundheit, auf die Beziehung, auf den Erfolg, auf Etappenziele, auf Kommunikationsverhalten mit anderen Menschen. In erster Linie ist der Glaube entscheidend. Aber was ist Glaube? Glaube ist das, was ich als Wahrheit akzeptiere.

Und diese Definition des Glaubens bringt uns sogleich zum zweiten Lebensgesetz: **Nichts geschieht ohne unsere Zustimmung!** Wenn also Dinge von außen auf uns zukommen – sei es eine Arztdiagnose oder eine Anweisung von einem Vorgesetzten oder irgendeinem anderen Menschen –, dann erfordern diese Umstände eine Reaktion. Und wenn wir uns darauf einlassen, wenn wir also das tun, was uns gesagt wird, dann haben wir damit unsere Zustimmung gegeben, und dann geschieht es auch so. Wenn wir jedoch, wenn wir eine Diagnose bekommen, klar und deutlich zum Ausdruck bringen: *„Dem stimme ich nicht zu! Das wird so nicht geschehen!“*, dann passiert etwas ganz anderes. Wenn ich meine Zustimmung verweigere, dann verschwindet es. Wir können also sagen: Das, was ich nicht akzeptiere, also das, was ich nicht glaube, das verschwindet aus meinem Leben. So wie das geschieht, was ich glaube, so wird das, was ich *nicht* glaube, aus meinem Leben verschwinden. Und die Aufgabe ist natürlich, einen kontinuierlichen Fokus auf das zu halten, was wir wirklich glauben, und nicht auf das, was man uns erzählt oder was wir sehen, sondern auf das, was wir wirklich im tiefsten Inneren glauben.

Das dritte Lebensgesetz heißt: **Energie folgt immer der Achtsamkeit!** Das hat man in den 1950er-Jahren untersucht durch Experimente. Man legte einen Studenten auf ein Holzbrett, quasi eine Wippe, tarierte die Wippe so, dass sie ausbalanciert war, und dann sollte dieser Student regungslos dort liegen und anfangen, Mathematikaufgaben zu lösen, und siehe da: Allmählich kippte das Brett beziehungsweise die Wippe dahin, wo der Kopf ist. Wir kennen das: Beim angestrengten Denken bekommen wir einen hochroten Kopf. Es ist also mehr Blut in den Kopf geflossen, das ja ein Gewicht hat, und infolgedessen kippte die Wippe.

In einem anderen Experiment sollten die Studenten sich vorstellen, sie würden fünfzig Kniebeugen machen. Sie haben es nicht getan, aber sie haben es sich intensiv vorgestellt. Damit lenkten sie Energie in die Beine, das Blut folgte, und allmählich kippten dann die Wippen in Richtung Beine. Einige Studenten haben es sogar auch noch einigermaßen hinbekommen, ihre Wippe durch ihre mentale Kraft wirklich zum Wippen zu bekommen, das Blut quasi im Körper hin und her fließen zu lassen.

Es gibt da ein Experiment, das ich sehr gerne durchführe. Man kann es in mehreren Varianten durchführen, aber eine Standardvariante ist die Folgende: Sie haben am Handgelenk eine unterbrechungsfrei durchgehende Falte. Diese durchgehende Falte gibt es auch am anderen Handgelenk. Legen Sie diese beiden Falten exakt aufeinander. Es ist wichtig, sich dabei Mühe zu geben. Dann bringen Sie die Hände zusammen – nicht hohl, sondern auf Komplettkontakt. Das muss kein Pressen sein, aber komplett Kontakt. Dann peilen Sie über die Mittelfinger, und viele Menschen stellen in diesem Moment fest, dass der eine Mittelfinger etwas kürzer ist als der andere. Den merken Sie sich. Sollten sie gleich lang sein, müssen Sie sich einen aussuchen, also den rechten oder den linken.

Als Nächstes legen Sie die Hand mit diesem kürzeren beziehungsweise ausgesuchten Mittelfinger auf den Tisch und gehen mit dem Kopf ein bisschen dichter an ihn heran. Bitte lesen Sie diese Anleitung erst komplett durch, bevor Sie weitermachen. Anschließend prägen Sie sich für ein bis zwei Minuten wirklich jedes Detail an diesem Mittelfinger optisch ein. Lenken Sie Ihre absolute Achtsamkeit auf diesen Mittelfinger. Betrachten Sie sich die Härchen, die Rillen an den Gelenken, den Fingernagel, das Nagelbett, Narben, was auch immer alles zu beobachten ist. Nach etwa einer halben Minute *fühlen* Sie bitte parallel auch hinein in diesen Finger. Wie fühlt sich dieser Finger an, wenn Sie ihn ganz konzentriert betrachten? Vielleicht ist das eine Empfindung von Wärme oder Kälte, ein leichtes Kribbeln, eine Spannung, eine Energie. Vielleicht ist das unangenehm oder angenehm. Welche Empfindung es auch sei – nehmen Sie diese Empfindung ganz gezielt wahr, während Sie diesen Finger betrachten. Das Ganze machen Sie hochkonzentriert für ein bis zwei Minuten.

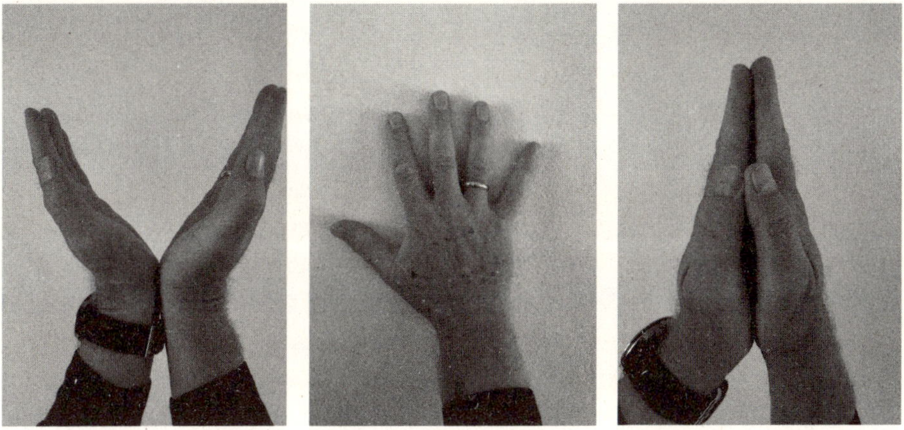

Abb. 1: Experiment: Energie folgt der Achtsamkeit

Danach ist es wichtig, die Hand nicht auszuschütteln, sondern die beiden Rillen an den Handgelenken wieder wie zuvor aneinanderzulegen und noch einmal zu peilen. Und wer diese Übung ohne Zweifel und ohne irgendwelche parallelen Hintergedanken gemacht hat – die beispielsweise lauten könnten: *„Was passiert? Was soll hier passieren? Was will der Autor dieses Buches hier überhaupt?"* –, wer sich also wirklich mit aller Achtsamkeit voll und ganz auf den Finger konzentriert hat, der kann feststellen, dass der Finger länger geworden ist. Sie haben Achtsamkeit auf diesen Mittelfinger gelenkt, und das führt dazu, dass die Energie folgt und dadurch mehr Blut in den Finger hineinfließt und die Kapillaren gefüllt sind, sodass Sie jetzt einen längeren Finger haben.

Und das ist ganz gut allgemein auf alles zu übertragen. Diese Energie ist ja absolut neutral. Wenn wir diese neutrale Energie irgendwo drauflenken, dann wirkt das wie ein universales Düngemittel. Lenkt man also die Energie auf Probleme, dann werden die Probleme gedüngt, und sie werden mehr – Sorgen, Armut, Krankheit, all dies wird wachsen. Wenn wir die Energie auf Wohlstand, auf Fülle, auf Erfüllung, auf Kraft, Vitalität und so weiter lenken, dann werden auch diese Dinge genauso wachsen. Auch mit diesem Gesetz werden wir in diesem Buch intensiv arbeiten.

Das nächste Lebensgesetz geht Hand in Hand mit dem darauffolgenden Lebensgesetz und heißt: **Bedenke die Macht des gesprochenen Wortes!** In der Bibel finden wir: „*Er sprach und es stand.*" So weit werden wir vermutlich nicht kommen, aber es muss vollkommen klar sein, dass Worte, die wir aus unserem Persönlichkeitsselbst heraus und mit Macht und Glauben aussprechen, eine verändernde Wirkung haben. Und sie bewirken etwas bei uns, bei anderen und bei den Umständen. Sprache schafft Wirklichkeit. Nur Dinge, die wir benennen können, existieren. Wenn wir etwas nicht benennen können, dann ist es für uns nicht real. Damit wir dennoch Realität erleben, auch bei Dingen und Vorgängen, die wir mit Worten nicht beschreiben können, gibt es in der deutschen Sprache das Ersatzwort „*Es*". So sagen wir zum Beispiel: „*Es* blitzt." Hätten wir das Wort „*Es*" nicht, würden wir auf das früheste Kindheitsniveau sinken und einfach sagen: „*Blitz.*" Ein Fachmann, ein Meteorologe, würde anstelle des Wortes „*Es*" vermutlich eine größere Abhandlung halten. Wir müssen allerdings, bevor wir das Wort „*Es*" verwenden, erst selbst glauben, dass irgendein Vorgang das Gewitter auslöst. Wir wissen ja bereits: Glaube ist das, was ich als Wahrheit akzeptiere. Jetzt müssen wir noch wissen, wann genau wir denn eigentlich aus unserem Persönlichkeitsselbst heraus sprechen.

Woran merken wir, dass wir aus unserem Persönlichkeitsselbst heraus sprechen? Die Antwort ist ganz einfach: Immer dann, wenn wir Worte wie „ich", „ich bin", „mir", „mich" oder „mein" in einem Satz verwenden, dann sprechen wir aus unserem Persönlichkeitsselbst heraus, und wenn wir diese Worte aus dem Persönlichkeitsselbst heraus sprechen und das Gesagte auch wirklich glauben, dann wird genau das zu unserer Realität. Und deswegen ist es wichtig, was wir sagen. Was spreche ich aus? Was sage ich aus meinem Persönlichkeitsselbst heraus? Wenn ich sage: *„Ich habe..."* und beende dann den Satz, indem ich hinzufüge *„Krankheiten."*, *„Schmerzen."*, *„ein Leiden."* oder *„kein Geld."*, oder wenn ich sage: *„Immer passiert mir das."*, dann werde ich auch genau das in mein Leben rufen beziehungsweise in meinem Leben erhalten.

Und wenn uns das bewusst ist, dann führt uns das auch zu folgender Erkenntnis: **Bedenke die Macht des Schweigens!** Und diese Macht des Schweigens – auch das ist ein Lebensgesetz –, die brauchen wir, wenn wir wieder bemerken, dass wir etwas aussprechen wollen – vielleicht aus alter Gewohnheit heraus –, was wir gar nicht mehr in unserem Leben haben möchten. Und dann ist es am einfachsten und am besten, einfach zu schweigen – aufzuhören zu jammern, damit aufzuhören, sich zu beschweren und damit aufzuhören, irgendwelche Zustände auszusprechen, die im negativen Persönlichkeitsselbst verhaftet sind. Lasst uns schweigen darüber! Die Macht des Schweigens wird dafür sorgen, dass diese Dinge aus unserem Leben verschwinden.

Kapitel 5 – Die praktische Anwendung der Lebensgesetze

5.1 – Der Glaube

Den Glauben wie einen zusätzlichen Sinn verstehen

Das Thema Glauben ist ein recht heikles Thema, da wir es natürlich auch in sämtlichen Religionen finden. *„Glauben ist das Vertrauen auf etwas, was man aktuell nicht beweisen kann.“*, ist eine Definition. In der Bibel steht: *„Es ist aber der Glaube eine feste Zuversicht dessen, was man hofft und ein Nichtzweifel an dem, was man nicht sieht.“* Also auch hier finden wir das Vertrauen auf etwas Unsichtbares.

In seinem Buch »Gehirn-Magie« schreibt Ulrich Warnke: *„Die Welt ist für uns das, was der Teil des Geistes, den wir Glauben nennen, jeweils möchte, dass sie ist.“* Ulrich Warnke beschreibt quantenmechanische Effekte, die mit dem Glauben zu tun haben, Effekte, die unsere Realität erschaffen. Glauben ist identisch mit subjektivem Wissen. Unser Glaube verwendet das Gefühl und den Willen. Glauben ist somit ursächlich. Glaube verwendet Unbewusstsein und Bewusstsein. Jedes Gefühl, jeder Gedanke, der im Glauben mündet, ist ein Ganzkörpergeschehen. Wahrer Glaube heißt für jeden von uns *„es ist“*.

Wenn ich eingangs geschrieben habe *„Den Glauben wie einen zusätzlichen Sinn verstehen“*, dann ist damit Folgendes gemeint: Wir haben ja fünf Sinne. Und die Welt um uns herum besteht aus unglaublich vielen Gegenständen, Farben und Formen, Bildern und Objekten, die es in einem gewissen Sinne auch in uns gibt. In uns gibt es eine eigene Welt, und zwischen dieser und der äußeren Welt besteht eine beständige Kommunikation in beide Richtungen. Die Impulse der äußeren Welt werden in unsere innere Welt übermittelt, die dann reagiert und wieder rückschließt auf die äußere Welt. Und dies geschieht im Wesentlichen über unsere Sinne. Das Werk, das die fünf Sinne tun, ist ein Werk des Beweisens und Glaubhaftmachens dessen, was wir draußen so vorfinden. Ein Beispiel: Ich nehme einmal die Farbe Rot. Rot ist eine Substanz. Sie ist jederzeit vorhanden, doch wenn wir sie anschauen, dann fangen die Augen an, das Rot in uns hinein zu übertragen. Das ist mit dem „Glaubhaftmachen“ gemeint. Wir könnten sogar sagen, wir haben dem Begriff „Rot“ in uns die Wirklichkeit verliehen, und wir wissen, dass es eine solche Farbe gibt, die „Rot“ heißt.

Unsere Sinne machen uns also permanent die Außenwelt in uns glaubhaft und übertragen diese in uns. Im gleichen Sinne sagen wir, dass der Glaube die Glaubhaftmachung und Verwirklichung dessen ist, was wir hoffen. Der Glaube ist also das Sinnesorgan für geistige Dinge. Dass wir geistige Dinge glaubhaft machen können, das ist sehr wichtig. **So wie das Auge für das Sehen, das Ohr für das Hören und die Nase für das Riechen zuständig ist, so ist der Glaube das Organ, durch das wir alles Geistige in uns glaubhaft machen und in uns verwirklichen.** Wenn ich etwas sehen und hören kann, brauche ich dieses Sinnesorgan des Glaubens nicht, der die Dinge, die ich eben nicht sehe, nicht höre und nicht betasten kann, in mir glaubhaft macht. Der Glaube ist also das Organ, welches geistige, nicht antastbare oder unsichtbare Dinge in uns hineinbringt, so wie die Farbe Rot, und in uns glaubhaft macht und mit dem, was in uns ist, interagiert. Der Ablauf ist derselbe wie auch bei den anderen fünf Sinnen. Der Glaube ist abstrakt. So wie abstraktes Denken ohne Orte, Menschen, Zeiten oder Dinge ist, so ist auch der Glaube losgelöst von alldem. Er ist völlig abstrakt. Und da wir durch den Glauben etwas verinnerlichen, ist der Glaube eine Handlung, und zwar die Handlung des Empfangens des Geistigen. Und so finden wir es natürlich auch im christlichen Glauben.

Die Glaubensblase

Man sagt ja so schön: *„Jeder Mensch lebt in seiner Blase.“* Und das ist richtig. Wir leben in dieser Blase dessen, was wir als Wahrheit akzeptieren. Jeder Mensch lebt in seiner eigenen Glaubensblase. Diese Glaubensblase können wir uns wie eine gigantisch große Blase um uns herum vorstellen. Diese Blase wird gefüttert von dem, was ich mir zu einer bestimmten Angelegenheit vorstelle, also zum Thema Geld, Gesundheit, Beziehung, Beruf oder Haus oder Gott oder zur Zukunft. Aber das alleine reicht nicht, um eine Glaubensblase zu füttern und aufrechtzuerhalten, sondern dazu gehört noch mehr: Was glaube ich wirklich? Was glaube ich wirklich zum Thema Geld, zum Thema Gesundheit, Beziehung, Beruf, Haus, Gott und so weiter? Und hier ist es wichtig, dass wir das einmal für uns aufarbeiten. Und das Allerwichtigste hierbei ist Ehrlichkeit.

Ich persönlich arbeite seit Jahren an meinem Glaubensbekenntnis. Und damit meine ich jetzt nicht mein Glaubensbekenntnis im religiösen Sinne, sondern mein Glaubensbekenntnis zu den elementaren Themen. Und diese vielen einzelnen Glaubenssätze, die ich mir auch notiere, habe ich unterteilt in zwei Kategorien. Die eine heißt einfach „Negativer Glaube“, und die zweite Kategorie heißt „Positives Glaubensbekenntnis“. Und wenn wir eine solche Tabelle erstellen, erkennen wir sehr schnell, wie es in unserem Leben wirklich aussieht. Zum Beispiel habe ich in dem Bereich „Negativer Glaube“ folgenden Glaubenssatz notiert: *„Ich glaube, ich muss immer hart und viel arbeiten, um viel Geld zu verdienen.“* Dieser Glaubenssatz geht bis tief in meine Kindheit zurück, doch das spielt an dieser Stelle keine Rolle. Auf jeden Fall hat mein Leben das widergespiegelt. Ich habe immer hart und viel gearbeitet und auch immer gut ausreichend Geld gehabt.

Natürlich drängt sich an dieser Stelle schon gleich die folgende Überlegung auf: Wenn man so einen Glaubenssatz setzt, dann wäre es doch viel schöner, auch so in Fülle zu leben und Geld zu haben, ohne hart und viel arbeiten zu müssen. Dem stimme ich zu, allerdings stellt sich dann die Frage: Können wir das glauben? Und wir merken schon, worauf dies hinausläuft: Wir müssen, damit wir dieses Wissen erfolgreich anwenden können, in der Lage sein, Glaubensblasen beliebig zu verändern. Es ist sehr hilfreich, wenn wir zunächst einmal herausfinden, wie es denn aussieht mit unserem Status quo. Um das herauszufinden, empfehle ich, einmal eine solche Liste zu führen, aufgeteilt in diese beiden Bereiche, also „Negativer Glaube“ und „Positives Glaubensbekenntnis“. Das wird eine Liste, die wahrscheinlich über Jahre immer wieder bearbeitet wird, weil immer wieder neue Dinge hinzukommen, die einem allmählich bewusst werden. Wie bei einer Zwiebelschale kann man die einzelnen Schichten in jedem Themenbereich sukzessive herunterschälen, um dann daran zu arbeiten. Wichtigstes Kriterium bei dieser Liste ist absolute Ehrlichkeit. Dann kann man damit auch wunderbar arbeiten.

Glaubensbekenntnisse

Negativer Glaube	Positives Glaubensbekenntnis
Ich glaube, dass die gesamte Wirtschaft den Bach runtergeht und auch ich Umsatzprobleme bekomme.	Ich glaube, dass ich intuitiv die Dinge erkenne.
Ich glaube, dass mein Geld durch Inflation oder Entwertung verschwindet.	Ich glaube, dass ich durch eine unwiederbringliche Entscheidung eine neue Ausstrahlung und entsprechende Resultate habe.
Ich glaube, dass alle Menschen kontrolliert und gesteuert werden.	Ich glaube, dass ich immer Geld im Überfluss besitze.
Ich glaube, dass durch die Impfung der Tod kommt.	Ich glaube, dass ich bis ins hohe Alter fit bin.
Ich glaube, dass mich die Menschen austricksen, weswegen ich niemandem vertraue.	Ich glaube, dass ich mit der Firma XY in den nächsten drei Jahren eine grandiose online-Variante habe.
Ich glaube, wenn ich die Smartphone-Möglichkeiten nutze, ich dann kontrolliert und manipuliert werde und dadurch Nachteile habe.	Ich glaube, dass ich mitten im beginnenden Chaos und Bürgerkrieg friedvoll in Freude leben und diesbezüglich resonanzfrei bin.
Ich glaube, dass es kaum noch Präsenz-Seminare geben wird.	Ich glaube, dass ich gegen Bakterien/Viren immun bin.
Ich glaube, dass ich im Zuge der steigenden Inflation Umsatzprobleme bekommen werde.	Ich glaube, dass ich im irdischen Leben das, was ich wirklich glaube, entsprechend ausstrahle. Alle und alles wird genau dementsprechend reagieren und den Glauben bestätigen.
Ich glaube, dass ich an den Börsen meine Geld verliere.	Ich glaube, dass alles ins Lot kommt und jegliche Beschwerden verschwinden.

Ich persönlich freue mich, wenn ich einen negativen Glaubenssatz entdecke. Manchmal entdecke ich einen, nachdem ich ein Coaching gemacht habe. Ich mache sehr viele Coachings und helfe gerne, Dinge zum Positiven zu verändern, konkret also auch den Glauben bei den Coaching-Teilnehmern zu verändern. Und nach so einem Coaching-Gespräch reflektiere ich für mich allein und stelle in manchen Fällen fest: *„Aha, so ein bisschen glaube ich das ja auch."* Und wissen Sie was? Ich bin dann nicht traurig darüber, sondern ich freue mich dann, dass ich das entdeckt habe. Gefahr erkannt, Gefahr schnell gebannt! Dann ist es auch lösbar. Das lässt uns wachsen und hilft uns dabei, unsere ureigene Macht mehr und mehr anzunehmen und damit immer bewusster umzugehen. Also: Keine Angst vor dieser Liste! Freuen Sie sich drauf! Und wenn Sie einmal nicht wissen, was Sie so glauben: Es ist gar nicht nötig, tief in die Kindheit einzutauchen und zu überlegen, wo dieses oder jenes herkommen könnte. Schauen Sie sich einfach die Realität an. Schauen Sie sich an, wie es bei Ihnen aussieht – mit Geld, mit Gesundheit, mit Beziehung, mit Sex, mit allen möglichen Themen. Die Realität spiegelt in Wahrheit genau das wider, was Sie wirklich glauben.

Was der Glaube in uns macht

Um zu verstehen, was der Glaube in uns macht, müssen wir uns zunächst einmal das Thema „Glaube und Erwartung" ansehen. Der Glaube steht im direkten Zusammenhang mit dem sehr gut erforschten Erwartungshaltungseffekt. Nun, was genau ist Erwartung? Die Erwartung trägt uns vom gegenwärtigen Augenblick in den nächsten. Die Erwartung trägt uns vom Jetzt in die Zukunft. Das, was wir von der Zukunft erwarten, ist quasi schon eine Voraussage für die Zukunft, die gleichzeitig zu deren Realisierung beiträgt.

Von diesem Erwartungshaltungseffekt gibt es zwei Varianten. Die eine ist weniger bekannt und wird Nocebo-Effekt genannt. Der Nocebo-Effekt ist der negative Erwartungshaltungseffekt. Erwartet man zum Beispiel nach der Einnahme eines Medikamentes eine Nebenwirkung, so bekommt man sie auch. Der typische Hypochonder recherchiert im

Internet oder studiert die Beipackzettel und macht sich sachkundig, was man so alles bekommen kann an Krankheiten oder Nebenwirkungen, und er bekommt dann auch tatsächlich die entsprechenden Symptome. Erwartet man Schwierigkeiten, so bekommt man diese auch. Wir sollten uns mal genauer ansehen, warum das so ist. Dieses Thema wurde sehr gründlich erforscht, leider ganz schlimm im Dritten Reich, wo man es tatsächlich geschafft hat, Kriegsgefangene und andere Gefangene im Internierungslager dazu zu bringen, dass sie definitiv erwartet haben, dass sie Leukämie bekommen, woraufhin jene dann auch wahrhaftig und messbar Leukämie entwickelt haben. Das Ganze gipfelt in diesem schlimmen Satz: *„Man kann den Menschen jede Krankheit beibringen."* Den sollten Sie sich merken. Ich kann mir an dieser Stelle einen kleinen Seitenhieb und eine kleine Weisheit nicht verkneifen, die da lautet: *„Angst und Kapitalismus sind Zwillinge."*

Wenden wir uns nun dem positiven Erwartungshaltungseffekt zu. Das ist der Placebo-Effekt. Erwartet man Heilung, so bekommt man sie auch. Erwartet man Erfolg, so bekommt man ihn auch. Ich habe Beispiele aus meiner Kindheit in beiden Bereichen. Es gibt ein Foto von mir, auf dem ich zu sehen bin, nachdem ich als kleiner Steppke im Schwimmbad viel zu lange im kalten Wasser war, blaue Lippen hatte und schlotternd da stand mit einer Rotznase, die ich auch noch abgeleckt hatte. Und wissen Sie was? Das hat mir überhaupt nichts ausgemacht. Irgendwann hat man mir dann den Nocebo-Effekt eingeredet: *„Wenn Du so lange im kalten Wasser bist, wirst Du krank. Wenn Du frierst, erkältest Du Dich, dann wirst Du krank."* Und irgendwann war es dann auch wirklich so.

Meine Mutter hat vieles mit dem Placebo-Effekt geheilt. Wenn ich nach Hause kam und hatte wieder einmal das Knie aufgeschlagen, dann hat sie gesagt: *„So, ich puste mal, und dann wird das wieder gut!"* Ich hab's geglaubt, und es wurde wieder gut. Und wenn ich erkältet war, hat sie gesagt: *„Jetzt iss Du mal diese Suppe, dann geht's Dir ganz schnell wieder gut!"* Und auch das hat wunderbar funktioniert. Ich glaube, die meisten kennen solche Beispiel aus der Kindheit sowohl mit dem Nocebo- als auch mit dem Placebo-Effekt. In beiden Fällen, beim Nocebo- und beim Placebo-Effekt, wird biochemisch unsere innere Apotheke aktiviert.

Wenn ich jetzt fragen würde: „*Erwarten Sie Gesundheit, Vitalität, eine erfüllte Beziehung, einen erfüllten Beruf, Geld, Karrierebausteine, ein tolles Haus und ein Ferienhaus…?*“, dann würden die meisten vermutlich sagen: „*Selbstverständlich erwarte ich das.*“ Gehen wir aber etwas tiefer! In Wahrheit lautet die weitaus wichtigere Frage nämlich: „*Glauben Sie auch wirklich daran, dass Sie all dies bekommen?*“ Der Nocebo- und der Placebo-Effekt funktionieren nämlich nur dann, wenn wir etwas wirklich glauben. Was wir wirklich glauben, das erwarten wir. Was wir wirklich glauben, verändert alles.

Man sagt ja so schön: „*Der Mensch ist eine Maschine und besteht aus Körper, Geist und Seele.*“ Nun, da ist etwas dran. Fangen wir also an mit den einfachsten und auch gut erforschten Themen. Was passiert mit unserem Körper, je nachdem, was wir glauben? Es gibt eine relativ junge, neue Forschungsrichtung, die Psychoneuroimmunologie, die sich mit diesem Thema auseinandersetzt. Je nachdem, was wir glauben, haben wir im Körper augenblicklich eine Veränderung im Zentralen Nervensystem. Dieses Zentrale Nervensystem, das grob gesagt beim Solarplexus sitzt, managed das Sympathische und das Parasympathische Nervensystem. Das Sympathische Nervensystem ist in der Brust, und das Parasympathische Nervensystem ist im Bauch dieses Entspannende. Wann brauchen wir das Sympathische Nervensystem? Zum Beispiel bei körperlichen Anstrengungen. Bevor wir ein großes Gewicht heben, atmen wir tief in die Brust ein und holen Luft, wir aktivieren das Sympathische Nervensystem und pressen das Gewicht hoch. Niemand wird entspannt in den Bauch atmen und das Parasympathische Nervensystem einschalten und dann glauben, ein Gewicht zu heben oder Liegestütze machen zu können.

Wenn wir also körperliche Anstrengungen unternehmen, wenn wir rennen, wenn wir kämpfen, wenn wir im Kampf-Flucht-Erstarren-

Modus sind, dann ist das Sympathische Nervensystem eingeschaltet. Das ist gut so. Das hilft uns zu überleben. Wenn allerdings keinerlei Gefahr droht, sollten wir ganz entspannt parasympathisch sein. Leider sind wir das aber häufig nicht, denn allzu oft ist durch fehlerhaften Glauben und völlig irrige Erwartungshaltungen unnützerweise das Sympathische Nervensystem eingeschaltet. Und wenn das permanent eingeschaltet ist – einfach so, also zum Beispiel jetzt beim Lesen dieses Buches oder zu Hause beim Aufräumen oder bei einer entspannten Autofahrt, also bei ganz alltäglichen Tätigkeiten –, wenn wir also ständig im Kampf-Flucht-Erstarren-Modus sind – quasi während des ganzen Tages, und das zieht sich nicht nur über den Tag hin, auch nicht über ein paar Wochen, sondern über Monate –, dann ist recht logisch, was dann passiert.

Das Ergebnis sind Schlafstörungen, Hörstürze, Burnouts, kardiologische Krankheiten, Magen-Darm-Geschwüre, also kurz: die gesamte Palette der typischen Manager-Erkrankungen, die dann in Erscheinung treten. Wir werden dann definitiv krank. Dieser Dauerstress macht uns krank. Diese Angst und diese Befürchtungen sind eine schlimme Reaktion des Körpers, ausgelöst durch das Zentrale Nervensystem. Zusätzlich verändert sich auch, je nachdem, was wir glauben, unser Hypocampus, unsere innere Apotheke. Und die mischt uns den passenden Hormoncocktail zusammen, je nach Erwartung und passend zu dem, was wir glauben, sodass wir sagen können, dass wir auch chemisch nicht mehr dieselbe Person sind wie vorher.

Der dritte Bereich, den ich durch das Erleben in meiner Kindheit schon am eigenen Leib erfahren habe, ist das Immunsystem. Das Immunsystem wird verändert und passt sich an, je nachdem, was wir glauben und erwarten. Und alleine diese drei körperlichen Reaktionen, die sollten Sie sich wirklich einmal genauer betrachten und sich bewusst machen, was zum Teil mit unserem Glauben und mit unserer Erwartungshaltung gemacht wird, was da geschürt wird und welche Krankheiten alleine das schon mit sich bringt.

Aber es geht noch weiter. Wir sind ja nicht nur Körper, wir sind auch Seele beziehungsweise Psyche. Wir sind psychosomatisch. Es fängt also an beim Körper, das ist ganz wichtig. Der Körper wirkt auf die Psyche und dann auf den Geist, nicht umgekehrt, wie wir das gerne hätten. Und wenn der Körper sich verändert, dann hat das einen Einfluss auf die Psyche. Das können Sie selbst ausprobieren, indem Sie jetzt zum Beispiel einmal die Augenbrauen ganz nach oben ziehen, so hoch Sie können, Vollanschlag, ganz hoch! Und während Sie die Augenbrauen ganz hochgezogen haben, versuchen Sie jetzt bitte einmal, aggressiv und böse zu werden. Augenbrauen hoch und böse werden! Bitte nicht lachen! Und Sie merken: Es geht nicht! Böse werden können Sie nur, wenn Sie die Augenbrauen zusammenziehen.

Das war ein einfaches Experiment, welches Ihnen zeigt: Wenn sich am Körper etwas verändert, verändert sich auch in unserer Psyche etwas. Je nachdem, was ich glaube und erwarte, bin ich entweder missmutig, schlecht gelaunt, energielos und ziehe die Mundwinkel nach unten, oder ich habe ein Grinsen im Gesicht, habe gute Laune, habe Power, habe Motivation, etwas zu tun, Lust, Eustress, der mich mobilisiert, der mich in Schwung bringt, und so weiter. Aber es geht noch weiter: Wenn der Körper sich verändert, verändert sich die Psyche, und wenn sich die Psyche verändert, verändert sich auch unser Geist. An dieser Stelle noch ein kleiner Hinweis, damit das hier nicht falsch verstanden wird: Gedanken beziehungsweise der Verstand gehört noch zur Seele, also zur Psyche, und ist ein Organ dieser. Er wird angeregt durch einen Geist, der sowohl von der Seele kommen kann als auch von einem anderen äußeren und höheren Geist. Wenn ich hier von „Geist“ rede, dann meine ich also wirklich diese gute Inspiration, die zu guten Gedanken führt. Und auch das können wir ausprobieren.

Wenn Sie mögen, schauen Sie einmal so fürchterlich böse und aggressiv, wie Sie es nur irgend hinbekommen, und sagen Sie: „*Gleich bist Du fällig.*“ Und wenn Sie diesen Blick jetzt einmal draufhaben, dann versuchen Sie jetzt bitte einmal, etwas Liebes zu denken. Sie werden feststellen: Es geht nicht! Anschließend machen Sie Folgendes: Zeigen Sie der Welt ein mild-gütiges Lächeln – nicht blödsinnig grinsen, nein –, bitte ein mild-gütiges Lächeln, dezent, so wie man in Güte und Liebe einen lieben Menschen anschaut. Und wenn Sie diesen Blick draufhaben, dann versuchen Sie doch jetzt bitte einmal, etwas Böses zu denken. Auch das geht nicht.

Sie merken also: Je nachdem, was wir glauben, ist der Körper nicht mehr derselbe. Entweder sind wir gestresst oder völlig relaxt. Wir sind entweder gut gelaunt oder schlecht gelaunt. Und wenn wir im Placebo-Bereich sind und den positiven Glauben haben, dann ist der Körper in Schwung. Er ist robust, und das Immunsystem ist stark. Wir haben eine angemessene Bandbreite zwischen An- und Entspannung und arbeiten mit beidem. Wir haben eine angenehme Hormonausschüttung, wir sind gut gelaunt, wir lachen, und wir haben Motivation. Und vor allen Dingen: Die Decke ist weg vom Kopf, die Schwere. Wir empfinden Leichtigkeit. Wir können frei denken, kreativ sein, und können sagen: „*Wow, wow, wow. Den könnte ich anrufen. Dann könnte ich da noch mit dem Kontakt aufnehmen.*" Wir denken kreative Gedanken, und dann geht es vorwärts, während wir ansonsten am liebsten in der Sofa-Ecke sitzen würden, Füße auf dem Tisch, Decke bis fast unter die Augen und Ohren, Fernseher an und betäuben.

Was unser Glaube mit anderen Menschen macht

Je nachdem, was Sie glauben, sind Sie also definitiv sowohl körperlich als auch seelisch, in der Psyche – also auch in Ihrem Geist, in Ihren Gedanken und in Ihrem Verstand –, nicht mehr dieselbe Person wie vorher. Ein veränderter Glaube verändert komplett Ihre Ausstrahlung. Und diese Ausstrahlung, die geschieht in zweierlei Hinsicht: Die erste Hinsicht ist vermutlich vielen Lesern klar. Die Reaktion anderer Menschen hat Konsequenzen. Viele kennen vermutlich den großen Kommunikationsspruch von Paul Watzlawick: „*Man kann nicht **nicht** kommunizieren.*" Man kann nicht *nicht* wirken. Man kann nicht *nicht* manipulieren. Man kann nicht *nicht* beeinflussen. Wir wirken, kommunizieren, manipulieren und beeinflussen andere immer, ob wir wollen oder nicht.

Aber wie geschieht diese Beeinflussung? Sie geschieht zunächst einmal ganz einfach dadurch, dass unsere innere Haltung, also das, was wir wirklich glauben zu einem Gesprächsthema oder über eine andere Person, wiederum unseren eigenen Körper, unsere Psyche und auch unsere Gedanken beeinflusst. Das bedeutet also konkret, dass wenn ich zum Beispiel denke, der andere wäre ein schlechter Mensch, das dann dazu führen wird, dass ich auf diese Weise etwas mehr das Sympathische Nervensystem einschalte. Dann geht auch meine Herzfrequenz hoch, und das Denken wird beschwert. Ich schaue auch etwas aggressiver und böser drein, und auch die Stimme wird sich etwas ins Negative verändern. Über meine Wahrnehmung, die immer zielgerichtet und gefiltert ist, werde ich nun negative Dinge an dem anderen wahrnehmen. Ich werde dem anderen diese schlechtere Laune spiegeln. Das wird er empfangen über seine Sinne. Ich werde auch Sätze sagen, die nicht mehr ganz so liebenswürdig sind, und auch das wird er hören. Und die Reaktion wird entsprechend das bestätigen, was ich glaube. Das ist leicht nachzuvollziehen und ist das Wesen der meisten Kommunikationstrainings in Rhetorik und Verkauf.

Aber es geht noch etwas weiter. Das, was wir wirklich glauben, geben wir als Signatur nach außen im „Feld“ weiter. Wir können dieses Feld auch „formlose Substanz“ nennen oder „Quantenfeld“ oder auch „morphogenetisches Feld“. Und das lässt sich gut demonstrieren. Es gibt viele Experimente, die belegen, dass das, was wir über den anderen denken, über dieses Feld mit dem anderen etwas macht – nicht mit allen Menschen, aber es macht etwas mit den Menschen, auf die wir uns konzentrieren, also an die wir denken. Je konzentrierter wir sind, desto stärker ist die Wirkung. Der Effekt, der dahinter steht, nennt sich „Quantenmechanische Verschränkung“

Eine ähnliche Situation wäre die folgende: Sie gehen vielleicht morgens in Ihr Büro und denken aus irgendeinem unerfindlichen Grund an einen früheren Studienkollegen, von dem Sie die letzten drei Jahre nichts gehört haben. Sie sind im Büro, und zwanzig Minuten später klingelt das Telefon, und ausgerechnet der ist dran, und Sie sagen: „*Das gibt's doch gar nicht, ich habe heute Morgen noch an Dich gedacht.*" Ich glaube, viele kennen so etwas. In dieser Situation waren Sie beide miteinander verschränkt. Damit ist jetzt nicht gesagt, wer zuerst an wen gedacht hat – er an Sie oder Sie an ihn –, und das ist auch völlig irrelevant. Das Verschränktsein war jedenfalls so stark, dass dann eine Reaktion im Körper erfolgt ist und eine Person angefangen hat, wirklich auch den Hörer in die Hand zu nehmen.

Andere Menschen bestätigen durch ihre Reaktion genau das, was wir glauben! Wir bekommen es also zweifach zurück. Je nachdem, was wir glauben, sind wir erstens nicht mehr dieselbe Person wie zuvor, nicht mehr derselbe Körper, haben nicht mehr dieselbe Psyche, nicht mehr dieselben Gedanken und nicht mehr denselben Geist, und zweitens sind andere auch nicht mehr dieselbe Person und werden sich uns gegenüber dementsprechend verhalten, sodass wir sagen können: „*Was Du säst, wirst Du ernten!*"

Und langsam wird es etwas klarer, was da passiert. Und wenn wir das verstanden haben, dann merken wir: Es gibt sogar eine Reaktion in der Distanz, egal wie weit diese Person, auf die wir uns konzentrieren, entfernt ist. Und das bringt uns schon ganz schön in die Eigenverantwortung, denn wir machen das nicht nur bewusst, wir machen das auch sehr oft unbewusst. Insofern: Passen Sie auf, was Sie glauben! Und wenn Ihnen Ihr Glaube nicht gefällt, wenn Ihnen Ihr Leben nicht passt, dann glauben Sie doch etwas anderes! Spätestens am Ende dieses Buches werden Sie wissen, wie das geht.

5.2 – *Wir haben unseren Lebensumständen in der Vergangenheit zugestimmt*

Wenn wir anfangen, diesen Punkt ernst zu nehmen, dann bringt uns das gewaltig in die Eigenverantwortung und kann uns aufzeigen, was wir alles zu lösen haben, wobei es dann in Teil 3 auch praktische Anleitung dazu gibt, *wie* wir es lösen können. Halten wir jedoch noch einmal fest: Glaube ist das, was ich als Wahrheit akzeptiere. Dem, was ich glaube, dem habe ich also auch zugestimmt, eventuell vollkommen unbewusst. Wenn ich nicht zustimme, wenn ich also etwas nicht glaube, dann verschwindet es. Das wusste auch die Bundeskanzlerin Merkel, als es seinerzeit diese „Corona-Pandemie" gab. Ich habe mir die Mühe gemacht und mir einmal die erste Pressekonferenz angeschaut, die Frau Merkel mit den Ministerpräsidenten gegeben hatte. Und sie sagte gleich zu Beginn: „*Glauben Sie nur das, was **wir** Ihnen sagen. Glauben Sie **denen*** (damit meinte sie die anderen, die eine andere Meinung haben) *nicht.*" Sie wusste genau: Wenn wir das akzeptieren, wenn wir das glauben, was sie sagt, dann wird es zu unserer Realität. Dies ist ein Punkt, der theoretisch fürchterlich einfach ist, in der Praxis aber nicht ganz so einfach.

Wenn ich auf der Waage stehe und sehe das Gewicht, dann nützt es nichts, wenn ich das nicht akzeptiere und sage: „*Das akzeptiere ich nicht, dass ich so viel wiege.*", denn in Wahrheit kann ich mein Nichtakzeptieren nicht so ohne Weiteres glauben, denn ich sehe ja das angegebene Gewicht. Das heißt: Auch Nichtakzeptanz oder Nichtzustimmung funktioniert nur, wenn ich absolut glaubhaft nicht zugestimmt habe. Es ist also unser Bewusstsein beziehungsweise unser freier Wille, der bewusst wählt und bewusst abwählt und auch ganz bewusst nicht akzeptiert als absolut bewusste Entscheidung.

In Wahrheit liegt das Problem aber etwas tiefer. Meistens stimmen wir nämlich unbewusst zu. Wenn wir uns an den kleinen Hans und den roten Porsche aus Kapitel 1 erinnern, dann sehen wir, wie wir bestimmten Konditionierungen unbewusst zustimmen. Häufig ist uns das gar nicht bewusst, und ein Ziel dieses Buches ist es, uns das bewusst zu machen. Und dann können wir auch bewusst etwas tun oder uns bewusst dagegen entscheiden und bestimmte Konditionierungen bewusst ablehnen. In der Regel stimmen wir dem zu, was alle tun. Wir stimmen dem zu, was die Eltern tun. Wir stimmen dem zu, was eine Autoritätsperson sagt, der Arzt oder der Steuerberater oder die Polizei oder die Wissenschaft oder die Kirchen. Oft stimmen wir unbewusst zu, indem man uns „primt". Das ist eine Methode, eine Bahn zu legen im Kopf. „Nudging" ist ein mentales Schubsen, mit dem die Regierung arbeitet. Wir stimmen unbewusst dem zu, was man uns mehrmals vor Augen führt. Nur selten machen wir uns die Mühe, bewusst zu entscheiden, ob wir dem, was auf uns zukommt, zustimmen sollen oder es bewusst ablehnen.

Ich möchte dieses Kapitel zunächst einmal so stehen lassen und festhalten, dass wir in Wahrheit unseren Lebensumständen zugestimmt haben. Die Lebensumstände, die wir nicht akzeptieren, verschwinden. An dieser Stelle präsentiere ich noch keine Lösung, weil wir sowieso bald in den Lösungsprozess hineingehen. Halten wir an dieser Stelle fest, auch wenn es nicht leicht ist, das praktisch umzusetzen: Wir haben mit unserer Entscheidung selbst gewählt, wenn auch oft unbewusst, und damit unsere Realität hier ins Erleben gebracht.

5.3 – Energie folgt immer der Achtsamkeit

Dies ist ein sehr essentieller Punkt. Wir haben vorhin dieses kleine Experiment mit dem Finger gemacht und uns angesehen, dass die Energie immer der Achtsamkeit folgt. Diese Energie ist ein universales Düngemittel, und wo auch immer diese Energie draufgelenkt wird, das wächst, dort geschieht Entfaltung. Wir können also sagen: **Bewusstsein und Energie erschaffen Realität!** Diese Energie, die will jeder haben. Es gibt quasi einen regelrechten Kampf um diese Energie. Deswegen gibt es auch Werbung. Deswegen bekommen Sie in den sozialen Netzwerken Werbung eingeblendet, damit Sie das bewusst wahrnehmen und dann Energie hinlenken, gegebenenfalls auf den Link klicken und in der letzten Konsequenz Ihr Verhalten dementsprechend lenken, dass Sie auch Ihr Geld dorthin lenken.

Man sollte einmal darüber nachdenken, wo eigentlich der Sinn einer Apothekenzeitschrift liegt, in der wir erfahren, welche Art von Krankheiten wir alles bekommen können. Demzufolge lenken wir unsere Energie dorthin – und ein Schelm, wer etwas Böses dabei denkt –, entwickeln möglicherweise recht schnell die entsprechenden Symptome und finden auch gleichzeitig die Lösung, also das passende Medikament.

Vor einigen Jahren habe ich ein praktisches Beispiel erlebt, das diesen Vorgang gut verständlich veranschaulicht. Ich wurde zu einer Feier eingeladen, auf der ich Leute traf, von denen ich die meisten über fünfzehn Jahre nicht mehr gesehen hatte. Und dort traf ich jemanden, der sich sehr freute, dass er mich sah. Er erzählte voller Begeisterung, dass er sich privat einen Traktor gekauft hatte – nicht weil er Landwirt wäre, sondern einfach nur, weil er Freude daran hatte. Er hatte sogar DIN-A4-Bilder dabei, in Farbe ausgedruckt und laminiert, die er mir gezeigt hat, und er hat mir alle möglichen Details zu diesem Fahrzeug erläutert. Er lenkte also viel Achtsamkeit auf diesen Traktor.

Und er hatte noch ein zweites Thema, auf das er viel Achtsamkeit lenkte. Er fragte mich: *„Kennst Du den noch?“*, und ich sagte: *„Ja, klar.“*, worauf er sagte: *„Was meinst Du, was mit dem passiert ist? Der hat Krebs. Und kennst Du den noch?“ „Ja.“ „Ja, dem ist die Frau weggelaufen. Kennst Du den noch? Ja, was meinst Du, was mit seinem Sohn passiert ist? Der hatte einen ganz fürchterlich schlimmen Autounfall…“* Dieser gute Mensch lenkte also offensichtlich in einem sehr starken Maße seine Energie und Achtsamkeit auf die Themen „Traktor“ und „Unglücke“. Das war nicht nur im Gespräch mit mir beobachtbar, sondern auch bei anderen.

Als wir nach Hause fuhren, hatte ich dann zu meiner Frau gesagt: *„Nach diesem Gesetz – Bewusstsein und Energie erschaffen Realität – kann es jetzt nicht mehr lange dauern, dann muss dieser gute Mensch ein Unglück mit seinem Traktor haben.“*, was zirka drei Wochen später dann auch tatsächlich geschah. Er hatte ihn aufgebockt, um irgendetwas daran zu reparieren, und der Traktor ist ihm von dem Bock auf die rechte Hand gefallen und hat sie komplett zertrümmert. Das ist mit Drähten ganz kompliziert gerichtet worden, hat sich dann aber entzündet – ein monatelanges Drama. Wenn ich ihm gesagt hätte: *„Du, jetzt beschwer Dich bitteschön bloß nicht. Wer hat Dir denn gesagt, dass Du freiwillig Deine Energie auf ‚Traktor‘ und ‚Unglück‘ lenken sollst? Und dann wunderst Du Dich, dass das klappt?“*, dann hätte er mir wahrscheinlich für immer die Freundschaft gekündigt. Aber so funktioniert das.

Wir entscheiden, wo Entfaltung geschieht. Und dieser Kampf um diese Energie, und damit auch um die Bewusstseinslenkung dieser Energie, geschieht natürlich schon im Kindergarten, wo man den Kleinsten beibringt, wohin sie ihr Bewusstsein lenken sollen. In der Schule ist es genauso, in sämtlichen Medien, in den Programmen, die zum Download da sind, mit den entsprechenden Bildern mit den passenden Hintergründen. Bei Hollywood-Filmen könnte man theoretisch hergehen und könnte schauen, was denn hier über Jahre der Trend ist und was den Menschen an Filmen gezeigt wird und um was es überhaupt geht, um dann auch zu wissen, wohin sie die Energie lenken. Übrigens erleben wir parallel auch die Identifikation mit den entsprechenden Themen, sodass diese dann nachher auch in unsere Realität kommen. Wir werden also „vorgeprimt“ – es wird wie Spur im Kopf angelegt, auf der sich die Gedanken bewegen. Natürlich könnte man auf diese Weise auch zeigen, inwieweit das Geld wohin fließt, und es gibt Autoren, die sich sehr gut und intensiv auseinandersetzen mit der Verstrickung zwischen Politik und Pharma.

Nun, wenn einem Menschen dann bewusst wird, dass es in seinem Leben Zustände gibt, die ihm nicht gefallen, dann stellt er häufig voller Entsetzen fest, dass er all dies zwar selbst verursacht hat, er es so aber nicht mehr möchte. Und dann will er von diesem Zustand weg. Und jetzt kommt ein erstes kleines Problem, da man nicht so ohne Weiteres von einem Zustand wegkommt.

Da möchte zum Beispiel jemand nicht mehr so schwer sein. Was macht er? Er macht eine Diät, er hungert, er entsagt wunderschönen Leckereien, die er ansonsten gerne isst, stellt sich tagtäglich auf die Waage, kontrolliert sein Gewicht, lenkt also tagtäglich geistige Energie auf das Problem des Dickseins und lädt damit geistig genau das auf, wogegen er mit Willen ankämpft. Das hält er nicht lange aus, und dann ist die Willenskraft am Ende, und die gesamte geistige Aufladung schlägt ihm zurück um die Ohren. Vielleicht kennt der ein oder andere Leser das unter dem Begriff „Jo-Jo-Effekt".

Und diesen Jo-Jo-Effekt, den gibt es natürlich auch beim Sparen. Wenn jemand glaubt, er hätte zu wenig Geld und dann anfängt zu sparen und anfängt, irgendwelche Anlagegeschichten auszuprobieren, während er tagtäglich Energie auf seinen Mangel lenkt, dann wird auch er nachher den Jo-Jo-Effekt erleben, und es wird ihm genauso gehen. Es gibt also diesbezüglich kein „weg von", man kommt nicht weg von einem Problem. Auch das muss uns zunächst einmal vollkommen klar sein, wenn wir nachher in Teil 3 dazu übergehen, unsere neu entdeckte Macht auch wirklich bewusst anzuwenden.

Wenn jemand zu mir zum Coaching kommt und ich ihn frage, worum es geht, dann bekomme ich manchmal als Antwort, dass die Person dieses oder jenes nicht mehr möchte: *„Das will ich nicht mehr haben."* Und ich provoziere dann schon auch mal gerne und erwidere: *„Dann kann ich Ihnen nicht helfen."* Und manchmal schaut mein Gesprächspartner dann ganz frustriert und sagt: *„Ja, wieso? Ich dachte, Sie könnten genau bei diesen Sachen helfen."* Dann sage ich: *„Ich kann nicht dabei helfen, einen Zustand nicht mehr zu haben."* Und das ist eine ganz logische Geschichte. Wir können ja nicht aufhören zu denken. Natürlich, wer sich in Versenkung übt, kann in den Zustand des No-Mind gehen, über den Verstand hinaus, und kann vielleicht diesen Zustand erreichen, in dem er wirklich nicht denkt. Und wenn er gut ist, schafft er das zwanzig oder dreißig Minuten. Den Rest der Zeit denkt er wieder etwas.

Und die meisten Menschen denken immer etwas. Die Achtsamkeit wird also immer irgendwohin versprenkelt. Sie sind sich dessen nicht bewusst und tragen sozusagen völlig wirr eine Gießkanne mit lauter Löchern herum, durch die sie die Achtsamkeit in alle Richtungen spritzen. Es sei denn, jemand hat ein Problem. Dann wird die Gießkanne plötzlich fokussiert, und er gießt es. Und da er dieses Problem selbst am Leben erhält, kommt er nicht davon weg. Er kann die Gießkanne ja nicht abdrehen, sodass da nichts mehr hinausfließt. Die Achtsamkeit fließt ja immer weiter irgendwohin.

Wenn wir also immer irgendwo Achtsamkeit hinlenken, quasi immer mit unserer universalen Düngemittel-Gießkanne diese Energie irgendwohin gießen, dann ist die Frage nicht: „*Wie komme ich da weg?*", sondern die Frage ist: „*Was ist die Alternative? Wo soll denn alternativ Entfaltung geschehen?*" Das ist die richtige Frage! Es gibt kein „weg von". Natürlich gibt es ein „weg von", aber nur, indem wir woanders hingehen. Hin zu etwas anderem ist weg von dem Problem. Das müssen wir verstehen, und das ist eine der großen Erkenntnisse bei der bewussten Gestaltung unseres Lebens, nämlich dass wir klar und entschieden erkennen müssen: Wohin soll die Reise gehen? Wohin soll die Energie gelenkt werden? Was möchte ich zur Entfaltung bringen? All dies sind Fragen, die uns in Teil 3 beschäftigen werden.

5.4 – Mit Macht und Glauben gesprochene Worte erschaffen und verändern die Realität

Hier bewegen wir uns in einem Bereich, der jetzt natürlich bei einigen Menschen Widerstand hervorrufen wird. Dieses Buch soll Ihnen dabei helfen, durch Wissen Ihre wirkliche Macht zu erkennen und anzunehmen. Es ist nicht die Anleitung zur Apotheose, also zur Gottwerdung des Menschen, sondern eher eine Erinnerung daran, dass Worte Macht haben. „*Er sprach und es stand.*" Wenn wir das erreichen wollen, dass wir etwas so sagen, dass es dann auch wirklich passiert, dann geht das nur, wenn wir auch daran glauben, dass diese mit Macht gesprochenen Worte etwas bewirken. Das geht nur, wenn wir kohärent sind. Kohärent bedeutet zusammenhängend.

Ein Laserstrahl ist ein kohärentes, gleichgeschaltetes Licht. Damit kann man sogar dicke Stahlplatten durchschneiden, so stark ist die Wirkung dieses kohärenten Lichtes. Nun, was soll denn bei uns kohärent sein? Bei uns sollten Denken und Fühlen kohärent sein. Dann ist die Macht da. Dann ist das Herz weit offen. Bei den meisten Menschen sind Denken und Fühlen nicht kohärent. Es gibt vier mögliche Zustände, von denen zwei nicht kohärent sind und zwei kohärent, allerdings ist nur einer davon wirklich erstrebenswert:

Beim ersten Zustand spüren Sie, dass irgendetwas nicht in Ordnung ist, also nicht gut ist. Aus diesem Mangel heraus bemühen Sie sich, positiv zu denken, und Sie beschäftigen sich mit Büchern und Wissen, welches dieses positive Denken lenkt. Sie sind also im Kopf voll von diesem Wissen, fühlen sich aber mies in der Situation und ärgern sich in Wahrheit und verstärken das Miesfühlen sogar noch, weil Sie nichts ändern in Ihrem Leben, weil nichts passiert. Denken und Fühlen stimmen nicht überein und sind nicht zusammenhängend, also nicht kohärent.

Dann gibt es andere, die fühlen sich irgendwie ganz gut, die haben keine Schmerzen, nichts tut weh, die sind nicht geplagt mit großartigem Denkvermögen, die leben einfach so vor sich hin, alles ist easy. Die denken schlecht, sehen sich schlechte Filme an, hören schlechte Sachen, haben ein schlechtes Umfeld, lesen schlechte Bücher... Die sind auch nicht kohärent, weil Denken und Fühlen nicht gleich sind. Die könnten so viel bewirken, tun sie aber nicht.

Und dann gibt's die Ersten, die kohärent sind, die fühlen sich schlecht *und* denken schlecht. Gehen Sie diesen Menschen bloß aus dem Weg, denn sie sind sehr mächtig, höchst wirksam. Wenn die etwas sagen, dann hat das eine Wirkung – leider eine negative Wirkung. Diese hinterlassen eine Spur der Verwüstung in ihrem Leben.

Um nun aber wirklich sehr produktiv und positiv die Macht des gesprochenen Wortes anzuwenden, müssen wir nicht nur das positive Denken kultivieren und Gutes denken, sondern uns dabei auch genauso gut fühlen, also dafür sorgen, dass Denken und Fühlen gleich sind, um dann in die Kohärenz zu kommen. Und wenn wir kohärent sind, dann wird das, was wir jetzt wollen und was wir jetzt bestimmen, in diesem Augenblick über eine universelle Signatur nach außen in dieses mysteriöse Quantenfeld beziehungsweise morphogenetische Feld getragen, und dann geht eine Signatur hinaus, die etwas bewirkt und stark ist wie ein Laserstrahl.

5.5 – Die Komfortzone

Ich denke, viele haben schon einmal diesen Begriff gehört und dass wir so gerne in unserer Komfortzone sind, dass es Menschen zum Teil schwerfällt, eine Gewohnheit zu verändern, weil sie in irgendeiner Komfortzone verhaftet sind. Nun, das ist richtig. Und wenn wir wirklich erkennen wollen, was eine Komfortzone ist und auch, wie wir diese durchbrechen können, dann benötigen wir ein wenig mehr Wissen.

Wenn wir denken, dann feuern in unserem Kopf Neurotransmitter ein elektrisches Feuerwerk. Daraus entstehen Peptide – Neuropeptide –, und wenn wir einen Gedanken länger halten, dann kleben diese Neuropeptide aneinander, das Ganze nennt sich dann Ligand. Den kann man sich wie einen Schlüssel vorstellen. Und dieser Schlüssel passt in diverse Zellen-Schlüssellöcher. Wenn er in eine Zelle hineinpasst, dann rastet er ein und aktiviert diese. Diese Zelle stößt Steroide aus, und das fühlen wir, sodass wir also ganz genau wissen, dass aus Denken Fühlen entsteht. Das geht nicht sofort, sondern das braucht eine gewisse Zeit, erfahrungsgemäß mindestens dreißig Sekunden bis hin zu vielleicht neunzig Sekunden.

Wenn jemand sich zum Beispiel vor seinem geistigen Auge eine Person des anderen Geschlechts vorstellt – möglicherweise unbekleidet –, als dreidimensionales holographisches Bild, dann kann er dieses dreidimensionale holographische und farbige Bild kraft seiner Phantasie sogar wie einen Film sich bewegen lassen. Und wenn er in dieser Vorstellung schwelgt und diese Vision hält – sprich diese Neurotransmitter feuern lässt, Neuropeptide und Liganden entstehen lässt und Zellen aktiviert –, dann bekommt er nachher eine sichtbare körperliche Reaktion. Und jeder, der so etwas schon einmal gemacht hat, der weiß, wie es geht, und der weiß, dass er einen Fokus braucht und sich darauf konzentrieren muss – es geht nicht ganz so schnell, aber in Wahrheit ist diese Kaskade dann bei ihm abgelaufen.

Halten wir also fest: Aus Denken entsteht Fühlen. Im Umkehrschluss ist es für jeden logisch nachvollziehbar, dass wir, wenn wir glücklich und gesund sind und uns gut fühlen, ganz andere Gedanken haben, als wenn wir traurig sind und Schmerzen haben. Im Endeffekt beeinflusst das Fühlen also dann wiederum auch das Denken. Und so leben wir in einem Kreislauf, wie in einem Gefängnis gefangen, bestehend aus Denken und Fühlen, Fühlen und Denken, Denken und Fühlen, Fühlen und Denken…

Und jetzt ist wichtig, dass wir erkennen, dass unser Organismus – unser System – diesen Kreislauf mit einer sehr hohen Vehemenz aufrechterhalten möchte. Er möchte nicht, dass sich daran etwas ändert. Diesen Kreislauf können wir uns vorstellen wie ein Gefängnis um uns herum. Und manchmal schaffen wir es, aus einem solchen Gefängnis herauszukommen, und dann rennen wir in eine neue Gewohnheit hinein, in eine neue Komfortzone, in ein neues Gefängnis. Dabei ist es uns häufig überhaupt nicht bewusst, dass wir tatsächlich auf diese Art und Weise funktionieren.

Nun, manchmal erkennt ein Mensch, dass er sich ändern möchte, und dann kauft er sich ein gutes Buch, besucht ein gutes Seminar oder hat eine sehr gute Unterhaltung, wird inspiriert und entscheidet sich: *„Das ändere ich!“*, indem er zum Beispiel anfängt, positiv zu denken. Und er startet dann morgens den Tag mit einer positiven Autosuggestion, nimmt sich vor, zu allen Leuten nett und charmant zu sein, auch zu sich selbst, redet sich positiv zu und stellt dann vielleicht schon nach zwei bis drei Stunden ungeduldig fest, dass die erhoffte Wirkung gar nicht da ist. Es sollte doch jetzt alles gut sein. Er stellt fest, dass sich das jetzt ganz komisch anfühlt und fragt sich: *„Was ist denn jetzt los?“*

Das ist übrigens ein gutes Feedback, wenn es sich komisch anfühlt. Es entsteht ein Gefühl, das derjenige überhaupt nicht kennt. Das ist logisch. Denn wenn jemand wirklich anders denkt als vorher, dann feuern auch andere Neurotransmitter, es gibt andere Neuropeptide, es gibt andere Liganden, es gibt eine andere Zellchemie, einen anderen Chemiecocktail und folglich auch ein anderes Gefühl. Wenn er wirklich anders denkt, fühlt es sich auch anders an, und zwar neu. Es fühlt sich also definitiv neu an. Das kennt er nicht. Und weil er das nicht kennt, hat er dazu keine Identifikation. Er hat es sich noch nicht zu eigen gemacht.

Ich wiederhole an dieser Stelle noch einmal: Identifikation erfordert ein wiederholtes Erkennen und das Erkannte dann auch zu akzeptieren, damit übereinzustimmen und sich damit gleichzusetzen. Das hat er noch nicht gemacht, also fehlt die Identifikation, und er reagiert mit dem entsprechenden Abwehrverhalten. Hinzu kommt, dass sein Verstand auch keine Kontrolle über dieses neue Gefühl hat, und weil er es nicht kontrollieren kann, macht es ihm Angst.

Deswegen lehnen wir mit unserem System dieses neue Gefühl in der Regel ab. Und dann war es das auch schon wieder gewesen. Wir lehnen es ab und fallen ganz schnell wieder in unser altes Denken hinein. Wir wissen zwar, dass dieses alte Denken keine guten Ergebnisse bringt, aber die Ergebnisse, die es bringt, die kennen wir wenigstens. Damit sind wir immerhin identifiziert, und wir haben Kontrolle darüber. Und deswegen schaffen es die wenigsten Menschen, diesen Kreislauf zu unterbrechen. Sie begehen dieselben Fehler immer wieder. Sie konstruieren immer wieder die Zukunft aus der Vergangenheit, aus dem alten Denken heraus, und machen immer wieder dieselben Fehler, auch wenn es schmerzt, auch wenn es Nachteile mit sich bringt – immerhin ist es bekannt, immerhin kennen sie das. Und so bleiben sie dann in ihrer Komfortzone gefangen.

Wenn wir die Komfortzone durchbrechen wollen, benötigen wir ein gutes Motiv für das neue Denken. Wenn wir etwas Neues tun und es sich komisch anfühlt, sollten wir uns darüber freuen. Es fühlt sich ja nur deswegen komisch an, weil es neu ist, weil wir es noch nicht kennen und weil wir es noch nicht einordnen können. Wir sollten sagen: *„Juhu! Das klappt! Ich habe tatsächlich die Macht, mein Denken und Fühlen zu ändern und dadurch in meinem Leben etwas ganz Neues zu erschaffen."* Dann können wir dieses neue Gefühl auch in die Identifikation bringen, indem wir anfangen, es anzunehmen und es uns anzuschauen und es zu kultivieren. Und so können wir uns selbst immer wieder weiter antreiben und motivieren.

Kapitel 6 – Das Drama

Wenn wir uns die Menschen so betrachten, dann können wir sehr schnell feststellen, dass die meisten Menschen sich selbst offensichtlich nicht aushalten und sich selbst kaum ertragen können. Das kann man daran erkennen, dass sie sehr, sehr unruhig werden, wenn sie ganz alleine mit sich selbst konfrontiert sind.

Wenn ich bei einer Veranstaltung frage, ob die Teilnehmer sich selbst aushalten können, dann sagen die meisten: *„Natürlich! Selbstverständlich!“* Wenn es eine zweitägige Veranstaltung ist, bitte ich die Teilnehmer dann, das am Abend in ihrem Hotelzimmer einfach einmal auszuprobieren und sich mal 30 Minuten – besser wäre eine Stunde oder noch länger – einfach mal sich hinzusetzen und nichts zu tun – das heißt *nicht* nach zwei Minuten das Handy in die Hand zu nehmen, den Kopfhörer einzustecken, Musik zu hören, den Fernseher anzumachen, im Internet zu surfen, Hörbuch zu hören, Sport zu treiben, ein Buch zu lesen und so weiter, sondern wirklich einfach mal nichts zu tun, um mit sich selbst konfrontiert zu sein. Auch sollte man während dieser Zeit keine bewusste Meditation durchführen oder anderweitig in Versenkung gehen – das wäre ja auch schon wieder „etwas tun“ –, sondern einfach nur dasitzen.

Ich habe noch keine Veranstaltung erlebt, bei der am nächsten Tag jemand gesagt hat, dass er das auch nur zehn Minuten geschafft hat. In der Regel ist die Antwort: *„Aber das geht ja gar nicht.“* Nach spätestens zwei Minuten ist Schluss! Da scheint irgendetwas dran zu sein. Die meisten können noch nicht einmal ganz normal zur Toilette gehen und dort alleine mit sich konfrontiert sein. Selbst diese biologische Notdurft wird noch unter Begleitung von Ablenkung durch ein Smartphone, Kreuzworträtsel, ein Buch oder Ähnliches verrichtet. Es muss da etwas geben, was dies verursacht und dazu führt, dass der Mensch sich permanent von sich selbst ablenkt. Was ist also der Grund dafür, dass wir uns ständig irgendwie von uns selbst ablenken und dabei regelrecht unsere Sinne betäuben, sodass wir uns selbst nicht mehr wahrnehmen und fühlen können? Vor was genau laufen wir hier davon?

Das ist ein Drama. Das ist wirklich eine Krise. Der Ursprung des Wortes „Krise“ liegt in der griechischen Sprache und kommt von „krisis“. Das bedeutet so viel wie „Abwägung“, „Beurteilung“ oder „Entscheidung“. Ein Mensch, der in einer Krise steckt, sieht sich also konfrontiert mit einer *Entscheidung* und muss dementsprechend *abwägen* und *beurteilen*, um die Krise zu überwinden. Ein Mensch, der in einer Krise steckt, der in einem Drama steckt, der hat Sorgen. Das ist logisch. Er lebt ein Leben in Sorge. Und wenn wir Sorgen haben, dann erleben wir das, was man auch „eines geteilten Sinnes sein“ nennt, denn unser Sinn ist geteilt in mindestens zwei Richtungen. Und solange wir nicht eins sind, leben wir ein Leben, welches mit Sorgen und mit Krisen einhergeht. Wir sollten diese Teilung, die sich innerhalb von uns befindet, möglichst in allen Bereichen unseres Lebens komplett auflösen, um dann ein Leben zu leben ohne Drama, ohne Krise, ohne Sorgen, ohne Ängste, ohne Nöte und ohne Zweifel.

Im vorhergehenden Kapitel haben Sie gelesen, dass die Energie immer der Achtsamkeit folgt und dass diese neutrale Energie auf alles, auf das sie gelenkt wird, wie ein universales Düngemittel wirkt, welches alles düngt und das alles zum Wachstum bringt, womit es in Berührung kommt – sei es Unglück oder Glück, sei es Krankheit oder Gesundheit, sei es Armut oder Reichtum. Wir haben weiterhin gelernt, dass wir in einer Glaubensblase leben und dass wir mit dieser Energie etwas machen können. Wir können diese Energie in eine Form pressen, indem wir sie „in-*form*-ieren“, wobei wir zu jeder Information auch immer etwas glauben. Und diese Information, kombiniert mit dem, was wir wirklich glauben, das macht dann unseren Zustand aus.

Es liegt in der Natur der Dinge, dass wir oftmals Zustände erleben, die nicht optimal sind. Damit ist die eine Seite der Teilung gleich schon einmal klar, nämlich der Zustand, der nicht ganz optimal ist. Dieser Zustand wird abgelehnt. Das bedeutet, dass wir uns von diesem Zustand weg bewegen wollen und hin zu dem Zustand, der optimal ist. Und genau das ist das Problem. Häufig definieren wir gar nicht so richtig, was wir wollen. Wenn wir jemanden fragen: „*Wofür lebst Du?*“ oder „*Was treibt Dich an?*“ oder „*Für was stehst Du ein? Was möchtest Du im Leben?*“, dann kommen in der Regel recht nebulöse Antworten: „*Ja, ich möchte glücklich leben und zufrieden sein. Vielleicht ein Haus mal bezahlt haben, in Rente gehen.*“ Das ist alles nicht brauchbar und nicht wirklich konkret. Wir müssen ganz klar definieren, was wir wollen. Wir wissen bereits, dass es kein „weg von“ gibt. Wir kommen immer nur irgendwo hin. Insofern müssen wir also klar definieren, wo wir denn hin wollen.

In der Regel ist es allerdings so, dass wir meistens nur Wünsche produzieren. Wir legen sozusagen lediglich Anträge auf den Tisch und lassen dann die ganzen Ministerien in unserem Kopf darüber diskutieren, und das monate- oder jahrelang. Und wenn wir das tun und die Sache nicht zu Ende bringen, dann bleiben wir geteilten Sinnes. Das ist wie wenn man ein Stahlseil spannt, bis es reißt. Dieser Test nennt sich „Stresstest“. Wir bleiben also angespannt und in diesem Stress drin. Jetzt könnten wir an dieser Stelle sagen: „*Nun, dann triff doch bitte eine konkrete Entscheidung.*“ Und genau hier haben wir den Kern des Problems, denn das können wir in der Regel nicht. Theoretisch ist es einfach. Wenn wir aus einem Wunsch ein klar definiertes Ziel formulieren wollen, dann gehören Kriterien dazu, und das wichtigste Kriterium ist, dass wir uns fest und konkret für etwas entscheiden. Und wenn wir diese Entscheidung wirklich treffen, dann kommen wir auch aus der Krise heraus. Bis dass ein Mensch diese Entscheidung trifft, bleibt er in der Krise stecken. Und das ist das Drama.

Ich hatte mal eine Veranstaltung in Tschechien, die erst abends um halb neun endete, und ich bin dann anschließend noch nach Hause gefahren. Am nächsten Tag, als ich meine E-Mails abrief, fand ich eine E-Mail von einer Frau, die nachts um ein Uhr noch geschrieben hatte: „*Ja, Herr Dinero, Sie haben ja so recht. Ich muss mich entscheiden. Wenn ich doch nur wüsste, was ich machen soll. Ich bin am überlegen: Ich ziehe ins Ausland. Ich wollte noch so viele Hobbys machen und Sport treiben. Ich habe darüber nachgedacht und habe festgestellt, dass ich ja in meinem Le-*

ben unendlich viele Möglichkeiten habe. Wie soll ich denn wissen, was ich nun wirklich will?"

Und das stimmt, was diese Frau geschrieben hat. Fünfhundert Jahre Leben werden vermutlich nicht ausreichen, um alle Länder zu bereisen, die es zu bereisen gibt, alle Hobbys auszuprobieren, alle Sportarten zu machen... Irgendwann sollten wir aufhören zu schauen und uns festlegen, was wir wollen. Denn wenn wir das nicht tun, werden wir immer wieder hin- und hergerissen, zum Beispiel durch die Medien beziehungsweise durch jene, die diese Medien kontrollieren und die ja wollen, dass wir in einen Zustand der Zerrissenheit kommen und untätig bleiben. Zu den wichtigsten Themen des Lebens finden wir in der Regel Informationen, die in mindestens zwei Richtungen gehen, Informationen, die uns emotionell aufwühlen und die eine Seite in eine emotionale Wolke gegen die andere Seite bringen, sodass es uns schwerfällt, eine Entscheidung zu treffen, wodurch wir in diesem ewigen Drama gefangen bleiben. Spirituelle Menschen sagen, dass das Vermehren dieser Emotionen absichtlich geschieht und dunkle Wesenheiten, die auch „Archonten" oder „Dämonen" genannt werden, sich von dieser Energie ernähren und sich daran laben. Das lasse ich an dieser Stelle einmal so im Raum stehen.

Wir haben heutzutage viele Möglichkeiten, wie wir unsere Beziehung gestalten können und wie wir beruflich leben können – mit Home-Office oder ohne Home-Office – und selbst, was unsere Einstellung zu Gott betrifft. Im Moment wird eine Strömung generiert, die sehr vieles aufdeckt und vieles in ein neues Licht rückt – und das ist gewollt. Selbst die Geschichte unserer Herkunft wird im Moment in Frage gestellt: *„Aus welcher Linie komme ich wirklich? Was ist meine wirkliche Zugehörigkeit? Wo komme ich denn ursprünglich her? Wo kommt denn über viele, viele Generationen meine Familie her?"* Und all dies führt dazu, dass wir innerlich zerrissen sind, und das schwächt einen Menschen. Wenn die Energie nach rechts und nach links weggeht von uns, fehlt sie in der Mitte. Und Energiemangel führt zu Depression, führt zu Lethargie und führt dazu, dass wir keinen Widerstand mehr leisten, keine Entscheidung mehr treffen können und uns verhalten wie die Schafe. Und das Schlimmste ist, dass wir dann keinen inneren Frieden haben, weil wir uns nicht entscheiden können.

Es ist also wichtig, dass wir, wenn wir unsere wahre Macht entdecken und annehmen wollen, an dieser Stelle erkennen, dass unser Drama in der Regel darin besteht, dass wir nicht klar wissen, was wir wollen und wie wir es definieren können. Wir müssen eine Entscheidung treffen, und das ist nicht so leicht. Genau hier liegt das Problem, dass wir nämlich entscheiden wollen, aber irgendwie nicht können. Und das müssen wir lösen, damit wir dann in eine Klarheit hineinkommen, die zu Entschiedenheit führt. Das Endziel muss sein, ein Leben zu führen in vollkommener Klarheit, Kraft, Frieden und Ruhe. Das ist doch das, was wir in Wahrheit wollen. Frieden! Und das Gegenteil von Frieden ist Trennung, die Trennung von sich selbst. Und dieses Leben in Frieden, Kraft, Ruhe und Klarheit ist machbar.

TEIL 3

Kapitel 7 – Die eigene Macht entdecken

Nachdem wir uns nun sehr viele Begrifflichkeiten angeschaut und uns eine ganze Menge Wissen angeeignet haben, welches wir jetzt so langsam anwenden wollen, ist es Zeit, unsere eigene Macht zu entdecken und zu lernen, sie bewusst anzuwenden. Es ist Zeit, dieses Wissen auch praktisch umzusetzen, damit wir mit dieser Macht unser Leben zum Positiven verändern können. Dieser Macht sind nicht viele Grenzen gesetzt beziehungsweise die Grenze setzen wir uns selbst, und zwar durch Nichtwissen, durch Nichtglauben und dadurch, dass wir uns vieles einfach nicht trauen. In der Praxis erlebe ich ganz unterschiedliche Reaktionen. Wenn ich Unternehmen berate und Führungskräften und anderen Personen im Coaching zum Erfolg verhelfe, dann erlebe ich manchmal, dass Menschen, die hochgebildet und hochintellektuell sind, große Schwierigkeiten damit haben, wirklich in der Praxis gute Ergebnisse zu erzielen. Dementsprechend muss ich dann sehr viel Information vermitteln und sehr viel Überzeugungsarbeit leisten.

Ich erlebe aber auch, dass Menschen all dies direkt verstehen und einfach damit anfangen, ihre Macht anzunehmen und innerhalb sehr kurzer Zeit Ergebnisse erzielen, die alles übertreffen, was sie sich selbst vorgenommen haben. So berichtete mir zum Beispiel ein Unternehmer, der bereits sehr erfolgreich war in seinem Betrieb, dass er diese Gesetze für sich angewendet hat: *„Ob Du's glaubst oder nicht, ich mache eigentlich sonst nicht viel, außer die Anwendung dieser Gesetze. Mein Leben war noch nie so leicht, und mein Erfolg hat sich vervielfacht. Es ist schon fast unglaublich, mit wie wenig Arbeit mir alles zufällt, irgendwie zufliegt."* Das sind natürlich schöne Ergebnisse, wie wir sie alle gerne hätten, und deswegen ist es wichtig, dass wir alle das verstehen, was auch dieser Unternehmer für sich verstanden hat.

7.1 – Das Wirkprinzip der Persönlichkeit

Wenn wir unsere wahre Macht entdecken und annehmen wollen, dann ist es wichtig, dass wir verstehen, wie unsere Persönlichkeit aufgebaut ist und wie sie funktioniert. Wir haben uns diesbezüglich in den vorherigen Kapiteln bereits viele Bausteine erarbeitet. Um zu sehen, worauf es ankommt, setzen wir mal einige dieser Bausteine zusammen zu einem Prinzip, wie wir funktionieren. Vor vielen Jahren habe ich ein Modell erdacht, mit dem wir dieses Wirkprinzip der Persönlichkeit gut verständlich darstellen und erklären können (Abb. 1). Einfach ausgedrückt könnten wir sagen: Ein Mensch besteht aus Denken und Fühlen. Das ist jeweils schon kompliziert genug, denn das Gefühl müssen wir uns noch etwas genauer betrachten, und das Denken ist auch eine komplizierte Angelegenheit, denn niemand hat jemals einen Gedanken gesehen. Ein Gedanke ist etwas, was der Verstand festhält, quasi ein gefrorener Moment. Da haben wir also schon mehrere Faktoren: dieses merkwürdige Etwas, diesen Verstand, und daraus resultierend den konkreten Gedanken.

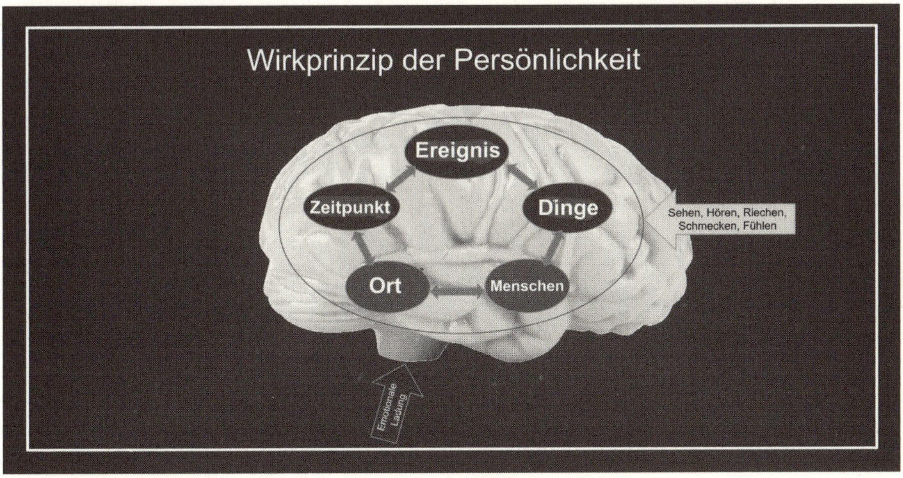

Abb. 2: Das Wirkprinzip der Persönlichkeit schematisch dargestellt

Bauen wir dieses Wirkprinzip der Persönlichkeit einmal auf: Wir haben in unserem Gehirn neuronale Netzwerke, die sich immer wieder erweitern. Diese neuronalen Netzwerke haben eine hohe Plastizität bis ins hohe Alter, abgesehen von den Menschen, die frühzeitig aufhören mit ihrer Persönlichkeitsentwicklung und bereits in jungen Jahren zu der Kategorie „Altersstarrsinn" zu zählen sind. Fangen wir einmal an mit einem gedanklich jungfräulichen neuronalen Netzwerk. Wie baut sich so etwas auf? Stellen wir uns für dieses Beispiel folgende Situation vor: Sie gehen in eine Stadt, in der Sie noch nie in Ihrem Leben waren und von der sie auch keine Bilder oder Prospekte gesehen und über die Sie auch keine Erzählungen gehört haben oder Ähnliches. Sie haben also bisher keinerlei Informationen darüber in Ihrem Kopf. Sie gehen also ganz jungfräulich in diese Stadt, und dann feuern in Ihrem Gehirn Neuronengruppen. Eine dieser Neuronengruppen ist zuständig für ***Ereignisse***. Gleichzeitig feuert auch eine zweite Neuronengruppe, die zuständig ist für die Zeit, also für den ***Zeitpunkt***, und eine dritte Neuronengruppe, die zuständig ist für den ***Ort***.

Diese drei Vorgänge sind recht einfach logisch nachzuvollziehen, da wir ja in einer dreidimensionalen Welt leben und es klar ist, dass jedes Ereignis, das in unserem Leben stattfindet, zu einem ganz konkreten Zeitpunkt stattfindet und wir dabei an einem ganz konkreten Ort sind. Diese grauen Balken beziehungsweise Pfeile, die Sie in der Abbildung sehen, stellen Eiweißmolekülketten dar, die sich zu einer Proteinsynthese verbunden haben. Es entsteht also eine Datenautobahn. Man könnte dies vergleichen mit einem Elektriker, der zwischen Ereignis und Zeitpunkt und zwischen Zeitpunkt und Ort einen Kupferdraht zieht, durch den dann Strom beziehungsweise Information fließen kann. Das Netzwerk ist jedoch noch nicht fertig.

Wir haben in dieser Stadt vielleicht tausend Menschen gesehen, aber es waren dabei nur ein paar wenige Menschen, die wir gesehen haben in Verbindung mit einer kleinen emotionalen Ladung. Da war eine Kellnerin, mit der wir einen etwas längeren, intensiveren Blickkontakt hatten, der uns in Erinnerung geblieben ist. Da war vielleicht dieser kleine Mini-Flirt. Da war dieser Straßenmusikant, der uns bewegt hat, der Künstler, der uns beeindruckt hat, dieser Blickkontakt mit einer fremden Person, die uns trotzdem irgendwie vertraut war. Auch diese ***Menschen*** werden in diesem Netzwerk mit eingebunden. Und wir haben natürlich tausende Dinge gesehen. Und bei diesen tausenden von Dingen waren auch einige dabei, die uns emotional bewegt haben. Da war diese tolle Handtasche, diese besondere Uhr und dieses wunderschöne Auto. ***Dinge***, die wir emotional toll fanden, gehören also auch dazu.

Und schon ist ein einzelnes neuronales Netzwerk entstanden, was sich dadurch beweisen lässt, dass man später zu Hause diese Stadt im Geiste wieder besuchen beziehungsweise dieses Netzwerk erneut durchlaufen kann, da all dies in uns gespeichert ist. Und wenn wir wirklich noch einmal in diese Stadt gehen und andere Dinge betrachten – vielleicht haben wir bei unserem ersten Besuch im Wesentlichen die Geschäfte und Menschen auf der linken Straßenseite betrachtet und schauen uns nun beim zweiten Besuch hauptsächlich alles auf der rechten Straßenseite an –, dann wird automatisch alles immer exakt richtig zugeordnet. Auf diese Weise erweitern wir durch die wiederholte Beschäftigung mit einer Sache oder durch das mehrmalige Besuchen eines Ortes unentwegt unsere neuronalen Netzwerke, und zwar in alle Richtungen, und alles wird immer passend zugeordnet und dementsprechend abgespeichert. Je häufiger ich an einen bestimmten Ort gehe, desto stärker wird die Verknüpfung und desto größer wird die Datenautobahn.

Es kann aber auch sein, dass ich nicht oft an diesen Ort gehe, jedoch bei diesem vielleicht nur einmaligen Besuch eine sehr starke emotionale Ladung empfunden habe. Vielleicht wurde ich überfallen und jemand hielt mir ein Messer an den Hals. Ich überlebe, aber dieses Erlebnis werde ich nie vergessen, weil das Gefühl extrem stark war. Auch dann bekommen wir eine starke Verknüpfung. Und es gibt noch eine weitere Möglichkeit, wie unser Gehirn etwas sofort stark verknüpft, und zwar wenn unser Gehirn der Meinung ist, dass etwas würdig ist, es sich zu merken und damit im wahrsten Sinne des Wortes „merkwürdig". Wenn Sie beispielsweise in die Stadt gehen und dort plötzlich eine Demonstration lauter nackter Menschen sehen, dann ist das für Ihr Gehirn vermutlich merkwürdig und das Erlebnis würdig, es sich zu merken, sodass Sie sich auch dies nach nur einmaligem Erleben bereits merken können.

Dieser Prozess findet unentwegt statt. Solange wir leben, solange wir uns weiter entwickeln, entwickeln und tunen wir neuronale Netzwerke. Lernen, also neu verknüpfen, kann das Gehirn allerdings nur Neues. Wenn ich nichts Neues hinzufüge, dann bewege ich mich in den vorhandenen Datenautobahnen, die sich verfestigen können bis hin zu Altersstarrsinn.

Wenn wir viele neuronale Netzwerke in unserem Gehirn haben, ist klar, dass die nicht alle angeschaltet sein können. Im Wesentlichen ist immer nur eines an. Und ich demonstriere einmal anhand eines Beispiels, wie wir ein solches neuronales Netzwerk aktivieren. Wie Sie ja bereits gelesen haben, folgt die Energie der Aufmerksamkeit, und um ein Netzwerk zu aktivieren, braucht es natürlich Energie.

Aktivieren wir ein solches neuronales Netzwerk, und wenn ich nur einen Begriff sage oder ein Datum – und mein Klassiker wäre hier das Datum 11. September 2001 –, dann sollte allein die Erwähnung dieses Datums bei den meisten Lesern schon ausreichen, um das entsprechende neuronale Netzwerk zu aktivieren, und dazu führen, dass das Ereignis, das dazu passt, sofort präsent ist und möglicherweise auch der Ort, wo sie waren, als sie die entsprechenden Bilder gesehen haben, wer bei ihnen war und vielleicht auch noch, ob sie dabei gerade einen Kaffee getrunken haben.

Wir können auch an den letzten Urlaubsort gehen. Wenn wir diesen Ort aktivieren, ist auch der entsprechende Zeitpunkt wieder präsent und ebenso auch die Ereignisse, die stattgefunden haben, und die Menschen, die dabei waren, und Dinge, die dabei eine Rolle spielten. Man kann aber auch einen konkreten Menschen als Beispiel nehmen, und dann werden die dazugehörigen Ereignisse aktiviert mit Zeitpunkt, Ort und Dingen. Es ist also egal, wo wir die Energie hinlenken, auf ein ***Ereignis*** oder einen ***Zeitpunkt*** oder einen ***Ort*** oder einen ***Mensch*** oder auf ***Dinge***. Wenn es ein Netzwerk dazu gibt – zack –, wird es sofort aktiviert. Und so gehen wir durch das Leben. Wir sehen eine Person mit einer bestimmten Silhouette oder einer bestimmten Art, sich zu bewegen, und schon geht bei uns ein Netzwerk an. Wir gehen zwei Schritte weiter und hören zwei Takte einer Melodie, und ein anderes Netzwerk geht an. Und wiederum drei Schritte weiter riechen wir den Geruch von frisch gebackenen Waffeln, und das nächste Netzwerk geht an.

Im Alltag werden diese Netzwerke über unsere Sinne – sehen, hören, riechen, schmecken, fühlen – zunächst einmal aktiviert und feuern dann entsprechend. Das ist das, was im Alltag in der Regel passiert. Das lässt sich in Kommunikationstrainings sehr schnell und gut demonstrieren, zum Beispiel mit kinesiologischen Tests. Dieser Vorgang beweist auch den Wahrheitsgehalt des großen Spruchs von Paul Watzlawick: „*Man kann nicht **nicht** kommunizieren.*“ Das bedeutet ja konkret, dass ich bei jemand anderem neuronale Netzwerke aktiviere, da der andere mich sieht oder hört oder riecht oder schmeckt oder fühlt – und da passiert etwas.

Wenn jetzt solch ein Netzwerk über einen längeren Zeitraum befeuert wird und vor allem öfters befeuert wird, dann entsteht eine emotionale Ladung. Es kommt also ein Gefühl auf, und dieses Gefühl kann ein Netzwerk wirklich so richtig befeuern. In der Regel dauert es einige Sekunden, bis ein Gefühl definitiv vorhanden ist und bis die Ladung präsent ist. Und wenn ein Gefühl einen gewissen Schwellenwert überschreitet, wenn also das Netzwerk so stark eingeschaltet wird, dass ein gewisser Schwellenwert überschritten ist, dann kann es sein, dass ein solches Netzwerk dauerhaft aktiv bleibt. Man *muss* dann diese Gedanken denken. Es ist nicht mehr möglich, anders zu denken. Das Denken geschieht uns dann regelrecht.

Nun, ich erläutere einmal anhand eines Beispiels, wie so etwas passieren kann und wie so eine Zwangshandlung, also quasi eine kleine Neurose, entsteht: Sie fahren auf der Autobahn und sehen beim Fahren zufällig ein wunderschönes Fahrzeug. Das gefällt Ihnen, und Sie können es eine ganze Zeitlang betrachten. Es kommt eine Emotion in Ihnen auf, und es kommt der Wunsch hinzu: *„Wow, das gefällt mir! Das hätte ich auch gerne!"* Zuhause schauen Sie sich im Internet die entsprechenden Videos an, besuchen vielleicht die Hersteller-Seite und schauen vielleicht sogar schon einmal auf den typischen Marktplätzen, wie diese Fahrzeuge gehandelt werden. Mit dieser Tat haben Sie das Netzwerk sehr stark emotional befeuert. Das Gleiche machen Sie am nächsten Tag noch einmal und vielleicht am übernächsten Tag noch einmal, also über mehrere Tage hinweg.

Und dann kann es sein, dass die emotionale Ladung bereits so stark geworden ist, dass das Netzwerk dauerhaft aktiv ist. Ohne dass Sie etwas Dazugehöriges sehen, hören, riechen, schmecken oder fühlen, drehen sich Ihre Gedanken im Kreis. Und dann *muss* man sogar handeln, denn wenn die Gedanken sich im Kreise drehen, schalten diese emotionalen Ladungen ja entsprechende neuronale Netzwerke an. Diese Energie aktiviert vorhandene und sich ständig erweiternde neuronale Verknüpfungen. Und aus diesen Gedanken entstehen dann Handlungen, und auf diese Weise entsteht dann unsere Realität, und damit unser Schicksal. Wir können auch Karma dazu sagen. Und wenn dann ein Netzwerk dauerhaft aktiv ist, dann kann es passieren, dass man abends im Bett liegt – man sieht nichts, man hört nichts, man riecht nichts, man schmeckt nichts, man fühlt nichts –, und die Gedanken drehen sich im Kreis.

Das ist per se nicht gut oder schlecht. Wenn es zu guten Handlungen führt und zu guten Ergebnissen, dann ist das eine wunderbare Geschichte. Wenn es zu Ergebnissen führt, die gar nicht gut sind, dann ist das schlecht für uns. Häufig ist es uns überhaupt nicht bewusst, dass wir etwas denken, was wir gar nicht denken wollen, und dass wir handeln, wie wir gar nicht handeln wollen. Wir merken es – wenn überhaupt – erst hinterher, nachdem wir bereits gehandelt haben. Menschen, die nicht verstehen, was da vor sich geht, sagen dann häufig Dinge wie: *„Da blockiert mich etwas. Ich will es gerne anders machen, aber ich kann es nicht."*

Wir merken an dieser Stelle, dass es sehr wichtig ist, dieses Wirkprinzip der Persönlichkeit zu verstehen. Wenn uns die Realität unseres Lebens nicht gefällt, weil sie einfach nicht gut ist, dann bedeutet das, dass wir lernen sollten, das aufzulösen und zu beenden. Und genau hier klemmt es dann bei vielen, die zwar etwas wollen und Wünsche haben und die etwas in die Zukunft projizieren möchten, die es aber dennoch nicht können, weil sie in ihren alten neuronalen Netzwerken gefangen sind und keine Ahnung haben, wie sie da herauskommen. Wir brauchen also beides: Wir brauchen einerseits die Fähigkeit, uns aus diesen alten neuronalen Netzwerken zu befreien, und andererseits müssen wir lernen, wie wir etwas Neues installieren und neu aufbauen können, damit wir hier wirklich auch neue Kreationen erschaffen, selbst eine neue Kreation sind und ganz andere Ergebnisse erzielen. Und um das zu erreichen, müssen wir zunächst einmal Folgendes tun: Unsere Macht annehmen und das Wirkprinzip der Persönlichkeit verstehen!

7.2 – Gedankenentstehung

In diesem Kapitel wollen wir uns diesen nebulösen Dingen wie Gedanken, Gefühle, Seele und Geist etwas annähern, weil es wichtig ist, dass wir zumindest grob verstehen, wie Gedanken entstehen, damit wir uns vor Angriffen und vor ungewollten Einflüssen und Trugbildern schützen können, die ja letztendlich doch nur aus unserem alten Unterbewusstsein stammen. Im vorherigen Kapitel haben wir uns das Wirkprinzip der Persönlichkeit betrachtet. Sie konnten erkennen, dass durch Sehen, Hören, Riechen, Schmecken und Fühlen, also über unsere Sinne, Gedankennetzwerke eingeschaltet werden, dass diese aber auch durch starke Gefühle eingeschaltet werden können und sie sogar, wenn das häufig und intensiv passiert, dauerhaft aktiv sein können, auch ohne dass wir etwas Dementsprechendes sehen, hören, riechen, schmecken oder fühlen, und zwar dann, wenn das Gefühl stark genug ist.

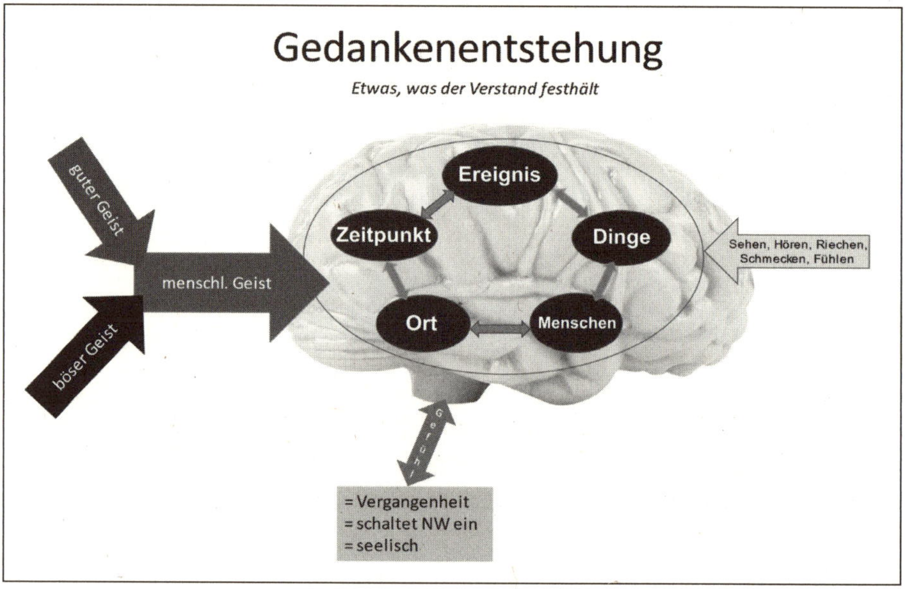

Abb. 3: Gedankenentstehung

Schauen wir uns das einmal etwas genauer an. Abbildung 3 zeigt das neuronale Netzwerk, welches zunächst einmal durch unsere Sinne eingeschaltet wird, aber auch durch Gefühle aktiviert werden kann. Und Gefühle – das hatten wir uns bereits betrachtet – kommen aus der Vergangenheit. Kaum jemand wird beschreiben können, wie es sich anfühlt, ein Flugzeug zu fliegen, es sein denn, er hat es schon einmal gemacht. Wenn jemand sagt: *„Ich richte mich nach meinem Gefühl.“*, dann richtet er sich also nach seiner Vergangenheit, denn er will das, was er schon einmal erlebt hat, erneut erleben oder dies gegebenenfalls verhindern. Diese Gefühle von früher schalten die Netzwerke ein.

Wir können demnach sagen, dass dieser ganze Bereich seelisch und natürlich ist. Insofern gehört dann auch der Gedanke beziehungsweise der Verstand zum seelischen Bereich, zum natürlichen Bereich. Er wird zum seelischen verstandesmäßigen Kopierwerk seiner selbst. In diesem Fall wird der Verstand von der Seele beherrscht, von dem natürlichen Teil des Menschen, und nicht vom Geist. Auch das Gefühl ist eine Funktion der Seele. Es ist sehr tückisch, sich an Gefühlen und daraus resultierenden Gedanken zu orientieren und diese als Ratgeber zu nutzen. Natürlich hilft es, uns vor Gefahren zu schützen, aber es hilft uns nicht dabei, uns weiterzuentwickeln, sondern wir verfestigen uns in der Regel nur selbst. Insofern gehören auch Intellekt, Gedanken, Ideale, Liebe, Gefühle, Unterscheidungen, Entscheidungen und Erfahrungen zur Seele.

Die Seele ist das Abbild des Eigenbewusstseins, und sie ist sehr emotional. Merkmale eines Seelenlebens sind natürliche Stärke, Selbstbewusstsein, Weisheit und ein Leben in der Emotion. Und das Hauptmerkmal des Seelenlebens ist immer Selbstschutz. Das ist ja der Grund, warum das Netzwerk aus der Vergangenheit eingeschaltet wird, um eben zu verhindern, dass Dinge passieren, die nicht passieren sollen. Und woher weiß der Mensch, welche Dinge nicht passieren sollen? Weil er es in der Vergangenheit gemerkt hat.

Nun, wie Sie in Abbildung 3 sehen können, kann unser Verstand auch durch den menschlichen Geist angeregt werden. Wenn wir uns diesen menschlichen Geist betrachten, dann ist es für ein besseres Verständnis hilfreich, den Mensch mit einer Glühlampe zu vergleichen. Der Geist ist der Strom, die Seele ist das Licht, und der Körper ist der Draht. Ohne Strom (Geist) gibt der Draht (Körper) kein Licht (Seele) ab. Dieser menschliche Geist ist also die Quelle der Energie, ist das Leben. Bei vielen Menschen ist der menschliche Geist komplett in die Seele gesunken, weil sie sich nie aufgemacht haben, um mit einem anderen Geist in Verbindung zu kommen. Und wenn das nie passiert, dann wird der menschliche Geist von der Seele absorbiert, und es gibt in der Praxis quasi überhaupt keinen Unterschied mehr zwischen Seele und menschlichem Geist. Insofern hat auch die katholische Kirche irgendwann diese Unterscheidung aufgegeben und spricht nur noch von der Seele und nicht mehr vom Geist. Dennoch gibt es diesen Geist, diesen menschlichen Geist. Und dieser menschliche Geist hat drei Funktionen. Eine Funktion ist das **Gewissen**. Wir haben das unmittelbare Wissen, was recht ist und was unrecht ist. Die zweite Funktion ist die **Gemeinschaft mit dem göttlichen Geist**. In dieser Gemeinschaft mit dem göttlichen Geist ist auch die Anbetung Gottes möglich. Und die dritte Funktion ist die **Intuition**. Intuition ist unmittelbare Erkenntnis. Auch dieser Geist hat Empfindungen – Freude, Trauer, Erwartung, Liebe, Furcht, Zustimmung, Ablehnung, Entscheidung oder Unterdrückung –, aber diese Empfindungen sind Erkenntnisse, die ohne den Umweg über den Verstand kommen. Das sind also Erkenntnisse ohne Ereignisse, ohne Zeit, ohne Orte, ohne Menschen, ohne Dinge. Diese Erkenntnisse sind abstrakt, sie sind direkt, sie sind unmittelbar, und manch einer bezeichnet dieses unmittelbare Empfinden als Intuition.

Ein einfaches Beispiel dafür, was diese Intuition beziehungsweise diese Erkenntnis über den menschlichen Geist ausmacht, ist folgendes: Ein fünfjähriges Kind sieht einen völlig fremden Mann und sagt unmittelbar: *„Das ist ein böser Mensch!“* Es gibt keine offensichtlichen Hinweise dafür, dass dieser Mann ein schlechter Mensch ist, und das Kind hat mit seinen fünf Jahren diesbezüglich auch keinerlei Erfahrungen gemacht. Ein oder zwei Jahre später kommt heraus, dass dieser Mensch tatsächlich ein sehr böser Mensch war. Dieses Kind hat das unmittelbar erkannt, ohne den Umweg über den Verstand. Der menschliche Geist, sofern er denn aus der Seele befreit ist, kann den Verstand anregen, sodass wir sagen können: Der Geist erkennt, und der Verstand, der versteht das. Dafür brauchen wir den Verstand. Der menschliche Geist ist also innen, in uns wohnend, und die Seele wird von außen beeinflusst durch Nachrichten, durch Landschaft, durch Musik und so weiter. Der menschliche Geist wird nicht über diese Sinneswahrnehmungen beeinflusst und aktiviert. Der menschliche Geist beziehungsweise das Gewissen ermahnt sofort.

Wir sollten üben, gegenüber unserem Gewissen gehorsam zu sein. Nun, wir haben gesehen, dass der menschliche Geist den Verstand anregen kann, und dieser Verstand soll der Intuition beistehen. Intuition ist Erkennen. Der Verstand prüft das Erkannte, und das Ergebnis der Überprüfung wird dann wiederum durch eine Empfindung klar. Und wenn dann diese Empfindung eine bestimmte Handlung auslösen will und wir dies wiederum überprüfen, dann macht uns das Gewissen sofort klar, ob wir es tun sollen oder nicht.

Es gibt viele Menschen, die sich in diesen geistigen Welten bewegen und sich auf diese Welten einlassen. Es ist klar, dass Geistiges nur mit Geistigem in Verbindung sein kann. Wer sich auf diese geistigen Welten einlässt, der hat schon mal insofern seinen Geist etwas aus der Seele befreit, sodass er das überhaupt kann, denn ansonsten würde er ja nur glauben, dass er sich mit geistigen Welten einlässt und sich in Wahrheit mit seinem eigenen Unterbewusstsein auseinandersetzen, mit seinen verborgenen und verdrängten Wünschen und so weiter. Allerdings müssen wir hier jetzt sehr gut aufpassen, denn dieser menschliche Geist kann von verschiedenen Geistern angeregt werden. Es gibt nicht nur uns wohlgesinnte, gute Geister, sondern auch böse Geister, die nichts Gutes im Schilde führen. Insofern ist es sehr hilfreich, wenn wir hier unterscheiden können. Und das ist tatsächlich möglich.

Der gute Geist, der den menschlichen Geist anregt, welcher dann wiederum den Verstand zu Hilfe nimmt, der dann das Netzwerk einschaltet und eventuell die ganze Energie in die Handlung bringt, das ist der Geist, der uns anregen will, dass wir selbst etwas tun. Der böse Geist macht das Gegenteil und fordert absolute Passivität – er reduziert den menschlichen Geist zu einem Roboter und wird immer dafür sorgen, dass wir in eine Passivität kommen, in eine Trance, in eine Lethargie, damit er über den menschlichen Geist roboterhaft wie eine Maschine den ganzen Menschen steuern kann.

Und hier schließt sich der Kreis zum Kapitel „Modernes Sklaventum“. Die Individualität wird zerstört und ebenso die charakterlichen

Eigenschaften und die Eigenverantwortung, die Authentizität und die Identifikation. Und all das geschieht durch absolute Passivität, also durch Ohnmacht, durch Hypnose, durch verwirrende Informationen, durch Medikamente, durch Fluorid, durch Bestrahlung und vieles mehr. All dies gibt dann dem bösen Geist die Möglichkeit, auf den menschlichen Geist einzuwirken und ihn zu steuern, damit er ihn komplett in der Hand hat wie einen Roboter.

Und wenn wir uns jetzt darüber bewusst sind, dass es Geistströmungen gibt, die durch gewisse Methoden gebündelt werden, wo Richtungen vorgegeben werden und wo kollektiver Geist wirkt auf eine kollektive Menschheit in Trance, dann können wir sehen, was gerade aktuell passiert und wie Menschen zu Robotern gemacht werden, indem sie in die Passivität gedrängt werden, sich öffnen für diesen bösen Geist und dann letztendlich roboterhaft genau das machen, was dieser böse Geist beziehungsweise die mit ihm verbundenen Menschen, die diese Geistströmung in die Welt hineinrufen und tragen, wollen.

Es gibt sehr viele Menschen, die von Dingen berichten, die sie gar nicht gesehen haben können – aus anderen Zeiten, anderen Welten und so weiter. Und wir fragen uns natürlich, woher diese Informationen kommen. In einer solchen Situation frage ich die betreffende Person dann ganz klar: „*Hast Du diese Informationen bekommen in einem Zustand, wo Du nüchtern, klar und wach warst? Oder hast Du diese Informationen bekommen, nachdem Du irgendwelche Pilze gegessen oder Drogen genommen oder Alkohol getrunken hast, oder brauchtest Du Trommeln, um in eine Meditation hineinzugehen, in eine Trance hineinzugehen und Dich kollektiv in einer rhythmischen Bewegung in ein Thema hineinzubringen, um Dich in dieser Passivität zu öffnen?*“

Und es kann sehr gut sein, dass man dann Informationen bekommt. Da gehe ich stark von aus. Das sind die Informationen, die man erhalten soll. Man weiß dann nicht, ob sie von einem guten oder bösen Geist stammen. Kommt man jedoch zu einer Erkenntnis, wenn man nüchtern und wach ist und ohne vorher diese Passivitätsphase haben zu müssen, dann kann man davon ausgehen, dass diese von einem guten Geist stammt. Ich verwende hier bewusst die Begriffe „guter Geist“ und „böser Geist“, um hier möglichst neutral zu bleiben. Sie können gerne andere Begrifflichkeiten dafür einsetzen.

7.3 – Gehirn und Wahrnehmung

Dieses Kapitel benötigen wir, um zu verstehen, wie wir optimalerweise lernen zu definieren, was wir denn so wollen im Leben. Es ist also sozusagen ein Crash-Kurs zu unserem Gehirn.

In Abbildung 4 sehen wir das menschliche Gehirn vereinfacht dargestellt. Dieses schwimmt im Schädel stoßgedämpft in der Hirnflüssigkeit. Darin ist es bei den meisten Menschen dunkel. (Wer ist schon wirklich erleuchtet?) Daher weiß das Gehirn überhaupt nicht, was da draußen in Wirklichkeit so los ist, und deswegen bekommt es Informationen über das Rückenmark, und zwar mindestens 50 Millionen Bits pro Sekunde.

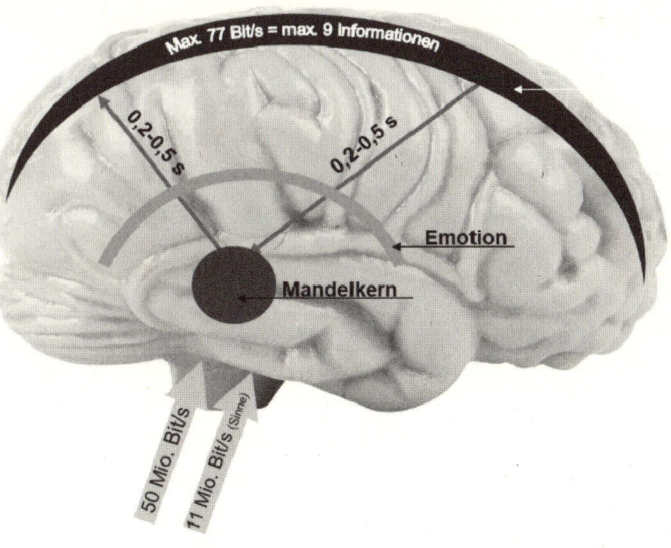

Abb. 4: Informationsverarbeitung des menschlichen Gehirns

Alleine unsere fünf Sinne liefern uns etwas mehr als 11 Millionen Bits, dabei kommt der Löwenanteil (10 Millionen Bits) von den Augen. Die Hautrezeptoren liefern eine Million, Nase und Ohren jeweils 100.000, der Geschmack 11.000, zusammen also über 11 Millionen Bits. Diese kommen permanent an und treffen zunächst auf den ältesten Teilbereich des Gehirns, das Reptiliengehirn oder Stammhirn, welches herausfiltert, ob bei diesen Informationen welche dabei sind, die uns wissen lassen, dass unser Leben real in Gefahr ist. Falls dem so ist, wird sofort der Mandelkern aktiviert, welcher in den Schläfenlappen sitzt. Wir bekommen einen Adrenalinstoß und reagieren mit Kampf, Flucht oder Erstarren.

Ich vergleiche die Entwicklung des Gehirns gerne mit der Entstehung einer Stadt. Es gab schon immer Menschen, die diese Kraftlinien, die über diese Erde laufen, sehr gut erfassen können, und manchmal gibt es Knotenpunkte, an denen sich Kraftlinien kreuzen. Da ist dann in der Regel ein Kraftplatz. Früher haben die Menschen dann, wenn sie einen solchen Kraftplatz gefunden hatten, gesagt: *„Hier bauen wir die Kirche hin. Da kommt der Altar hin, Schiff nach Osten.“* An dieser Stelle wurde also die Kirche gebaut. Und dieses Zentrum, das beginnt hier (übertragen auf unser Gehirn) beim Mandelkern. Nun, ein Arbeiter, der den ganzen Tag Steine schleppt, der möchte abends sein gepflegtes Bier. Deswegen finden wir in der Regel vis-a-vis von der ältesten Kirche der Stadt auch die älteste Kneipe der Stadt. Dazwischen haben wir normalerweise einen großen Platz, wo Handel getätigt und politische Entscheidungen getroffen wurden. Das ist quasi das Zentrum.

Als Nächstes baute sich die Altstadt auf. Die Arbeiter bauten sich selbst Häuschen, und weil die sich früher gerne gegenseitig überfallen haben, wurde diese Altstadt, um sie zu beschützen, abgegrenzt mit einem Altstadtwall oder Altstadtring, also mit einer großen Altstadtmauer. Das ist dann (wieder übertragen auf unser Gehirn) die zweite Stufe, unser Emotionalgehirn. Der ein oder andere kennt vielleicht den Begriff „Limbisches System“. Nun, was macht dieses Emotionalgehirn? Es beschützt uns. Und wer sind wir? Wie bereits beschrieben sind wir alles, bei dem wir die Wörtchen „ich“, „ich bin“, „mir“, „mich“ und „mein“ verwenden. All das gehört also zu unserem Persönlichkeitsselbst und wird bewahrt. Und wenn Dinge, die von außen kommen, nicht mit dem, was innen ist, übereinstimmen – also andere Werte zum Beispiel –, dann kommen die Kanonen raus und es wird verteidigt. Und wenn etwas von außen kommt und mit dem, was innen ist, übereinstimmt, dann wird das Tor geöffnet: *„Freund, komm herein!“*, weil das Vertrauen da ist. (Jeder Verkäufer weiß, dass er mit Gemeinsamkeiten beginnt, wenn er das Vertrauen von jemandem gewinnen möchte.)

Heute bekommen wir in der Altstadt gar keinen Bauplatz mehr, sondern nur noch ganz weit draußen im Neubaugebiet. Und so sind auch wir mit unserem Bewusstsein recht weit draußen bei der Großhirnrinde, die ungefähr einen halben Zentimeter dick ist. Und da oben kommen sage und schreibe maximal 77 Bits an. Das ist nicht sehr viel. Wenn wir das umrechnen, dann entspricht das der Größe eines Tischtennisballs auf einem Fußballfeld. Wenn wir uns also ein Fußballfeld vorstellen, und es läge voller Tischtennisbälle, dann bekämen wir gerade mal einen mit pro Sekunde und alle anderen nicht. Unser Gehirn macht also die ganze Zeit nichts anderes, als die Vielzahl der Informationen, die auf uns einströmen, zu reduzieren auf das, was für uns individuell wichtig ist.

Dieser Prozess des Eliminierens von Informationen dauert Zeit, nämlich 0,2 bis 0,5 Sekunden. Das ist auch die Zeit, die wir alle der Realität hinterherhinken. Und wenn Sie eine bewusste Handlung auslösen wollen, dauert es noch einmal so lange, und schon haben wir die Erklärung für die sogenannte Schreck-Sekunde, je nach Komplexität der Handlung zwischen 0,5 und einer Sekunde, die dann real verstreicht. Nun sollten wir aber nicht traurig sein, weil wir von den vielen verschiedenen Informationen so wenig bewusst mitbekommen, denn das ist eine Schutzeinrichtung, ohne die wir durchdrehen würden, weil wir all diese Informationen gar nicht verarbeiten können.

Viel mehr interessiert uns die Frage, ob wir in der Lage sind, Einfluss darauf zu nehmen, *welche* Informationen wir definitiv wahrnehmen. Wenn ja, dann hätte das ja eine machtvolle Konsequenz. Wir können festhalten, dass unser Gehirn im Wesentlichen zwei Aufgaben hat. Erstens simuliert es die Außenwelt. Wir haben also alle einen eingebauten individuellen Weltsimulator, der aus diesen Bits, die da ankommen, die Innenwelt abbildet und die Außenwelt in der Innenwelt abbildet. Die zweite Aufgabe ist die Reduktion von Informationen. Und das spielt beim Thema Ziele beziehungsweise Zielfindung noch eine wichtige Rolle.

7.4 – Nutzen, Risiken und Nebenwirkungen von Zielen

Wenn wir ein klar definiertes Ziel haben, nehmen wir Einfluss auf den Filter der zielgerichteten Wahrnehmung, also darauf, wie unser Gehirn diese 50 Millionen Bits auf die für uns individuell wichtigen maximal 77 Bits reduziert.

Der Klassiker ist, wenn sich jemand ein neues Auto kaufen möchte. Er beschäftigt sich mit der Thematik und hat sich irgendwann entschieden: *„Dieses Auto kaufe ich. Das bekomme ich.“* Und genau ab diesem Zeitpunkt hat er ein klar definiertes Ziel, nämlich dieses Auto. Und ab diesem Zeitpunkt ist der Filter der zielgerichteten Wahrnehmung eingeschaltet. Er fährt über die Autobahn und sieht überall nur noch dieses Auto in allen möglichen Farben, mit verschiedenen Ausstattungsvarianten, Sonderzubehör und so weiter. Das lässt sich auf alle Bereiche des Lebens übertragen. Schwangere Frauen zum Beispiel sehen überall schwangere Frauen und nehmen jedes einzelne Baby wahr, das sich in ihrer Nähe aufhält. Immer wenn wir ein klares Ziel haben, nehmen wir über alle fünf Sinne all das wahr, was mit diesem Ziel in Verbindung steht. Wir lenken unsere Achtsamkeit auf dieses Thema, und mit dieser Achtsamkeit lenken wir auch unsere Energie, die ja wie ein universales Düngemittel ist und alles zum Wachsen bringt, auf das sie gelenkt wird.

Der zweite Nutzen, den ein klares Ziel mit sich bringt, ist noch viel wichtiger. Wir Menschen wollen ja nicht so unglaublich viel. Wir wollen uns selbst erhalten, die Arterhaltung sichern, und wir versprechen uns von unseren Taten, dass wir uns, nachdem wir etwas getan haben, wohler fühlen als vorher. Und dieses Wohlfühlen ist messbar mit Wohlfühlhormonen. Diese Wohlfühlhormone werden auch Motivationshormone genannt. Wenn ein Mensch motiviert ist, dann fühlt er sich auch wohl. Wenn ein Mensch motiviert ist, dann ist er voller Energie. Viel Energie bedeutet viel Freude. Wer dahingegen wenig Energie hat, der hat auch wenig Freude, und das kann sogar zu Depressionen führen. Ein motivierter Mensch fühlt sich wohl, ist freudvoll, ist voller Eustress, er ist im Flow, er bewegt sich in eine Richtung, und das Dasein selbst ist schön.

Nun, was genau ist denn Motivation? Motivation lässt sich am einfachsten erläutern, wenn wir uns betrachten, was Demotivation ist. Und Demotivation ist gleichzusetzen mit Sinnlosigkeit. Wenn etwas keinen Sinn macht, dann sind wir demotiviert. Motivation schaffen heißt Sinn schaffen. Sinn schaffen heißt Zusammenhang schaffen. Ja, und wie könnten wir mehr Zusammenhang in unserem Leben schaffen als dadurch, dass wir ein klares Ziel vor Augen haben und zeitlich vor uns liegend ein Ereignis definieren, welches an einem ganz bestimmten Tag stattfindet, an einem konkreten Ort, mit konkreten Menschen und Dingen, genau wie das neuronale Netzwerk aufgebaut ist? Und wenn wir das schaffen, dann reagiert unser Körper auch sogleich mit diesen wunderbaren Motivationshormonen, und wir fühlen uns augenblicklich gut. Wir haben sofort Energie, und das, obwohl wir noch überhaupt nichts praktisch unternommen haben, was uns in irgendeiner Weise diesem Ziel näherbringen würde. Nur durch die Tatsache alleine, dass wir dieses Ziel für uns definiert haben, erreichen wir schon diese phantastischen Effekte.

Nun stellt sich natürlich die Frage: Wie bekommen wir es hin, ein klares Ziel zu definieren? Und genau das betrachten wir uns gleich in den Kapiteln „Zielfindung“ und „Zielformulierung“. Ein paar Kleinigkeiten sind jedoch noch zu berücksichtigen. Zuerst einmal eine Warnung: Es wäre ein schlechtes Leben, wenn sich alles in unserem Leben nur noch darum dreht, unser Ziel zu erreichen, sozusagen ein Leben als Mittel zum Zweck. Wenn jemand sagt: *„Ich lebe, um mein Ziel zu erreichen. Wenn ich dieses Ziel erreiche, dann ist mein Leben lebenswert, dann ist alles gut, dann will ich glücklich sein.“*, dann bedeutet das im gleichen Augenblick jedoch auch, dass er jetzt nicht glücklich ist. Wir brauchen ein Ziel vor Augen. Es ist jedoch auch wichtig, dass wir das Unterwegssein genießen, dass wir ein Ziel vor Augen haben und die Blumen am Wegesrand pflücken. Ein Ziel vor Augen zu haben und die Schönheit des Weges trotzdem zu genießen – erst wer das schafft, der kann sagen: *„Der Weg ist das Ziel!“*

Bevor wir mit der Zielformulierung beginnen, gibt es jedoch noch zwei wichtige Hinweise beziehungsweise Fragen, die wir uns stellen sollten. Die erste Frage ist: Ist dies wirklich *mein* Ziel, will ich das wirklich, oder ist es ein *fremdes* Ziel, etwas, was andere mir schmackhaft machen wollen? Denken Sie bitte an Ihre ausgeprägte Individualität. Auch Ihre Ziele sind unvergleichlich. Und die zweite Frage lautet: Bin ich bereit, den Preis zu zahlen? Wenn Sie viel Zeit und Energie in Ihr Ziel investieren, haben Sie natürlich automatisch weniger Zeit und Energie für die Dinge, die Sie vorher getan haben und die Ihnen vielleicht auch lieb und teuer sind.

Fremde Ziele sind Ziele, die wir angepasst und unkritisch von anderen übernehmen. Natürlich wird niemand ein ausschließlich fremdes Ziel haben, das wäre paradox, das hätte er ja nicht, aber viele haben Ziele, bei denen Teilbereiche fremd sind, und das ist nicht gut. Fremde Ziele machen Angst, und Angst lähmt. Wenn wir ein fremdes Ziel haben, dann bedeutet das, dass wir uns diesen Teil, der für uns fremd ist, nicht zu eigen gemacht haben. Mit diesem Teil, den wir uns nicht zu eigen gemacht haben, weil er ja fremd ist, sind wir nicht identifiziert. Dass wir damit nicht identifiziert sind, führt dazu, dass wir diesen Teil ablehnen. Das wiederum führt dazu, dass wir uns zwar in die richtige Richtung bewegen, uns aber gleichzeitig auch zurückziehen von dieser Richtung. Und das hat zur Folge, dass wir nicht vorwärtskommen und stattdessen verkrampfen. In diesem Zustand der Verkrampfung fühlen wir uns nicht wohl, da möchten wir gerne heraus. Nun haben wir zwei Möglichkeiten. Erstens: Sobald irgendwelche Schwierigkeiten auftauchen, geben wir auf. Vielleicht suchen wir sogar nach Schwierigkeiten, um eine Rechtfertigung dafür zu haben, aufzugeben. Die zweite Möglichkeit ist: Wir lenken uns ab. Wir sind ganz leicht ablenkbar – meistens wiederum von einem anderen fremden Ziel.

Wenn wir wirklich eigene, also selbst definierte Ziele haben, dann hat das eine sehr hohe Motivation zur Folge – Dopamin, Serotonin, Endorphin, diese Freude, diese Energie, dieses Strahlen, diese Lust am Tätigsein, dieses beharrliche Verfolgen unserer Ziele, und zwar auch, wenn es mal Probleme gibt oder besser gesagt Herausforderungen. Mit einem sehr hohen Beharrungsvermögen verfolgen wir dennoch unser Ziel. Wir haben diese hohe Konzentrationsfähigkeit, und wir sind kohärent, Denken und Fühlen sind gleich. Und das Schönste bei wirklich eigenen Zielen ist, dass sie Selbstvertrauen schaffen. Und ein anderes Wort für Vertrauen ist das Wort „Glaube“. Ich erinnere noch mal an dieses Lebensgesetz: **Der Mensch bekommt nicht das, was er will, sondern das, was er glaubt!**

Materielle Glückserfüllung ist nicht möglich

Es ist mir wichtig, dieses kleine Kapitel noch zu erläutern, denn das riecht so etwas nach Widerspruch. Wir wollen ja unsere Ziele definieren. Bei diesen Zielen wird es sich vermutlich auch um sehr viele materielle Dinge handeln. Wenn ich geschrieben habe *„Materielle Glückserfüllung ist nicht möglich“*, dann bedeutet das nicht, dass wir nicht nach materiellen Dingen streben sollten, sondern lediglich, dass wir nicht erwarten sollten, unser Glück darin zu finden.

Es gibt sehr viele Menschen, die sich geistig weiterentwickeln wollen. Das ist gut, wichtig und auch edel. Viele steigen aus diesem System des Kapitalismus und dieser Leistungsgesellschaft aus, was bei den meisten von ihnen konkret dazu führt, dass sie nicht mehr sehr viel Geld verdienen. Und genau das kann sie dann daran hindern, sich geistig weiterzuentwickeln, denn wenn ein Mensch nicht mehr genügend Geld hat für Essen und Trinken und seine Miete, für die profanen Dinge wie Versicherungen und was wir so im Leben brauchen, Telekommunikationsgeräte und Verträge, ein Auto, gute Ernährung und so weiter, dann wird sein Körper, weil er ja ständig im Stress und im Überlebensmodus ist, zwangsweise die gesamte geistige Kapazität aufsaugen, die dann benutzt wird, um irgendwie zurechtzukommen, um zu überleben.

Insofern ist es ihm dann gar nicht möglich, sich geistig weiterzuentwickeln. Obwohl wir wissen – und ich werde das gleich noch erläutern –, dass wir in diesen materiellen Dingen das Glück nicht wirklich finden können, sollten wir dennoch dafür sorgen, dass die materiellen Bedürfnisse befriedigt sind und wir ein Leben leben können, bei dem wir nicht erpressbar sind, bei dem wir bei niemandem Schulden haben. Wir sollten dafür sorgen, dass wir die Bedürfnisse befriedigen können, die wir in diesem Leben heutzutage haben, dass wir uns gut ernähren können, reisen können, uns frei bewegen können. All dies kostet schon eine Menge Geld, und alleine das zwingt uns schon etwas in die materielle Welt hinein, um all das haben zu können, aber nicht um dadurch erfüllt und glücklich zu sein, sondern um jetzt die Möglichkeit zu haben, sich mit geistigen, spirituellen, höheren, göttlichen Themen zu beschäftigen. Insofern ist es überhaupt kein Widerspruch, wenn man sich auch materielle Dinge erarbeitet und die Regeln und die Gesetze, die in diesem Buch beschrieben werden, auch für diese Dinge anwendet.

In Amerika wurde in einer Studie das Glücksempfinden von Querschnittsgelähmten und Lottomillionären untersucht. Erstaunlicherweise hatten beide annähernd das gleiche Glücksempfinden – nicht sofort, aber nach einem Jahr. Die Glückskurve schnellte bei den Lottogewinnern nach oben, um sich nach etwa dreißig Tagen wieder Richtung Ursprungslevel einzupegeln. Nach einem Jahr war fast wieder alles wie zuvor. Der Unterschied zu vorher war nur minimal. Dieser Prozess funktioniert in gleicher Weise sowohl bei Glück als auch bei Unglück. Nach einer gewissen Zeit gleicht sich alles aus und pegelt sich ein auf das individuelle, normale Level. Ansonsten könnten wir die vielen Unglücke und Leiden eines Lebens überhaupt nicht aushalten.

In einer weiteren Studie wurde das Glücksempfinden von chronisch Schmerzkranken und Lottomillionären verglichen, und es führte wiederum zum gleichen Ergebnis. Man kann also offensichtlich Schmerzen haben und glücklich sein oder Schmerzen haben und unglücklich sein, ebenso wie man viel Geld haben und dabei glücklich sein kann, man kann aber auch viel Geld haben und unglücklich sein. Der Grund für dieses kuriose Verhalten liegt in unserer hedonistischen Anpassung, die dafür sorgt, dass wir uns in beiden Fällen – Glück und Unglück – emotional anpassen. Ansonsten könnten wir das Leben kaum ertragen. Hedonismus ist eine in der Antike gegründete philosophische Lehre, nach der das höchste ethische Prinzip das Streben nach Sinneslust und Genuss ist. Das hat allerdings eine fatale Konsequenz, denn materielle Glückserfüllung ist nicht möglich.

Wir können eine Million Euro gewinnen, aber spätestens nach einem Jahr brauchen wir eine weitere dazu. Wir können den tollsten Ferrari fahren, spätestens nach einem Jahr würden wir einen noch tolleren Ferrari brauchen. Wir können unser tollstes Traumhaus haben mit Meeresblick und Pool, spätestens nach einem Jahr wird unser Glücksempfinden nicht weit weg sein von dem ursprünglichen Level. Wenn wir uns das so richtig betrachten, dann bedeutet das, dass wir uns, wenn wir dies nicht verstanden haben, automatisch in einem Hamsterrad des „Schneller, Höher, Weiter“ bewegen. Wir kennen den Spruch: *„Je mehr er hat, je mehr er will.“* Bevor jetzt jemand denkt: *„Was soll das Ganze denn? Ich werde ja dann in meinem Leben nie mal wirklich glücklich sein* *können – entweder ist es zu wenig oder ich habe mehr und muss immer mehr haben.*“, möchte ich hier doch auch gleich eine Lösung aufzeigen.

Wir wissen, dass Glückshormone auf Unterschiede reagieren. Um sich diese Unterschiede zu schaffen, benötigen wir lediglich etwas Askese gepaart mit Willensstärke. Askese bedeutet nicht, sich selbst zu kasteien, sondern es stammt aus dem Griechischen und bedeutet „Übung“. Es ist also etwas, was man üben kann. Wenn Glückshormone auf Unterschiede reagieren, dann können wir das leicht üben. Wer jeden Abend einen exzellenten Rotwein trinkt, hat schnell kein Glücksempfinden mehr dabei. Wer dem Rotwein jedoch einmal einige Tage entsagt und sich dann wieder einen gönnt, wird merken, welches Glück er dann empfindet. Viele kennen das: Wenn Ihr Auto einmal ein paar Tage in der Werkstatt war, Sie vielleicht einen Leihwagen hatten, und sie dann anschließend wieder Ihren eigenen Wagen zurückbekommen, wie viel Spaß Sie dann damit wieder haben. Was folgt daraus?

Kommen Sie so oft wie möglich raus aus dem Alltagstrott. Tun Sie gewohnte Dinge einmal anders. Gehen Sie einmal in ein anderes Restaurant. Schaffen Sie sich wo irgend möglich Unterschiede. Indem Sie mal eine Pause machen und auf bestimmte Dinge für eine kurze Zeit verzichten, können Sie Glücksempfinden erleben, wenn Sie sich diese Dinge dann anschließend wieder gönnen. Auf diese Weise können Sie jedes beliebige Niveau halten und kommen aus diesem „Schneller-Höher-Weiter“-Wahnsinn heraus. Wir können uns ständig fragen: Was könnte ich heute einmal anders machen? Machen Sie die Augen auf und schauen Sie, was geboten wird. Wir haben in diesem Land so viele Angebote, so viel Abwechslung, und jeder, der die Augen aufmacht, kann seinen Tag füllen mit neuen Dingen, die den Unterschied machen. Und das muss nichts sein, was uns viel Geld kostet.

Fazit: Materielle Zielerfüllung ist wichtig, damit wir uns geistig weiterentwickeln können, aber nicht, um alleine dadurch glücklich zu werden.

7.5 – Zielfindung

„Wenn ich doch nur wüsste, was ich will. Man könnte ja so viel machen. Ich bin mir einfach gar nicht im Klaren darüber, was ich so will." Die meisten Menschen machen sich überhaupt keinen Kopf darüber, ob sie überhaupt in der Lage sind, sich selbst ein Ziel zu setzen. Allein der Gedanke, selbst und frei zu entscheiden, ist für viele ein Unding. Sie können zum Beispiel fragen: *„Was sind gerade jetzt Ihre drei wichtigsten Ziele?"* Diejenigen, die zielklar sind, feuern die Antwort sofort heraus. Wer jetzt nachdenken muss, ist nicht zielklar. Eine zweite Frage: *„Wenn Sie nicht scheitern könnten, was würden Sie dann auf jeden Fall tun?"* Wenn Sie jetzt nachdenken müssen, sind Sie nicht zielklar. Dritte Frage: *„Vom heutigen Datum an plus drei Jahre – wie sehen Sie dann aus? Wie leben Sie? Wo leben Sie? Mit wem leben Sie? Wo wohnen Sie? Wie viel Geld haben Sie?"* Wenn Sie jetzt antworten: *„Ja, so genau habe ich noch nicht darüber nachgedacht."*, dann ist das wahrscheinlich eine ehrliche Antwort, allerdings ist es höchste Zeit, das zu tun, nämlich genau darüber nachzudenken.

Die meisten Menschen wissen viel besser, was sie *nicht* wollen, als dass sie denn wüssten, was sie wollen. Nun, auch das kann uns bei der Zielfindung helfen. Schreiben Sie doch einmal auf, was Sie partout *nicht* haben wollen, was Ihnen im Leben auf gar keinen Fall widerfahren soll, was Ihnen überhaupt nicht passt im Leben. Bilden Sie eine Spalte und schreiben Sie all dies untereinander in diese Spalte. Und wenn Sie das niedergeschrieben haben, können Sie in eine Spalte daneben das jeweilige optimale Gegenteil davon schreiben. Das hilft Ihnen, der Sache schnell näher zu kommen und herauszufinden, was Sie denn eigentlich wollen.

kontra *was will ich loslassen...*	**pro** *was möchte ich...*
meinen alten Lebensstil, Kleidung, Auto	Ein neues Leben beginnen, das alte langweilt mich, ich tue schon viel zu lange, was andere von mir erwarten.
Meine Arbeit macht mir keine Freude mehr.	Ich arbeite gerne, möchte aber etwas tun, das mir Freude bereitet – Selbstständigkeit?
Meine Wohnung gefällt mir nicht – zu klein, zu laut, zu wenig Grün, mag keine Nachbarn.	Ich möchte lieber auf dem Lande wohnen – mit Distanz zu Nachbarn.
Ich kann mich bei der Arbeit nicht wirklich entfalten.	Ich würde lieber handwerklich arbeiten, als am Computer zu sitzen...
Ich bin zu schüchtern.	Ich kann stundenlang Klavier spielen, ohne dass es mir langweilig wird – im Gegenteil...
Habe Angst, alleine zu sein – habe keinen Partner...	Ich reise gerne und spreche mehrere Sprachen, das fällt mir leicht...
Möchte mehr Zeit für die Familie	Ich will mir den Tag selber einteilen – ich arbeite lieber am Abend/Morgen.
Ich bin schon lange krank...	Ich bin offen für Neues und lege mich nicht fest.
Ich arbeite zwar gerne mit Menschen, doch viele gehen mir mit ihren Problemen auf den Geist...	Ich bin ein guter Zuhörer. Ich lasse mir ungern etwas von anderen sagen – ich bin lieber selbst Chef...
Ich bin zu dick.	Ich werde meine Ernährung umstellen, abnehmen, dann liebe ich mich mehr...
Ich bin zu dünn.	Ich werde den Tag ruhiger angehen, dann habe ich auch keinen Stress – also etwas arbeiten, das mir Freude bereitet.
Ich war kaum auf Reisen.	Ich liebe ferne Länder.
Ich habe zu wenig Geld.	Ich interessiere mich für alles Sportliche – vor allem Fußball.
In der Stadt, in der ich wohne, ist es zu hektisch, laut...	Arbeite gerne im Freien, mit Blumen oder im Sportbereich, Handwerk?
Das Klima in meinem Land paßt mir nicht, ich wäre bereit, ins Ausland zu ziehen	Ich bin wissenschaftlich interessiert, ist mein Steckenpferd.
Wenn ich zu Hause arbeite, wäre ich bei meiner Familie...	Ich arbeite am besten alleine. Ich meditiere gerne. Ich kann mir vieles merken, starker Intellekt.

Sie können auch eine Tabelle erstellen mit drei Spalten. In die erste Spalte schreiben Sie analog zum Thema Work-Life-Balance „*Körper und Geist*“, darunter viel Platz lassen und als Nächstes schreiben „*Beruf/Leistung*“, darunter wieder viel Platz lassen und dann als Nächstes schreiben „*Soziale Kontakte*“, darunter wieder viel Platz lassen und dann schreiben „*Lebenssinn*“. In die zweite Spalte daneben schreiben Sie den jeweiligen aktuellen, konkreten Ist-Zustand. Wichtig ist hierbei, das Thema konkret zu machen. Und in die dritte Spalte kommt der optimale, konkrete Soll-Zustand. Wichtig ist auch hierbei die genaue Formulierung. Wenn jemand bei Körper und Geist zum Beispiel schreibt: „*Ich bin total erschöpft.*“, dann ist das nicht sehr konkret. Er sollte konkretisieren, dass er morgens immer müde aufwacht oder dass er den ganzen Tag keine richtige Power und Energie hat und deswegen nicht gut arbeiten kann. Man sollte auch nie schreiben: „*Ich bin zu dick.*“, sondern zum Beispiel: „*Ich habe 15 Kilogramm Übergewicht.*“ Dann ist es wirklich auch konkret genug, um auch den Soll-Zustand konkret zu formulieren: „*Ich wache total frisch, ausgeruht und voller Energie auf.*“ oder: „*Spätestens am ... oder bestmöglich früher wiege ich nur noch ... Kilogramm.*“ (Bitte fügen Sie hier unbedingt ein konkretes Datum und eine genaue Gewichtsangabe ein.) Und aus dieser letzten Spalte des Soll-Zustandes lässt sich dann recht gut das Ziel entwickeln. Dabei müssen Sie überlegen, welcher von diesen Punkten, die Sie notiert haben, denn das bedingende Ziel ist. Vielleicht bedingt es Geld, vielleicht bedingt es Zeit, vielleicht bedingt es einen ganz bestimmten körperlichen Zustand, um alle anderen Ziele erreichen zu können.

Alternativ können Sie auch die schnelle Aufschreibmethode wählen. Die schnelle Aufschreibmethode hat den Vorteil, dass Sie Wünsche unter Zeitdruck notieren. Wenn Sie Wünsche unter Zeitdruck aufschreiben, dann kommen diese Wünsche natürlich aus dem Unterbewusstsein heraus. Sie machen sich also mit dieser schnellen Aufschreibmethode Unbewusstes bewusst. Sie dürfen sich also nicht die Zeit nehmen, die einzelnen Wünsche beim Aufschreiben bereits zu bewerten, indem Sie darüber nachdenken: „*Will ich das wirklich? Will ich das nicht? Ist das zu viel, oder ist es zu wenig?*“, sondern Sie sollten einfach unter Zeitdruck alles aufschreiben, was Ihnen einfällt.

Analytische Zielentwicklung

Lebensbereich	Ist-Zustand	Soll-Zustand
Körper und Geist 1. Gesundheit 2. Fitness 3. Aussehen 4.	Ich habe 7 kg Übergewicht. Ich kann mich zum Joggen nicht aufrappeln. Meine Frisur lässt mich älter aussehen, als ich bin.	Spätestens am 31.12.2023 wiege ich 81 kg. Spätestens ab dem 1.6.2023 laufe ich regelmäßig dreimal die Woche 7 Kilometer. Ab dem 5. Mai 2023 halten mich alle mit meiner neuen Frisur für 5 Jahre jünger.
Beruf/Leistung 1. Beruf 2. Geld 3. Auto 4.	Ich bin Verkaufsleiter. Ich komme immer gerade so über die Runden. Mein aktuelles Auto finde ich langweilig.	Spätestens am 21.5.2023 bin ich Geschäftsführer. Ab Oktober 2023 bleiben bei mir mindestens 2.500 € netto übrig. Spätestens ab dem Februar 2024 fahre ich einen Porsche Carrera.
Soziale Kontakte 1. Berufliche Kontakte 2. Freunde 3. Familie 4.	Ich bin in keinem Netzwerk verbunden. Vor lauter Arbeit habe ich die meisten Freunde verloren. Durch meine Vertretertätigkeit sieht mich meine Familie kaum noch.	Ab dem 1.1.2023 bin ich in allen sozialen Netzwerken gelistet. Ich reserviere ab dem 1. Mai 2023 einen Abend pro Woche mit meinen Freunden. Ab dem neuen Jahr bin ich einen Tag im Home-Office und somit bei meiner Familie.
Lebenssinn 1. Kultur 2. Spiritualität 3. Menschheit 4.	Ich weiß eigentlich gar nicht, aus welcher Kultur ich komme. Ich glaube, nach dem Tod ist alles aus. Mit der Menschheit geht es bergab, ich sehe keine Hoffnung.	Bis spätestens 30.6.2023 habe ich vollkommende Klarheit darüber, woher ich komme. Nach dem nächsten Weihnachtsfest weiß ich, wie es nach meinem Ableben weitergeht. Im neuen Jahr tue ich meinen Teil dazu, damit es etwas besser wird.

Nehmen Sie sich fünf Minuten Zeit für die erste Frage. Für alle anderen Fragen nehmen Sie sich bitte jeweils maximal zweieinhalb Minuten Zeit. Schreiben Sie Ihre Wünsche bitte einfach einmal auf – mit der Stoppuhr daneben –, und erst hinterher werden wir uns diese Ziele und Wünsche genauer ansehen.

Fangen wir an! Sie benötigen also ein Blatt Papier oder besser gleich mehrere, einen Stift und eine Stoppuhr.

- Bitte nehmen Sie sich fünf Minuten Zeit, um die erste Frage zu beantworten: *„Angenommen, Zeit, Geld und Gesundheit würden keine Rolle spielen, was würden Sie dann tun und was würden Sie dann alles kaufen?“* Und dann erstellen Sie Ihre **Wunschliste** von 1 bis 20.

    - ➢ *„Ich kaufe ein Wohnmobil und bereise die Welt.“*
    - ➢ *„Haus in Griechenland kaufen und dorthin ziehen.“*
    - ➢ *„Ausbildung zum Heilpraktiker machen.“*

- Für die zweite Frage nehmen Sie sich maximal zweieinhalb Minuten Zeit, um fünf **berufliche Ziele** aufzuschreiben: *„Was ist mir beruflich wichtig?“* (Wo und wie möchte ich mich beruflich entfalten? Worauf möchte ich in meiner beruflichen Laufbahn zurückblicken können? Was wäre mein größter beruflicher Erfolg?)

    - ➢ *„Ich bin der Leiter der gesamten Verkaufsabteilung.“*
    - ➢ *„Ich habe die Geschäftsführung im Unternehmen übernommen.“*
    - ➢ *„Ich habe die Auszeichnung als bester Berater bekommen.“*

- Für die dritte Frage haben Sie wiederum zweieinhalb Minuten Zeit, um fünf **finanzielle Ziele** aufzuschreiben: *„Wie viel möchte ich verdienen, wie viel will ich auf der hohen Kante haben, und wie soll meine Altersversorgung aussehen?“*

    - ➢ *„Ich habe ein fixes Einkommen von 6.000.- € monatlich.“*
    - ➢ *„Auf meinem Bankkonto verfüge ich über 100.000, - € Liquide.“*
    - ➢ *„Als Altersversorgung erhalte ich netto 3000,- € Mieteinnahmen.“*

- Für die vierte Frage nehmen Sie sich wieder zweieinhalb Minuten Zeit, diesmal für Ihre **Gesundheits-Ziele**: *„Was möchte ich bezüglich meiner Vitalität ausstrahlen?"* (Was bringt mir Kraft und Energie?) Schreiben Sie Ihre Gesundheits-Ziele auf, wieder von 1 bis 5.

  - ➢ *„Ich strahle Kraft und Vitalität auf alle Menschen aus, die mit mir zu tun haben."*
  - ➢ *„Ich mache regelmäßig Kraft und Ausdauertraining."*
  - ➢ *„Ich wiege 80 Kg."*

- Auch für die fünfte Frage nehmen wir uns wieder zweieinhalb Minuten Zeit, diesmal für **familiäre Ziele**, wieder von 1 bis 5: *„Wie möchte ich die Entwicklung meiner Kinder fördern, und was kann ich tun, damit wir in der gesamten Familie Harmonie erleben?"*

  - ➢ *„Meine Kinder lernen in einer Privatschule."*
  - ➢ *„Meine Kinder werden ab dem Alter von 10 Jahren von einem Coach in der Persönlichkeitsentwicklung begleitet."*
  - ➢ *„In der gesamten Familie sprechen wir über Werte, Toleranz und gemeinsame Spielregeln und haben ein harmonisches Miteinander."*

- Für die sechste Frage haben wir wiederum zweieinhalb Minuten Zeit für fünf **Sach- und Besitz-Ziele**: *„Welche Dinge möchte ich wirklich besitzen?"* Denken Sie dabei an Dinge wie Haus, Wohnung, Auto, Schmuck, Hobbys oder andere Dinge, die sie gerne hätten, oder auch an Reisen, die Sie vielleicht gerne machen würden.

  - ➢ *„Ich besitze einen Original Porsche 964er Modell als Schalter ohne Schiebedach."*
  - ➢ *„Ich habe eine Original Panerai-Uhr."*
  - ➢ *„Ich mache die Halbjahresweltreise mit einem Kreuzfahrtschiff."*

- Für die siebte Frage haben Sie wiederum zweieinhalb Minuten Zeit für fünf **mentale Ziele**: *„In welchem mentalen Zustand möchte ich* *leben, und welche mentalen Fähigkeiten möchte ich entwickeln?"* Vielleicht möchten Sie eine Fremdsprache lernen oder an Ihrer Einstellung arbeiten und sich weiterentwickeln und lernen, Ihre wahre Macht anzunehmen.

- *„Ich mental ausbalanciert und lebe im Jetzt."*
- *„Ich kann mich jederzeit entspannen."*
- *„Ich spreche fließend Spanisch."*

- Für die achte Frage haben Sie wieder zweieinhalb Minuten Zeit für fünf **übergeordnete Ziele**: *„Was will ich für diese Erde und die Menschen auf ihr tun?"*

  - *„Mit meinem eigenen YouTube-Kanal leite ich einen großen Beitrag zum Erwachen der Menschheit."*
  - *„Ich bewache und beschütze die Natur."*
  - *„Ich helfe den Kindern zu einer eigenständigen und festen Persönlichkeit zu werden."*

- Die neunte Frage betrifft Ihre **Erfahrungs-Ziele**. Wieder haben Sie zweieinhalb Minuten Zeit, um fünf Ziele aufzuschreiben: *„Welche Erfahrungen möchte ich noch machen, und was bringt mir so richtig Motivation und Spaß?"*

  - *„Ich habe die Erfahrung des freien Falls beim Fallschirm-Sprung gemacht."*
  - *„Wenn ich einen hohen Berg besteige und dort anschließend über die Dinge des Lebens meditiere, erhalte ich absolute Klarheit, Motivation und tiefe Freude."*

Wer alle Punkte in der ausreichenden Menge und ohne Doppelungen notiert hat, der hat exakt 60 Wünsche notiert. Nun, wir wollen ja unsere ureigene Macht entdecken und lernen, damit bewusst umzugehen. Das bedeutet, dass wir mit unserem Körper-Geist-System arbeiten müssen und auch mit unserem Unterbewusstsein. Und das kann nun einmal nur drei Filme gleichzeitig installiert bekommen. Aller guten Dinge sind drei. In unserer dreidimensionalen Welt können wir nicht mehr als drei Dinge auf einmal im Kopf behalten beziehungsweise erfassen. Und deswegen filtern wir zunächst einmal die komplette Liste durch, und zwar indem wir nacheinander vier Fragen anwenden. Jede Frage wird auf jeden Wunsch angewendet. Es ist wichtig, dabei so richtig kritisch zu sein. Wenn Sie hier jetzt unkritisch sind, dann haben Sie keinen großen Effekt.

Die erste Frage lautet: „*Ist dies wirklich mein ureigenes Ziel, will ich das wirklich selbst, oder haben mich andere dazu motiviert oder angestiftet?*" Und jetzt schauen Sie sich den ersten Punkt Ihrer Wunschliste an, und wenn Sie ganz sicher sind, dass es sich hier um Ihren eigenen Wunsch handelt, dann machen Sie einen Haken dahinter. Wenn Sie nicht ganz sicher sind, dann machen Sie keinen Haken. Überprüfen Sie bei allen 60 Wünschen, ob es sich wirklich um Ihre eigenen Wünsche handelt.

Und genauso geht es weiter mit der nächsten Frage, die wir auch 60 mal, also auf jeden einzelnen Wunsch, anwenden und unabhängig von der ersten Frage betrachten. Das bedeutet also, dass Sie jetzt bei dem ein oder anderen Wunsch immer noch keinen Haken setzen, bei einem anderen jetzt vielleicht den ersten Haken und bei wiederum einem anderen jetzt vielleicht schon den zweiten. Die zweite Frage lautet: „*Kann ich mich emotional so motivieren, dass ich dieses Ziel unter allen Umständen erreichen möchte und es mir egal ist, wie lange es dauert, wie schwer es auch immer sein mag?*"

Und genauso wenden Sie jetzt bitte die dritte Frage an, auch wieder auf alle 60 Wünsche. Und vielleicht machen Sie jetzt bei dem ein oder anderen Wunsch immer noch keinen Haken oder jetzt den ersten oder den zweiten oder vielleicht auch schon den dritten Haken. „*Würde mich das Erreichen des Ziels glücklicher und selbstbewusster machen?*"

Und die vierte Frage, die Sie bitte ebenso auf alle 60 Wünsche anwenden, lautet: *„Bringt mir das Erreichen des Ziels mehr Lebensqualität und mehr Freude?“*

Wenn Sie sehr sorgfältig Haken gesetzt haben, sollten Sie jetzt eine Verdichtung sehen bei einigen Wünschen und Zielen und einige sehen, wo Sie nur einen oder zwei, vielleicht sogar überhaupt keinen Haken gemacht haben. Das hilft Ihnen schon einmal, klar zu sehen. Und dann kommt jetzt die elementar wichtige Aufgabe, aus dieser Gruppe der Ziele mit den meisten Haken, also wo drei oder vier Haken sind, das wichtigste Ziel Nummer eins herauszukristallisieren.

Sie wollen das bedingende Ziel finden, das bedingende Ziel Nummer eins, bei dem Sie sagen: *„Wenn ich dieses erreicht habe, dann kann ich auch die anderen Ziele erreichen.“* Und das gilt es jetzt herauszufiltern. Und wenn Sie es gefunden haben, dann schreiben Sie bitte: *„Mein bedingendes Ziel Nummer eins ist...“* Sie können gerne direkt unter Ihrem bedingenden Ziel Nr. 1.0 auch gleich die Ziele notieren, die Sie dann erreichen können. Die können Sie dann mit 1.1 bis 1.X kennzeichnen.

Bestimmt haben Sie auch Wünsche in Ihrem Leben, die zu ganz anderen Bereichen gehören als der erste Wunsch. Vielleicht ist der erste Wunsch beruflich und der zweite eher im gesundheitlichen oder sportlichen oder in einem Hobby-Bereich. Wenn Sie auch das zweitwichtigste Ziel herausgefiltert haben, dann schreiben Sie bitte: *„Mein zweites bedingendes Ziel ist...“* Und auch hier können Sie direkt die jetzt möglich werdenden Unterziele 2.1 bis 2.X notieren.

Auf diese Art und Weise bekommen wir die zwei wichtigsten bedingenden Ziele heraus. Nehmen Sie sich dafür ausreichend Zeit! Das ist die Essenz, mit der wir dann auch weiterarbeiten, damit Sie später auch wirklich in der Lage sind, Ihre Ziele zu erreichen. Wenn Sie mit der am Anfang dieses Kapitels beschriebenen Tabelle (Seite 108) Ihre Ziele herausgearbeitet haben, dann suchen Sie bitte auch dort analog Ihre zwei wichtigsten, bedingenden Ziele heraus, mit denen Sie dann in diesem Buch weiterarbeiten.

7.6 – Zielformulierung

Wie in Kapitel 7.1 „Das Wirkprinzip der Persönlichkeit" beschrieben, besteht unsere Persönlichkeit aus Denken und Fühlen. Und jetzt geht es so langsam darum, eine neue Persönlichkeit, ein neues Persönlichkeitsselbst zu kreieren. Logischerweise müssen wir dieses neue Ziel genau so aufbauen, wie das neuronale Netzwerk aufgebaut ist. Und das wirft zunächst einmal die Frage auf: ***„Was genau ist das Ereignis?"*** Die Antwort auf diese Frage ist identisch mit Ihrem ersten bedingenden Ziel.

- *„Ich bin selbstständig als Coach und Berater für Lebenspartnerschaften."*
- *„Ich wiege 55 KG."*

Die nächste Frage, die wir uns stellen müssen, lautet: ***„Wann genau, also zu welchem Zeitpunkt, soll dieses Ereignis stattfinden?"*** Da unser neuronales Netzwerk logischerweise bei jedem Ereignis auch ein Datum voraussetzt, weil jedes Ereignis ja zu einem gewissen Zeitpunkt stattfindet, müssen wir auch einen konkreten Zeitpunkt festlegen. Und dieser Zeitpunkt muss ein taggenaues Datum sein – kein Jahr, kein Monat, keine Woche, sondern ein Tag! In dieser Hinsicht gibt es kein „bisschen schwanger". Es ist nachher überhaupt nicht wichtig, ob Sie dieses Ereignis dann wirklich zu genau diesem Zeitpunkt erleben, aber erst dann, wenn wir ein konkretes Datum festlegen, wird es ernst. Erst dann fangen wir an, unsere Komfortzone zu verlassen. Jetzt wird es konkret. Jetzt gibt es für unser Unterbewusstsein keine Ausrede mehr. Und dieses Datum, das Sie hier notieren, sollten Sie zunächst einmal mit Hilfe von logischer, nüchterner, berechnender Überlegung überprüfen. Sie haben zwar ein Datum festgelegt, aber das heißt noch lange nicht, dass Sie das aktuell auch glauben können. Sie sollten diesen Glauben auch konkret überprüfen, ob Sie das wirklich annehmen können, zu diesem Datum dieses Ereignis zu erleben. Das geht hervorragend mit kinesiologischen Tests.

- *„Heute ist der 1.5.2024 und ich bin seit heute selbstständig"*
- *„Heute ist der 31.4.2024 und ich wiege 55 Kg"*

Als Nächstes brauchen wir einen konkreten Ort. ***„An welchem Ort bzw. wo genau soll dieses gewünschte Ereignis stattfinden?"*** Auch hier ist es nachher nicht wichtig, ob das Ereignis wirklich an diesem Ort stattfindet. Wenn wir jedoch keinen genauen Ort festlegen, fangen wir nicht an und kommen nicht ins Manifestieren. Dieser Ort kann jeder Ort sein, zum Beispiel das eigene Wohnzimmer oder ein Ort mitten in der Natur auf einer Bank, unter einem Baum. Das kann ein Ort sein, den man mieten kann, ein Schloss, eine Burg oder ein Schiff. Das kann auch ein Ort sein, den es bisher nur in Ihrer Phantasie gibt, ein noch zu erstellendes Gebäude. Wichtig ist, dass Sie sich diesen Ort ganz genau vorstellen können, dass Sie ihn beschreiben können. Wie sind die Lichtverhältnisse? Was sehen Sie, wenn Sie geradeaus schauen, nach rechts schauen und nach links schauen und nach hinten und zum Boden und zur Decke? Schauen Sie in alle Richtungen und notieren Sie sich die Details, die Ihnen auffallen sowie Dinge, die Ihnen wichtig sind, denn erst durch diese Details kommt nachher die emotionale Ladung, diese Triebkraft mit hinein.

- *„Ich feiere die Selbstständigkeit mit einem Tag der offenen Tür in meinem neuen Bürogebäude in der Musterstraße 1 in München. Ich sehe den Empfangstresen mit dem tollen Landschaftsbild, ich sehe auch den Marmorboden, die indirekte Beleuchtung, mein Namensschild an meinem eigenen Beratungsbüro, den Blick aus dem 8. Stock in die Stadt auf der linken Seite und rechts die Tür zu den Toiletten."*
- *„Ich stehe in meinem Badezimmer. Ich habe extra zur Feier des Tages eine Kerze angezündet. Ich betrachte mich im Spiegel und sehe, wie schlank ich wahrhaftig aussehe…"*

Die nächste Frage, die wir beantworten müssen, lautet: „*Was genau sagen und wie reagieren die mit mir emotional verbundenen Menschen?*“ Dieser Punkt ist sehr entscheidend, denn über diese Menschen, mit denen wir emotional verbunden sind, erhalten wir eine emotionale Ladung. Hier wird also ein Großteil dieser Triebkraft, die nachher wichtig ist für die universelle Signatur, sehr stark mitentwickelt. Und wir sollten heute schon sehen und hören und möglichst vorerleben können, wie diese Menschen genau reagieren.

Da gibt es zunächst einmal den Lebenspartner, falls Sie einen haben. Und Sie sollten heute schon sehen, wie sich dieser Partner in dem Augenblick der Zielerreichung mit Ihnen freut, wie er sich gekleidet hat, wie er sich zurechtgemacht hat, wie er sich typischerweise bewegt, wie er auf sie zukommt, den Ausdruck der Augen, die Mimik im Gesicht, vielleicht die feuchten Augen. Sie sollten seine Nähe regelrecht spüren und den Stolz und die Anerkennung dieser Person Ihnen gegenüber heute schon erleben.

Weitere wichtige Personen sind Ihre Kinder, wenn Sie denn welche haben. Berücksichtigen Sie dabei bitte auch das Alter, weil Ihr Ereignis ja in der Zukunft liegt, also wie alt die Kinder dann sind. Und Sie sollten heute schon vor Augen haben, wie Ihre Kinder auf Sie zukommen, wie sie gekleidet sind, wie sie sich bewegen, ob sie schlacksig sind. Vielleicht ist es ein Kind, das noch gar nicht richtig versteht, was los ist, hochspringt und sich irgendwie mitfreut, oder ein pubertierender Jugendlicher, schon viel größer als Sie, der einfach sagt: „*Hey, cool, Alter! Find ich geil!*“ Sie kennen Ihre jeweiligen Pappenheimer und wissen schon, wie die reagieren, wenn sie sich mitfreuen und stolz auf Sie sind.

Weitere wichtige Menschen sind Ihre Eltern, vorausgesetzt Sie leben noch und das Verhältnis ist gut. Gerade für viele Männer hat es eine hohe Triebkraft, heute schon zu erleben, dass sie endlich einmal die Anerkennung von ihrem Vater bekommen. Wie reagiert also der Papa? Wie sieht er aus? Wie schaut er, wie ist sein Blick? Wie hat er sich typischerweise gekleidet? Wie bringt er den Stolz und die Anerkennung Ihnen gegenüber zum Ausdruck? Ist er einer, der Reden schwingt, oder ist er jemand, der vielleicht einfach kommt, die Hand auf Ihre Schulter legt, etwas zudrückt und nur nickt? Auch das kann genauso viel aussagen. Wie reagiert die Mama? Wir wissen, wie die Mama riecht. Wie hat sie sich schön gemacht? Schaut sie voller Liebe, Milde, Wärme und Stolz, mit vielleicht feuchten Augen, und bringt die Anerkennung Ihnen gegenüber so zum Ausdruck?

Und wenn Sie mögen, nehmen Sie Ihre Geschwister oder andere Verwandte ebenso hinzu, genauso wie die besten Freunde.

- *„Meine Frau kommt mit stolzem Blick und leicht feuchten Augen auf mich zu und gratuliert mir zur Büro- und Geschäftseröffnung. Auch meine Eltern sind extra gekommen. Der Stolz auf mich ist nicht zu übersehen…"*
- *„Mein Freund kommt mit bewunderndem Blick ins Badezimmer. Hinter seinem Rücken hält er eine Flasche Champagner verborgen…!*

Zu guter Letzt brauchen wir noch eine Antwort auf die folgende Frage: ***„Welche Dinge, also emotionale Dinge, Belohnungen, sind mit meinem Ziel verbunden?"*** Wenn Sie Ihr Ziel erreicht haben, ja, was gönnen Sie sich denn jetzt? Das kann etwas sein, was viel Geld kostet – ein Auto, ein Haus. Das kann aber auch etwas sein, was weniger Geld kostet, zum Beispiel eine Reise, und Sie gönnen sich jetzt diese Reise. Es kann auch etwas sein, was nur Zeit kostet – eine Ausbildung oder eine Auszeit. Ihre Belohnung sollte unbedingt etwas sein, auf was Sie sich so richtig stark freuen, also etwas, was eine ganz starke Emotion bei Ihnen auslöst beziehungsweise entwickelt.

- *„Ich nehme mein eigenes Firmenfahrzeug beim BMW-Händler in Empfang. Der Moment, bei dem der Motor des M-Modells erstmalig von mir gestartet wird und laut röhrt, ist einfach genial."*
- *„Ich belohne mich für das Erreichen meines Zielgewichtes mit einem Wellness-Wochenende mit allen Schikanen in den Alpen. Besonders die tolle Aromamassage…"*

Und all diese Punkte sollten Sie möglichst mit allen fünf Sinnen wahrnehmen und entsprechend genau formulieren, also mit möglichst vielen Details. Was sehe ich? Was höre, rieche, schmecke, fühle ich? Wenn Sie das ausführlich ausformulieren würden, würden Sie einen Roman schreiben, aber das ist gar nicht der Sinn der Sache. Ich zeige Ihnen nachher, wie einfach es ist, zu manifestieren. Es macht jedoch Sinn, sich zu diesen ganzen Punkten Stichpunkte zu notieren, detaillierte Stichpunkte und Details zu allen Sinnen und Besonderheiten, die zu diesen einzelnen Punkten gehören, denn diese Besonderheiten, diese Details, die bringen dann nachher die Emotion für uns mit hinein, die Emotion, die wir brauchen, um wirklich zielgerichtet zu manifestieren.

Kapitel 8 – Die sieben Entscheidungshemmnisse

Nun, spätestens im Verlauf des vorherigen Kapitels, haben Sie Ihre Ziele jetzt vermutlich formuliert. Theoretisch wäre ja jetzt alles gut, und dennoch fängt erfahrungsgemäß genau hier bei den meisten Menschen das Drama erst so richtig an. Bis jetzt waren es ja in Wahrheit noch keine Ziele, sondern nur Wünsche, also lediglich etwas, was sie gerne hätten. Wie in Kapitel 6 „Das Drama“ beschrieben, ist die tiefere Bedeutung von „Sorge“, „eines geteilten Sinnes zu sein“, und das Wort „Krise“ kommt von „krisis“ – „Abwägung“, „Beurteilung“, „Entscheidung“. Damit wir jetzt nicht in ein Drama hineingeraten – durch das wir dann zerrissen werden, sodass wir gegen uns selbst kämpfen und keinen Frieden haben und energielos sowie depressiv werden –, ist es wichtig, jetzt auch wirklich eine konkrete Entscheidung zu treffen. Erfahrungsgemäß gibt es sieben Entscheidungshemmnisse, die wir uns nun kurz anschauen wollen. Einige dieser Entscheidungshemmnisse habe ich bereits ausführlich erklärt, weshalb ich sie hier an dieser Stelle nur noch kurz anreißen werde. **Wir entscheiden, was wir aus unserem Leben machen!** Es geht also jetzt darum, eine große Entschiedenheit an den Tag zu legen. Jetzt wird es so langsam ernst. Um es mit den Worten von Curt Götz (1888-1960, Schriftsteller und Schauspieler) zu sagen: *„Ich träumte, ich stand am Ende meines Weges, und der Tod kam mir entgegen. ‚Schon?‘ Er nickte. ‚Das war alles?‘, fragte ich. ‚Das war alles, was Du daraus gemacht hast.‘“* Um also jetzt etwas daraus zu machen, müssen wir eine Entscheidung treffen. Und vielleicht können Sie, lieber Leser, mit Hilfe der nachfolgenden quasi Checkliste der sieben Entscheidungshemmnisse herausfinden, welches – wenn überhaupt – bei Ihnen eventuell dafür sorgt, dass Sie nicht richtig in die Pötte kommen und Ihr Leben nicht richtig rund läuft und Sie in Ihrem Drama gefangen bleiben.

Das erste Entscheidungshemmnis sind *fremde Ziele*. Nun, Sie haben natürlich, wie wir bereits erörtert haben, nicht wirklich fremde Ziele, niemand hat ein ausschließlich fremdes Ziel, aber es kommt manchmal vor, dass Teile des Ziels fremd sind. Oft sind das Ziele, die wir angepasst und unkritisch von anderen übernehmen. Und weil wir mit einem solchen Ziel beziehungsweise mit diesem Teilbereich des Ziels natürlich nicht identifiziert sind und wir diesbezüglich Widerstand empfinden, suchen wir aufgrund des daraus resultierenden Stresses nach Schwierigkeiten, um einen Grund zu haben, dieses Ziel aufzugeben, und wir lassen uns dann leicht ablenken. Diese fremden Ziele machen uns in Wahrheit Angst, und Angst lähmt. Also überprüfen Sie jetzt bitte noch einmal sehr sorgfältig, ob Ihr Ziel auch wirklich *Ihr* Ziel ist. Ist es wirklich komplett Ihr eigenes Ziel? Seien Sie absolut ehrlich, und finden Sie heraus, ob irgendwelche Teilbereiche noch fremd sind.

- *„Ich mache mich selbstständig, weil meine Frau das gerne so hätte."*
- *„Ich möchte 55 Kg wiegen, weil mein Mann auch so schlank ist."*

Das zweite Entscheidungshemmnis ist ***fehlende Identifikation***. Auch das haben wir uns bereits betrachtet. Wenn wir uns mit Teilbereichen unseres Zieles nicht identifizieren, wir uns diese Bereiche also nicht wirklich zu eigen gemacht haben, dann entwickeln wir gegenüber diesen Bereichen ein Abwehrverhalten. Wenn wir uns dennoch für ein solches Ziel einsetzen, dann kämpfen wir sozusagen gegen unser eigenes Abwehrverhalten. Das führt zu Verkrampfung, zu Stress und zu Unlustgefühlen, sodass wir dieses Ziel nicht erreichen können, weil wir uns in Wahrheit nicht wirklich dafür entschieden haben und quasi verkrampfen. Deswegen ist es wichtig, dass Sie sich Ihr Ziel ganz genau betrachten. Sind sie wirklich vollständig damit identifiziert? Und falls es Teilbereiche gibt, mit denen Sie eventuell noch nicht identifiziert sind oder zumindest noch nicht ganz, dann bringen Sie diese Bereiche in die Identifikation. Schauen Sie sich diese Bereiche ganz genau an – nicht einmal, sondern mehrmals. Identifikation ist ja ein Vorgang des Wiedererkennens und Übereinstimmens beziehungsweise der eigenen Gleichsetzung mit etwas. Betrachten Sie sich also wiederholt jene Bereiche, wo Identifikation fehlt. Machen Sie sich diesen Bereich Ihres Zieles, den Vorteil und den Nutzen wirklich bewusst. Schauen Sie sich die Angelegenheit mehrmals an, und so bekommen Sie pro Betrachtung den Widerstand immer weiter weg und machen dieses Ziel immer mehr zu Ihrem eigenen, sodass nach einer Weile der Widerstand ganz weg ist und Sie sich komplett mit Ihrem Ziel identifizieren. Andernfalls bleibt Ihnen nur übrig, Ihr Ziel nochmals neu zu definieren.

- *„Teilweise empfinde ich Selbsttändige als Ausbeuter und kann mich deshalb nicht gänzlich damit identifizieren."*
- *„Ich möchte nicht aussehen wie ein Hungerhaken."*

Das dritte Entscheidungshemmnis ist ***negatives Denken***. Negatives Denken hat viel mit Entscheidung zu tun. Wer sehr negativ denkt, tut sich schwer mit Entscheidungen und kann demzufolge natürlich auch keine wirkliche Entscheidung treffen. Wenn wir negativ denken, dann führt das dazu, dass der Halswirbel sich verschiebt und unser Frontallappen, das Entscheidungsgremium in unserem Gehirn, dieser Stirnlappen, nicht mehr ausreichend mit Sauerstoff, Blut und Energie versorgt wird. Wenn dieser Bereich aufgrund negativen Denkens nicht mehr gut durchblutet wird, dann führt das dazu, dass wir keine Entscheidungen mehr treffen können. Negative Menschen können sich nicht festlegen. Negative Menschen sind nicht verbindlich. Es ist sehr schwer, mit negativen Menschen irgendeine verbindliche Absprache zu treffen, konkret mit Termin und Inhalten, weil Körper, Geist und Psyche in Wahrheit gelähmt sind.

Wer merkt, dass er zu negativem Denken tendiert, der sollte daran arbeiten und sich gut überlegen, ob es wirklich sinnvoll ist, von morgens bis abends Nachrichten zu schauen und sich ständig mit diesen Problemen auseinanderzusetzen, die man da serviert bekommt, und darüber nachdenken, ob er sich wirklich damit beschäftigen muss. Er sollte sich überlegen, ob er wirklich mit Menschen zusammen sein muss, die viel negativ denken, und ob er diese Informationen und diese

Negativität wirklich aufnehmen will über seine fünf Sinne und sich dadurch runterziehen lässt, was letztendlich dazu führt, dass er keine Entscheidungen treffen kann. Die Kluft zwischen der aktuellen Situation und dem Wunsch, es anders zu haben, bleibt dann bestehen. Die innere Zerrissenheit bleibt dann auch erhalten.

- *„Selbstständigkeit ist risikobehaftet. Als Beamter hast man ein sicheres Einkommen."*
- *„Ich finde es blöd, dass ich nicht mehr so viel essen kann – vor allem meine Lieblingsgerichte nicht."*

Das vierte Entscheidungshemmnis ist, ***an Altem festzuhalten und nicht loslassen zu können.*** Das ist vielen gar nicht bewusst. Wenn wir wirklich etwas Neues wollen, dann müssen wir bereit sein, das Alte loszulassen und nicht mehr daran festzuhalten, ansonsten zerreißen wir uns ja wirklich selbst. Wenn ein Affe von Ast zu Ast schwingt, dann ergreift er den neuen Ast, lässt anschließend den alten Ast los und schwingt sich weiter. Und so können auch wir uns nach vorne weiterschwingen, aber nur dann, wenn wir loslassen können. Und alles, was wir *nicht* loslassen können, das lassen wir in Wahrheit ja nur deswegen nicht los, weil wir die Kontrolle darüber nicht verlieren wollen und weil wir zweifeln. Nicht loszulassen beweist uns fehlenden Glauben. Der Mensch bekommt aber nicht das, was er will, sondern immer genau das, was er in Wahrheit glaubt. Von den Shaolin-Mönchen gibt es diesbezüglich eine große und tiefe Weisheit. In „*Die geheime Kraft der inneren Harmonie der Shaolin*" heißt es: „*Wer das Leben zu erfassen weiß, geht geradezu, ohne zu fürchten Nashorn und Tiger, geht hinein in ein Kriegsheer, ohne anzulegen Panzer und Waffen. Das Nashorn hat nichts, wo es sein Horn anstoße. Der Tiger hat nichts, wo er seine Klauen einschlage.*" Wie können wir dieses Prinzip verstehen?

- *„Es fällt mir schwer, die Sicherheit des Angestelltendaseins loszulassen.*
- *„Es fällt mir schwer, auf Süßigkeiten zu verzichten."*

Sie können ja, lieber Leser, einmal folgendes Experiment machen und den Zeigefinger vor Ihnen strecken und anspannen. Spannen Sie ihn wirklich fest an. Und wenn Sie diesen angespannten Zeigefinger jetzt vor sich haben, befehlen Sie ihm einmal: *„Krümm Dich, Du Zeigefinger!“* Sie werden feststellen: Das funktioniert nicht. Er ist immer noch angespannt. Wenn der Zeigefinger sich krümmen soll, dann ist es viel einfacher, sich vorzustellen, dass man eine Faust macht. Stellen Sie sich eine Faust vor, und schon folgt dann dieser Finger und krümmt sich, damit eine Faust entsteht. Und diese Vorstellung, die ist wortwörtlich zu nehmen. Das Feststoffliche reagiert auf die Vorstellung des Geistigen. Wir stellen uns quasi in Wahrheit den Finger mehrmals geistig vor, und der Finger folgt – *geistig vorstellen, der Finger folgt; geistig vorstellen, der Finger folgt; geistig vorstellen, der Finger folgt...* bis wir letztendlich eine Faust gebildet haben. Das liegt hinter dem Prinzip der geheimen Kraft der inneren Harmonie der Shaolin.

Ich demonstriere das zuweilen bei Präsenzveranstaltungen, um dieses Prinzip zu verdeutlichen. Ich bitte jemanden zur Bühne, und wenn sich dann einer findet, der bereit ist, mich mit beiden Händen kraftvoll am Unterarm festzuhalten, dann kann der mich sehr gut festhalten, wenn ich ihn als Gegner registriere, als starken Mann, wenn ich gegen ihn kämpfe, wenn ich also geistig mit meinem Unterarm seinen Händen etwas biete. Seine geistigen Hände ergreifen meinen geistigen Unterarm, und dann ergreifen seine körperlichen Hände meinen körperlichen Unterarm. Das funktioniert, weil ich geistig da bin und ihm Widerstand leiste. Wenn ich mich jedoch geistig dort weg bewege, wenn ich zwar noch registriere, dass da ein Mensch ist und es vielleicht ein viel größerer und stärkerer Mensch ist als ich, ich ihn jedoch nicht mehr als Gegner und Gefahr betrachte, als großen und starken Mann, sondern mit einem mild gütigen Lächeln, und wenn ich nicht mit ihm kämpfen will, oder vielleicht eher so wie ein Großvater mit seinem Enkelkind kämpft, und ihn ganz entspannt registriere, dann ist da nichts. Ich biete ihm nichts mehr und wende mich woandershin mit diesem Arm. Ich lasse es einfach geistig los und wende mich geistig woandershin. Mein Arm folgt woandershin, und dann lässt der Mann mich los. Er ist nicht mehr in der Lage, mich festzuhalten. Man kann das durch diverse Experimente einfach demonstrieren. Und dieses Prinzip, an Altem nicht mehr festzuhalten, ist sehr wichtig, damit wir uns dann auch wirklich dem Neuen zuwenden können. Wir sind nicht multitaskingfähig, nicht wirklich. Dieses Alte, das uns zurückhalten will, das kann auch ein Finanzamtbescheid sein, ein verbaler Angriff eines anderen Menschen oder eine Situation, die uns durch die Regierung präsentiert wird. Und wenn ich dagegen kämpfe, dann bringe ich geistige Energie dahin, halte mich selbst da fest und gebe dieser Situation die Möglichkeit, mich festzuhalten. Wenn wir durch das Kriegsheer gehen wollen, ohne Panzer und Waffen anzulegen, wenn wir an dem Nashorn vorbeigehen wollen, ohne dass es etwas findet, wo es sein Horn anstoße, wenn wir an dem Tiger vorbeigehen wollen, ohne dass er seine Klauen irgendwo einschlagen kann, dann sollten wir geistig dort nichts hingeben, sondern bei uns sein und unsere Energie dort hinlenken, wo wir sie haben wollen. Das ist wirklich das Loslassen des Alten. Das ist auch das Loslassen der Bedrohungen. Das ist ungeniert und unbeirrbar seinen Weg gehen.

Das fünfte Entscheidungshemmnis ist ***gefangen zu sein in der Komfortzone***. Die Komfortzone haben wir uns bereits betrachtet, und ich wiederhole an dieser Stelle noch einmal, dass es uns nicht möglich ist, *nicht* in einer Komfortzone zu sein. Bei allem, was wir üben, befinden wir uns nach ein bis zwei Monaten in einer kleinen Gewohnheit, und machen wir es länger, wird es zu einer neuen Komfortzone. Per se ist das ja nicht gut oder schlecht, das ist einfach ein Zustand. Allerdings kann genau diese Komfortzone uns daran hindern, Neuland zu betreten und uns letztendlich davon abhalten, wirklich eine Entscheidung zu treffen, denn wir wissen vorher ja noch nicht, wie es sich anfühlt, wenn wir das neue Leben leben. Das macht dem Verstand Angst. Er möchte das neue Leben nicht. Und deswegen bleibt er gerne in dem Alten haften.

Und wer sehr lange in seiner Komfortzone ist, nichts Neues lernt, keine neuen Künste oder Fertigkeiten, und wer nicht in der Lage ist, es für möglich zu halten, dass das, was er erzählt bekommt, falsch sein könnte, oder dass Menschen – oder beispielsweise auch Regierungen – es gar nicht immer gut mit einem meinen könnten oder dass das, was er vielleicht schon zwanzig Jahre lang tut, eventuell gar nicht wirklich das Richtige für ihn sein könnte, ja, der ist in einem Komfortzonen-Gefängnis eingemauert. Und dennoch: Mit einer radikalen Entscheidung kann man definitiv jede Komfortzone verlassen. Im Zweifelsfall empfehle ich, noch einmal das Kapitel „Die Komfortzone" zu lesen.

Das sechste Entscheidungshemmnis ist ***fehlender Willenseinsatz***. Wir brauchen natürlich jetzt, um eine Entscheidung zu treffen und loszulegen, wirklich auch Willenseinsatz, also den Einsatz des Frontallappens, des Stirnlappens. Die Krone der Schöpfung sind wir genau deswegen, weil wir eben diesen freien Willen haben. Und mit dem können wir eine Entscheidung treffen, wenn wir uns an unsere Macht erinnern und diesen freien Willen auch wirklich einsetzen. Und die unmittelbaren Vorteile einer solchen Entscheidung sind folgende: Sie sind klar, und die innere Zerrissenheit verschwindet. Sie fühlen sich wieder wohl und sind in Frieden. Das Energielevel erhöht sich schlagartig, und Sorgen, Ängste, Krankheit und Zweifel werden reduziert. Widerstände durch andere verwandeln sich in Hilfe, der Erfolg wird potenziert, und das Leben wird erheblich einfacher.

Und wir sollten diesen Stirnlappen trainieren und uns in unserem Leben bewusst Situationen suchen, wo ein bisschen Willenseinsatz gefragt ist und ein bisschen weiter- und ein bisschen mehr machen, wenn der Körper in seiner Komfort- und Bequemlichkeitszone längst sagt: *„Hör auf!"* Hervorragend geeignet sind natürlich sportliche Aktivitäten, allerdings sollte man es dabei logischerweise nicht übertreiben. Also: Trainieren Sie Ihren Stirnlappen, und treffen Sie Entscheidungen so schnell wie möglich! Und vor allen Dingen: Fordern Sie sich in irgendwelchen Bereichen – optimalerweise Sport –, und machen Sie genau da, wo der Körper „*Schluss!*" sagt, aus Prinzip noch ein bisschen weiter, weil Sie damit beweisen: „*Ich bin der Boss!*"

Das siebte Entscheidungshemmnis sind ***versteckte Glaubenssätze und Ängste***, also Blockaden. Und dieses ist das größte Hemmnis, das uns oft gar nicht bewusst ist. Wir würden gerne eine Entscheidung treffen, aber wir wissen nicht, was los ist. Wir finden dann Ausreden und sagen Dinge wie: „*Irgendetwas hindert mich daran. Irgendetwas blockiert mich. Ich will es ja tun, aber irgendwie mach ich es dann doch nicht. Ich bin anscheinend zu faul.*" Und dieses Thema ist ein sehr wichtiges. Ich habe diesen Punkt hier bewusst als letzten angeführt, denn diesbezüglich benötigen wir ein separates, ganz großes Kapitel, um auch diesen Punkt noch zu lösen, bevor wir wirklich über konkrete Ziele sprechen und anfangen, diese dann auch zu manifestieren.

Kapitel 9 – Was hindert mich denn eigentlich jetzt noch?

Das ist eine recht provokative Frage. Ja, was hindert Sie denn jetzt noch? Theoretisch kann man die Aussage dieses Buches doch bis jetzt mit wenigen Sätzen zusammenfassen: **Finden Sie heraus, wie Sie gerne leben möchten und was Sie wirklich wollen. Treffen Sie dazu eine konkrete Entscheidung und verändern Sie dadurch Ihren Glauben. Beweisen Sie den Glauben durch Taten, und legen Sie los!**

In der Praxis sieht es allerdings nicht so aus, als ob viele Menschen das einfach so hinbekommen. Vielen ist all dies klar, und doch erfinden sie Entschuldigungen wie *„Ja, nächste Woche."* oder sogar *„Nächstes Jahr."* oder *„Nach diesem oder jenem Ereignis, dann werde ich anfangen."* oder *„Irgendwie komme ich nicht so richtig in die Pötte."* oder *„Irgendetwas blockiert mich da."*. Und ich habe festgestellt, dass vor allem die Aussage *„Irgendetwas blockiert mich da."* häufig eine wunderbare Entschuldigung ist, weil es *in* ist, Blockaden zu haben. Vielleicht wurde uns das eingeredet, als wir mal irgendein Buch gelesen haben oder Dinge gehört haben wie: *„Ja, da gibt es Dinge aus der Kindheit..."* Und letztendlich können wir uns dadurch dann herausreden und sagen: *„Ich bin halt so."*

Bevor wir uns das Thema „Blockaden" näher anschauen, möchte ich ganz klar sagen: Viele Menschen – das ist meine Erfahrung – glauben, sie hätten eine Blockade und haben gar keine. Sie schauen nur nicht entschieden nach vorne. Sie sind nicht fokussiert. Sie sind nicht konzentriert. Sie haben kein klares Ziel, und letztendlich sind sie zu bequem. Also: Wenn unsere Gedanken an unsere Probleme und die eigene Untätigkeit auftauchen, dann sollten wir konsequent zu unserer Entscheidung stehen und uns bewusst wegbewegen von den Gedanken, die mit Problemen und der alten Vergangenheit zusammenhängen, und uns konsequent unserem Lebensziel zuwenden. Wenn wir das nicht können, wenn wir, ob wir es wollen oder nicht, immer wieder an das Alte denken und immer wieder an die Probleme denken müssen (die Gedanken drehen sich im Kreise), dann haben wir ein Problem, was uns da hindert, das uns vielleicht nicht bewusst ist. Und dieses wollen wir uns jetzt näher betrachten.

Also: Was ist es denn wirklich, was Sie irgendwie daran hindert, vorwärtszukommen? Damit wir das besser verstehen können, sollten wir uns einmal ansehen, wie im kommunikativen Bereich Handlungen ausgelöst werden, also zum Beispiel bei einer Rede oder im Verkauf, wie Menschen mit Worten zu einer Handlung gebracht werden, und zwar ganz abstrakt. Dabei müssen wir berücksichtigen, dass aus einem Wort immer ein Bild entsteht, eine Vorstellung in unserem Kopf. Wir hören zum Beispiel ein Hörbuch oder lesen einen Roman, und wenn das gut gemacht ist, dann sind wir komplett in diesem Film, in dieser Vision gefangen. Wenn also jetzt aus diesen Worten Bilder entstehen, dann entsteht als Nächstes in uns aus jedem Bild ein Gefühl.

Wir gehen zum Beispiel ins Kino, und je nachdem, welchen Film wir uns anschauen, haben wir ganz unterschiedliche Gefühle. Ein Gefühl ist ja im Grunde nichts anderes als eine biochemische Information, die uns angenehm oder unangenehm ist. Wofür ist die da? Diese biochemische Information ist immer dafür da, uns zum Handeln zu motivieren, damit wir in die Pötte kommen, zum Beispiel damit wir etwas trinken oder etwas essen oder zur Toilette gehen oder eben auch, damit wir auf eine bestimmte Art und Weise sprechen, sodass unser Gesprächspartner hinterher einen Vertrag unterschreibt, oder damit eine Gruppe von Menschen, die eine Rede hört, hinterher kollektiv so handelt, wie der Vortragende das möchte. Bei diesen Beispielen ist das sehr einfach zu verstehen und nachzuvollziehen.

Wie verhält es sich jedoch mit anderen Gefühlen, die nicht lauten: „*Ich habe Hunger.*" oder „*Ich habe Durst.*", sondern die da lauten: „*Ich bin voller Hass.*" oder „*Ich kann das sowieso nicht.*" oder „*Ich bin so abgrundtief traurig.*" oder „*Ich fühle mich hilflos und ohnmächtig.*" oder „*Ich bin wütend.*" oder sogar „*Ich könnte den umbringen.*" und so weiter?

Auch das sind Gefühle. Und auch all diese Gefühle sind letzten Endes dafür da, uns zum Handeln zu motivieren. In der Praxis sieht das allerdings ganz anders aus. In der Praxis unterdrücken wir diese Gefühle wie einen Ball, den man unter Wasser drückt. Wir handeln nicht, sondern wir drücken diese Energieladung, die ja etwas bewirken will, sozusagen unter Wasser. Und das bindet uns, da wir versuchen zu verhindern, dass dieser Ball aus dem Wasser herauskommt. Wir handeln nicht, weil wir uns nicht trauen. Wir handeln nicht, weil es sozial nicht verträglich ist. Wir handeln nicht, weil wir zu feige oder zu ängstlich sind. Oft können wir auch gar nicht mehr handeln und diese Bälle loslassen, weil eine bestimmte Angelegenheit schon sehr lange zurückliegt oder Bereiche betrifft, die uns gar nicht so richtig bewusst sind.

Ein Mensch, der solche Gefühlsbälle unter Wasser drückt, der ist nie frei. Ein Mensch, der solche Gefühlsbälle unter Wasser drückt, der ist gebunden, und er kämpft ein Leben lang letztendlich mit sich selbst. Und manche drücken diese Bälle nicht nur einen Monat, ein Jahr oder zehn Jahre unter Wasser, sondern sogar noch sehr viel länger. Wer schon einmal eine Erbschaftsauseinandersetzung miterlebt hat, der kann vielleicht bestätigen, dass es Menschen gibt, die Gefühlsbälle unter Wasser drücken, die von Ereignissen verursacht wurden, die oft viele Jahrzehnte zurückliegen. Und jetzt ploppen diese Gefühlsbälle plötzlich noch mal nach außen, weil es ihnen nicht gelungen ist, sie komplett unter Wasser zu halten.

Und wenn so ein Gefühlsball nach außen ploppt, wenn der wieder hoch kommt, dann gibt es zweierlei Arten der Reaktion. Die erste ist eine Explosion. Da dreht jemand durch. Im schlimmsten Fall bringt er seine ganze Familie um und hinterher sich selbst. Oder es gibt eine Implosion, und er erleidet die typischen Manager-Erkrankungen: Hörsturz, Burnout, Magen-Darm-Geschwür und so weiter. Irgendwo sucht sich diese Energie natürlich ihren Weg. In der Regel drücken wir diesen Gefühlsball so schnell wir können wieder unter Wasser und kämpfen fortwährend dagegen an.

Natürlich ist die Lösung, genau das nicht zu tun. Die Lösung ist, zu handeln und loszulassen! Wir müssen also den Ball loslassen und die Handlung ausführen, die auszuführen ist, soweit wir uns das trauen und soweit wir mit den Konsequenzen leben können und wollen, also soweit das sozial verträglich ist und wir nicht gleich gekündigt werden oder Ähnliches. Es gibt viele Punkte, da würden wir vielleicht gerne handeln, sagen aber dann: „*Das kann ich nicht machen!*" Und wenn wir etwas im Außen nicht lösen können, dann müssen wir uns überlegen, wie wir das im Inneren lösen. Und darum geht es hier. Viele dieser Gefühlsbälle kommen ohnehin so weit aus der Vergangenheit, dass wir das im Außen praktisch gar nicht mehr reparieren können. Und in all diesen Fällen sollten wir das in unserem Inneren reparieren.

Solange wir diese Gefühlsbälle unter Wasser drücken, drücken wir die Energie, die nach oben steigen möchte, nach unten. Solange wir Gefühlsbälle unter Wasser drücken, bleibt diese Energie also gebunden, und auch wir sind dann gebunden. Ein Mensch, der diese Energie unterdrückt, die ja eine Handlung auslösen will, die er sich aber weigert auszuführen, der ist gefesselt an diese Energie. Ein solcher Mensch ist nicht frei. Er kann sich nie frei entfalten und hängt immer in dieser Vergangenheit fest. Und er kann noch so viele Bücher lesen über Persönlichkeitsentwicklung und Videos schauen und sich die Zukunft abstrakt ausmalen, er läuft wie mit dicken Eisenketten durchs Leben, gefesselt an seine Vergangenheit, und kämpft gegen sich selbst.

Und wenn Sie noch einmal zurückdenken an dieses Wirkprinzip der Persönlichkeit, bei dem ja durch emotionale Ladungen Gedankennetzwerke eingeschaltet werden, die wiederum Handlungen erzeugen, und damit unser Schicksal oder Karma, dann können Sie erkennen, dass es genau das ist, was hier passiert. Diese Gefühlsbälle, die Sie unter Wasser drücken, weil Sie irgendwann in Ihrem Leben aus verschiedensten Gründen nicht das getan haben, was Sie hätten tun sollen, nämlich handeln, schalten immer wieder die Gedankennetzwerke ein, und das Denken geschieht Ihnen. Sie sind nicht frei. Die Handlung geschieht Ihnen, und hinterher stellen Sie fest: *„Ich habe es schon wieder getan, obwohl ich es gar nicht wollte."* Oder wir stellen vielleicht fest: *„Irgendwie kann ich diese Entscheidung gar nicht richtig treffen. Ich kann nicht sagen: ‚Ich lasse das Alte los. Ich lebe jetzt das Neue.' – zack – eine Entscheidung getroffen."*, und dann hängen wir da fest. Und wenn das der Fall ist, dann müssen wir herausfinden, wie wir diesen Punkt lösen können.

9.1 – Der Weg vom Problem zur Erkenntnis

Diesen Weg werden wir durchschreiten müssen, und zwar immer dann, wenn wir nicht so richtig wissen, was los ist, wenn uns noch etwas festhält aus der Vergangenheit und wir sagen: *„Es blockiert mich etwas. Irgendwie kann ich die Entscheidung nicht treffen, nicht so richtig an mich glauben."* In Abbildung 5 sehen Sie die Veränderungskurve, die ein Mensch durchläuft, wenn er ein Problem löst, angefangen beim Problem bis hin zu dem Punkt, an dem er dieses Problem oder diesen Zustand definitiv gelöst und für sich zur Erkenntnis gebracht hat. Wir haben auf der vertikalen Achse die subjektiv wahrgenommenen eigenen Fähigkeiten und auf der horizontalen Achse die Zeit. Bei dem Anfangspunkt, der hier auf der vertikalen Achse in der Mitte liegt, ist es im Grunde bedeutungslos, wo der Punkt liegt. Zu Darstellungszwecken habe ich diesen Punkt mittig angeordnet, um die jeweiligen Ausschläge besser zeigen zu können. Diese Kurve ist nicht von mir erdacht, sondern eine allgemeine Lehrkurve, und der ein oder andere Leser wird sie vermutlich auch kennen. Betrachten wir uns ein paar Beispiele: Wir erhalten eine schlimme Arztdiagnose oder den Steuerbescheid vom Finanzamt oder unser Partner möchte sich von uns trennen oder irgendein anderes Unglück geschieht. Und wenn diese Information auf uns einwirkt, dann ist das ein Schock.

Der Weg vom Problem zur Erkenntnis

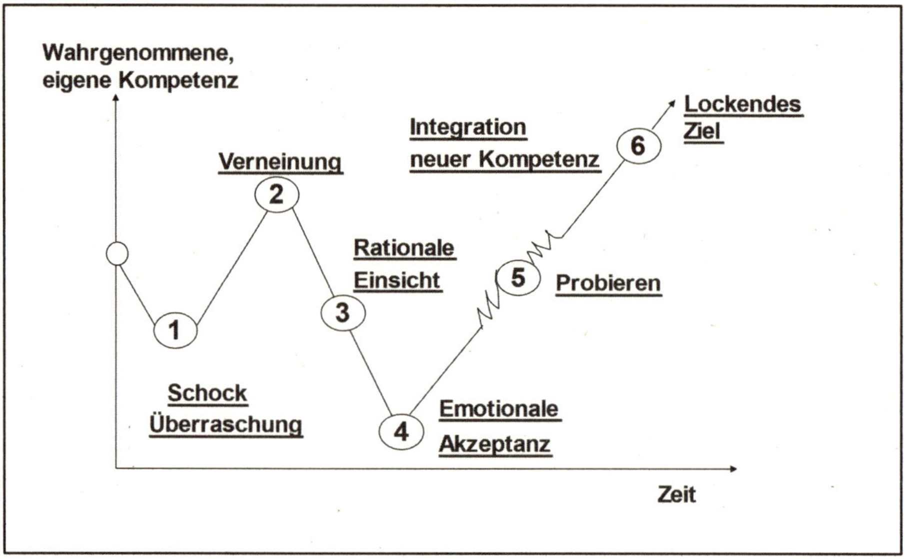

Abb. 5: Der Weg vom Problem zur Erkenntnis

- Punkt 1: Es geht also abwärts mit uns und wir bekommen einen ***Schock***. Die subjektiv wahrgenommenen eigenen Fähigkeiten werden weniger, es zieht uns den Boden unter den Füßen weg, und das raubt uns Kraft und Energie. Viele sagen dann: *„Ich muss mich jetzt erst einmal setzen."* oder auch: *„Jetzt muss ich mich erst einmal hinlegen."* oder sogar: *„Jetzt brauche ich zunächst einmal einen Schnaps."* Ich denke, das können die meisten soweit nachvollziehen.

- Der Punkt 2, ***Verneinung***, ist scheinbar unlogisch, weil wir uns bei diesem Punkt ja sogar oberhalb der ursprünglich wahrgenommenen eigenen Fähigkeiten befinden. Wir schieben uns also nach oben. Das ist ein psychischer Selbstschutz, denn was auch immer da passiert ist, es liegt an allem, nur nicht an uns. Und wenn der Steuerbescheid vom Finanzamt kommt, dann rufen wir unseren Steuerberater an und sagen: *„Das ist Ihre Schuld. Da stimmt etwas nicht. Bitte prüfen Sie das. Das kann nicht sein."* Wenn die Arztdiagnose kommt, verneinen wir das und sagen: „*So schlimm habe ich doch überhaupt nicht gelebt. So viel habe ich nie getrunken. Da stimmt etwas nicht mit den Blutwerten oder es ist genetisch bedingt bei mir, aber es liegt ganz bestimmt nicht an meinem Verhalten.*“ Und auch dass der Partner mit Ihnen Schluss machen will, liegt an allem, nur nicht an Ihnen, denn wegen ihm oder ihr haben Sie Ihr ganzes Leben umgekrempelt, haben Ihr Motorrad verkauft und andere Dinge getan. Und ich hoffe, dass auch dieser Punkt gut nachvollziehbar ist. Wir wollen etwas nicht wahrhaben, also verneinen wir es, schieben die Schuld auf andere und machen uns somit subjektiv in Bezug auf unsere eigenen wahrgenommenen Fähigkeiten sogar noch größer, als wir wirklich sind.

- Der Punkt 3 – ***rationale Einsicht*** –, der kommt dann relativ schnell. Der Steuerberater sagt Ihnen: „*Wenn Sie einmal in Ihren E-Mail-Schriftverkehr hineinschauen – ich hatte Ihnen mitgeteilt, was auf Sie zukommt und hatte Ihnen empfohlen, Rücklagen zu bilden.*“ Wir sehen es ein, leider stimmt das, er hat recht. Der Arzt sagt: „*Wenn Sie sich einmal an die letzten Gespräche erinnern – ich hatte Ihnen den Hinweis gegeben, dass Sie doch Ihre antibiologische Lebensweise etwas besser ausbalancieren sollten, sonst bekommen Sie einmal diesen Schlag. Können Sie sich erinnern?*“ Und wir sagen: „*Leider, ja, ja, ich sehe es ein.*“ Unser Lebenspartner, der vielleicht Schluss machen will, erklärt uns trocken und stumpf: „*Ich habe Dir schon dreimal gesagt: ‚Noch einmal so ein Ding und es ist Schluss.‘ Kannst Du Dich erinnern? Das war jetzt das vierte Mal.*“ Und wir sehen ein, dass es so ist.

Diese Punkte 1 bis 3 können relativ schnell erledigt sein, das kann sehr schnell gehen. Das kann, wenn man das Wissen dazu hat, sogar eine Sache von nur wenigen Minuten sein. Es kann aber auch Wochen dauern. Der Weg von Punkt 3 zu Punkt 4 kann jedoch nicht nur Wochen dauern, der kann auch Monate dauern. Der kann sogar viele Jahre dauern. Es kann ein Leben lang dauern, dass ein Mensch von Punkt 3 zu Punkt 4 unterwegs ist. Ich habe es hier relativ symmetrisch dargestellt, sonst geht es auch nicht mehr auf eine Graphik. Wenn es also von Punkt 3 zu Punkt 4 so lange dauern kann, dann ist auch genau bei diesem Punkt 4 der Schlüssel für unser Leben, also der Schlüssel zur Freiheit.

Und der Schlüssel ist ***emotionale Akzeptanz***, etwas wirklich emotional anzunehmen und zu verarbeiten. Akzeptanz bedeutet Annahme. Annahme bedeutet aber auch, dass es keinen Widerstand mehr gibt. Bis dass ein Mensch etwas emotional wirklich annimmt, so lange drückt er Gefühlsbälle unter Wasser – um bei dem Beispiel mit den Gefühlsbällen zu bleiben. Bis dass ein Mensch die emotionale Akzeptanz erreicht hat, hält er die emotionale Ladung fest. Bis dass ein Mensch die emotionale Akzeptanz wirklich erreicht hat, ist er nicht frei. Er ist gebunden an die Vergangenheit. Die damit verbundenen neuronalen Netzwerke werden immer wieder eingeschaltet. Er wird immer wieder versucht sein, dieselbe Handlung auszuführen, obwohl er das ja gar nicht will. Er kämpft gegen sich selbst. Er muss immer wieder dasselbe denken, obwohl er es nicht denken will. Er muss entweder immer wieder dasselbe tun, obwohl er das gar nicht will, oder er muss fortwährend versuchen, genau das zu verhindern. Er ist süchtig nach Problemen. Ein Mensch, der den Zustand der emotionalen Akzeptanz nicht erreicht hat, ist ein gebundener Mensch, ein chemisches Kopierwerk seiner selbst und seiner eigenen Probleme. Er macht immer wieder den gleichen Fehler, auch wenn es schmerzt. Immerhin ist ihm das vertraut und bekannt. Er leidet.

Wer in einer Angelegenheit die emotionale Akzeptanz nicht erreicht hat, leidet unter dieser Situation. **Leiden ist Widerstand gegen das, was ist.** Dabei ist es vollkommen egal, ob es sich hierbei um körperliches oder um seelisches, also psychisches Leiden handelt. Leiden ist Widerstand gegen das, was ist. Das liegt in der Logik der Dinge. Schlimm sind alle Dinge ja immer nur dann, wenn ich sie gerne anders hätte. Wenn ich sie nicht gerne anders hätte, dann sind sie auch nicht mehr schlimm.

Wenn ich sie gar nicht mehr gerne anders hätte, habe ich auch keinen Widerstand mehr gegen die Situation. Wenn ich keinen Widerstand habe, dann kann ich die Situation annehmen und habe sie damit akzeptiert. Und auf diesen Punkt 4 – emotionale Akzeptanz – müssen wir nochmals separat zurückkommen, um uns anzusehen, wie wir das in der Praxis auch wirklich hinbekommen, denn erst danach können wir frei, klar und entschieden das neue Leben leben, das neue Leben ausstrahlen als Signatur und dann auch neue Ergebnisse erzielen und unsere Macht wirklich annehmen. Erst nachdem ein Mensch diese emotionale Akzeptanz erreicht hat, erst dann schaut er wieder auf und munter nach vorne.

Punkt 5 heißt offiziell: ***probieren***. Dieser Begriff „probieren" ist nur suboptimal. Anstatt „probieren" würde ich es lieber „Mut für Neues haben" nennen. Durch die emotionale Akzeptanz ändert sich etwas in unserem Leben. Wir haben wieder Energie, wir haben Mut aufzuschauen und nach vorne zu gehen. Wir haben die Situation dann integriert und die Angelegenheit zur Erkenntnis gebracht. Irgendwie sind wir ja alle auf dem Weg zur Erkenntnis. Wir sind auf dem Weg, Dinge aus der Vergangenheit zu integrieren. Und woher weiß man nun, ob man etwas wirklich integriert hat? Das ist ganz einfach. Es gibt ja viele Menschen, die sagen: „*Das macht mir gar nichts mehr aus.*" oder „*Das habe ich abgearbeitet.*" Der Einzige, der weiß, ob Sie etwas wirklich integriert haben, sind Sie selbst. Wenn wir etwas integriert haben, dann merken wir das daran, dass wir über die Angelegenheit reden können, und es macht uns wirklich nichts mehr aus.

Ich stelle in meinen Veranstaltungen gerne die folgende Frage: „*Wer ist in seinem Leben noch nie belogen oder betrogen worden? Bitte melden!*" Und noch nie hat sich auch nur eine Person gemeldet. Das bedeutet ja konkret, dass alle irgendwie schon mal belogen und betrogen worden sind. Das tut weh. Und wenn Sie so einen Schmerz wirklich akzeptiert und integriert haben, dann heißt das natürlich nicht, dass das auf einmal in Ordnung ist, dass jemand Sie betrogen hat. Vielleicht gehört er nach wie vor bestraft und ins Gefängnis. Aber es bedeutet, dass

Sie nicht mehr daran gebunden sind. Es bedeutet, dass Sie nicht mehr darunter leiden. Und erst dann können Sie sich Ihren neuen Zielen zuwenden, die Energie in diese Richtung lenken und wahrhaftig frei sein und bereit für Neues.

9.2 – Annahme ist die Lösung

Dieses kleine Kapitel ist in Wahrheit eines der wichtigsten Schlüsselkapitel. Wie Sie in Kapitel 9.1 „Der Weg vom Problem zur Erkenntnis" gelesen haben, ist es bei jeder problembehafteten Angelegenheit wichtig, die emotionale Akzeptanz zu erreichen. Solange wir unseren Teil nicht emotional akzeptiert haben, unterdrücken wir unsere Gefühle, und die emotionale Ladung bleibt erhalten, bleibt gebunden, und auch wir sind dann gebunden. Diese emotionale Ladung schaltet Gedankennetzwerke ein, und wir bleiben, ob wir es wollen oder nicht, in dieser alten Realität gefangen.

Nun geht es also um die Frage: Ja, was gibt es denn eigentlich emotional zu akzeptieren? Damit wir das überhaupt verstehen können, sollten wir uns für die Möglichkeit öffnen, dass wir in Wahrheit etwas anders aussehen, als wir uns für gewöhnlich gegenseitig wahrnehmen. In Wahrheit sind wir ja sehr viel größer, und von diesem größeren Teil von uns ist natürlich das Meiste mit dem bloßen Auge nicht zu sehen, aber dennoch ist er da. Und bei den allermeisten Angelegenheiten, wenn wir Wünsche haben und uns die Mühe machen, Ziele zu entwickeln, gibt es uns in einem gewissen Sinne zweimal.

Da gibt es uns einmal im Geiste als eine Person, die diese Wünsche und Ziele bereits erreicht hat, die sich bereits in der Zielerreichung sieht, groß, stark, schön, sehr strahlend und freudvoll, mit einer tollen Mimik, mit einem wunderbaren, stolzen und klaren Blick, mit einer stolzen Körperhaltung, kraftvoll, perfekt, sich wohlfühlend. Und es gibt eine zweite Person, einen zweiten Teil von uns, der natürlich aus der Vergangenheit kommt und der all das eben nicht ist, der schwach und klein ist, der immer wieder denkt: *„Ich kann das nicht."*, der sich nicht traut und der Minderwertigkeitskomplexe hat und Zweifel, der in Wahrheit ein Versager ist, der Ängste hat, der nicht loslassen kann, der glaubt *„Geld stinkt! Geld verdirbt den Charakter!"*, und der glaubt, er müsste immer hart und viel arbeiten, um viel Geld zu verdienen. Insofern gibt es uns in Bezug auf die meisten Wünsche und Ziele sozusagen zweimal – mindestens. Im Grunde gibt es uns x-mal.

Und es ist logisch, dass die starke Person diese schwache Person in Wahrheit nicht will. Sie will mit dieser schwachen Person, mit diesem schwachen, jämmerlichen Teil von uns, überhaupt nichts zu tun haben. Also sagt sie zu diesem schwachen Teil von uns: *„Verschwinde! Hau ab aus meinem Leben! Ich will Dich nicht haben! Ich will mit Dir nichts mehr zu tun haben. Ich bin traurig über Dich. Ich bin wütend auf Dich. Vielleicht hasse ich Dich, vielleicht aber auch nicht, ich fühle mich Dir ohnmächtig ausgeliefert und total hilflos Dir gegenüber. Auf jeden Fall: Verschwinde!"* Wir können uns das bildhaft so vorstellen, als würden wir von dieser starken Person, von diesem großen Teil von uns, der ja auch um uns herum riesig ist, einen Teil herausschneiden und von uns wegschieben.

Das hat zwei Konsequenzen. Erstens: Wir sind um genau diesen Teil kleiner, weniger und schwächer, also nicht mehr komplett. Zweitens: Dieser von uns abgelehnte Teil, den wir nicht angenommen haben, entwickelt eine starke emotionale Ladung. Er „schreit" (wie ein abgelehntes Kind), weil er sich nach Liebe sehnt. Dadurch werden die diesbezüglichen neuronalen Netzwerke immer wieder eingeschaltet. Und das Ergebnis ist, dass wir wieder genau so denken und handeln, wie wir es in Wahrheit *nicht* wollen. Das ist scheinbar unser Karma oder unser Schicksal. Das ist der Kampf gegen uns selbst.

Die Lösung ist theoretisch ganz einfach: In Wahrheit wissen wir ja, dass wir beides sind, der starke, tolle Teil und auch der schwache Teil. In Wahrheit wissen wir ja, dass das eine Person ist. Und wenn wir auf diesen schwachen Teil von uns wütend sind oder ihn sogar hassen, dann hassen wir uns selbst, dann sind wir auf uns selbst wütend. Dann schwächen wir uns selbst, weil wir einen Teil von uns selbst abspalten und klein machen. In Wahrheit wissen wir: Diese starke Person ist ein von Gott geliebtes Wesen, und auch diese schwache Person ist ein von Gott geliebtes Wesen – nur nicht von *uns*. *Wir* lehnen sie ab. Wir spalten uns also selbst auf. Und die Lösung kann ja nur darin bestehen, hinzugehen und diesen abgespaltenen Teil von uns zu umarmen und uns mit ihm zu vereinigen. Wenn uns das gelingt, entwickelt dieser Teil von uns keine emotionale Ladung mehr, und diese unerwünschten Gedankennetzwerke werden dann erst gar nicht mehr eingeschaltet. Wir wollen gar nicht mehr so denken und handeln wie zuvor, sondern wir sind jetzt frei zu entscheiden und jetzt das Leben zu leben, das wir wirklich leben wollen.

Die Vereinigung

Ja, es ist logisch, dass wir uns vereinigen müssen. Es ist leicht einzusehen, dass dies unsere größte Herausforderung ist, und solange wir diesen Kampf kämpfen, finden wir nie wirklichen Frieden, und solange wir diesen Kampf kämpfen – konkret in dem Teilbereich unseres Ziels –, werden wir unser Ziel nicht wirklich manifestieren können, werden wir noch nicht einmal eine wirkliche Entscheidung treffen können. Und logischerweise können wir dann auch nicht unseren Glauben verändern und unseren Körper und die Psyche und den Geist und auch nicht unsere Ausstrahlung und die Reaktion anderer Menschen. Also können wir auch nicht die Ergebnisse verändern. Das alles wird erst dann möglich, wenn wir hier an diesem Punkt die Vereinigung erreichen, indem wir alle Teile von uns in Liebe annehmen.

Wenn wir uns das abstrakt vorstellen, dann ist es ganz einfach, und dies kann uns helfen, uns die Situation bewusst zu machen. Auch dieser Teil, der dieses komische Verhalten hat, der Angst hat, der unfähig ist, der schüchtern ist und so weiter, auch dieser Teil bin ich. Auch das gehört zu mir. Auch das ist okay. Und ich vergebe diesem Teil von mir für alles, was er in der Vergangenheit getan hat. Ich verzeihe ihm. Auch diesen Teil von mir liebe ich. Liebe heilt, Liebe macht ganz, ganz machen ist Heilung, ganz machen heißt in diesem Falle, diesen Teil, der von mir abgetrennt ist, wieder zu integrieren, wieder ganz zu machen, um dann auch zu erleben, dass ich im Ganzen ruhiger, klarer und stärker geworden bin.

Vollkommene Akzeptanz geht los bei den banalsten Dingen, wie zum Beispiel, mein Alter zu akzeptieren, mein Aussehen zu akzeptieren, meine Körpergröße, mein Körpergewicht, mein Bäuchlein, meine Haare, meine Frisur, meinen Intellekt, meinen Dialekt, meine Herkunft, meine Eltern, meine Vergangenheit – all diese Dinge. Und es gibt sehr viele Dinge, die können wir nicht ändern, und es verursacht lediglich sehr viel unnötiges Leiden, dann Widerstand zu leisten. Wir müssen uns bewusst machen, dass wir einmalig sind, dass wir ein Individuum und unteilbar sind. Das ist das, was uns ausmacht. Wir müssen uns selbst annehmen mit all unseren Ecken und Kanten und auch mit all unseren Macken und unseren Schrulligkeiten und Eigenheiten, die die meisten von uns in irgendeiner Form haben. Wir müssen auch dazu *„Ja!"* sagen: *„Auch das bin ich, auch das gehört zu mir!"* *„Liebe Deinen Nächsten wie Dich selbst!"* bedeutet, sich selbst und andere in Liebe anzunehmen.

Man kann diese Vereinigung auch mit einer kleinen Übung wahrhaftig darstellen. Sie sitzen ja jetzt gerade vermutlich irgendwo, während Sie dieses Buch lesen. Und vielleicht gibt es in dem Raum, in dem Sie sich befinden, auch eine zweite Sitzgelegenheit. Optimal wäre es, für den Zeitraum dieser Übung ungestört zu sein. Und dann können Sie sich Folgendes vorstellen: An diesem Platz, an dem Sie jetzt gerade sitzen, sitzt die Person Ihrer Träume. Stellen Sie sich vor, wie Sie aussehen, wie Ihre Mimik ist, Ihr Lachen, der Blick, der Stolz in Ihren Augen, Ihre wahre Größe – selbst wenn sie für die meisten Menschen mit dem bloßem Auge nicht zu sehen ist, ist es doch klar, dass diese wahre Größe sehr groß und sehr kraftvoll und sehr riesig ist. Und vielleicht können Sie sich sehen mit einer stolzen Körperhaltung, voller Kraft und Energie. Und Sie wissen auch schon, was Sie dann so sagen, wenn Sie ihr Ziel erreicht haben, und wie Sie sich dann fühlen. Und diese Person, das ist die Person, die jetzt gerade da ist, wo Sie sitzen. Diese Person sind *Sie*.

Und vielleicht sind Sie willens, sich jetzt einmal auf einen anderen Platz zu setzen und wirklich einmal bewusst in die Person hineinzuschlüpfen, die Sie *nicht* sein wollen, die all das nicht kann, die sich das nicht traut, die immer wieder denselben Fehler macht, die schwach ist, die glaubt: *„Bei mir klappt das nicht."*, und die auch die Erfahrung gemacht hat, dass es nicht geklappt hat, die vielleicht die Erfahrung gemacht hat: *„Geld ist schlecht."*, die vielleicht die Erfahrung gemacht hat: *„Immer wieder werde ich übervorteilt."*, *„Immer, wenn ich's probiere, haut's nicht hin."*, *„Immer werde ich ausgegrenzt."*, und die die Erfahrung gemacht hat, dass andere sie nicht mögen oder dass sie die Dinge nicht unter Kontrolle hat oder kein Geld besitzt. Und diese Person, die ist viel kleiner und schwächer und auch dunkler in der Ausstrahlung. Vielleicht können Sie ein wenig fühlen, wie sich diese Person fühlt. Sie wissen vielleicht auch, was diese Person sagt und wie sie so redet, denn auch diese Person sind *Sie*. Nun wollen wir Sie nicht quälen – kommen Sie, Sie können jetzt wieder zurück auf den ersten Platz, wo alles gut ist.

Und wenn Sie diese kleine Übung wirklich mitgemacht haben, dann ist vollkommen klar, dass diese starke und tolle Person, die Sie sind, diese schwache und hinderliche Person nicht mag. Und die entscheidende Frage ist – und da bitte ich Sie, jetzt sehr ehrlich zu sein, denn das ist entscheidend: Was haben Sie gegen diese schwache Person? Vielleicht fühlen Sie sich ihr hilflos ausgeliefert. Vielleicht vermittelt sie Ihnen ein Gefühl von Ohnmacht. Vielleicht hassen Sie diese Person sogar. Vielleicht haben Sie Angst vor ihr. Vielleicht sind Sie wütend auf sie. In jedem Fall wollen Sie mit ihr nichts an der Backe haben. *„Verschwinde!"* Bilden Sie sich jetzt wirklich einen Begriff für diese ablehnende Emotion, die sich in Wahrheit gegen Sie selbst richtet. Machen Sie sich diese Emotion jetzt bewusst.

Wenn Sie sich diese Emotion bewusst gemacht haben, dann visualisieren Sie jetzt bitte ein Hindernis zwischen der Person, die Sie jetzt sind, wo Sie gerade sitzen, und dieser schwachen Person an diesem anderen Platz. Dieses Hindernis, das dazwischen steht, ist wahrhaftig diese Emotion, die Sie davon abhält, diesen Teil von sich selbst zu integrieren, zu diesem Teil von sich selbst hinzugehen und ihn wie ein Kind in den Arm zu nehmen und liebzuhaben. Und diese Emotion – Sie sind also beispielsweise wütend auf diese Person beziehungsweise auf diesen Teil von sich selbst –, diese Wut visualisieren Sie jetzt bitte einmal als Hindernis, beispielsweise als Mauer zwischen Ihnen und dieser anderen Person oder als Felsbrocken oder als Kluft oder Eiswand oder Feuerwand oder als Giftwolke. Vielleicht ist diese Person auch eingesperrt in einem Gefängnis mit Mauern, vielleicht mit einem kleinen Gitter zum Rausschauen. Visualisieren Sie diese Wut.

Wenn Sie diesen Teil visualisieren können, dann machen Sie als Nächstes bitte Folgendes – also zunächst lesen, dann machen: Bitte betrachten Sie sich dieses Hindernis, also zum Beispiel diese Mauer, ganz genau. Wie breit ist diese Mauer? Wie hoch ist sie? Wie dick ist sie? Welche Farbe hat sie? Sind die Kanten rund oder eckig, sind sie weich oder hart? Hat diese Mauer eine Struktur? Ist sie aus Steinen gebaut oder aus Beton gegossen? Hat diese Mauer Flecken? Welche Temperatur hat diese Mauer? Wie schwer ist diese Mauer? Wie nehmen Sie diese Mauer gefühlsmäßig wahr? Nehmen Sie sich jetzt Zeit und betrachten Sie sich diese Mauer mit allen Details.

Und wenn Sie sich diese Mauer mit allen Details betrachtet haben, dann machen Sie danach bitte Folgendes: Setzen Sie sich so hin, dass beide Fußsohlen den Boden berühren, und konzentrieren Sie sich nun auf die rechte Fußsohle, und zwar so lange, bis Sie die Fußsohle bewusst spüren. Wenn Sie mit dem Fuß Bewegungen machen, dann geht es etwas leichter. Wenn Sie die rechte Fußsohle ganz deutlich fühlen können, konzentrieren Sie sich ein paar Sekunden auf diese rechte Fußsohle. Danach vergessen Sie die rechte Fußsohle und machen das Gleiche mit der linken Fußsohle. Wenn Sie dann die linke Fußsohle spüren können, nehmen Sie auch dieses Gefühl der linken Fußsohle ein paar

Sekunden bewusst wahr. Danach konzentrieren Sie sich auf beide Fußsohlen gleichzeitig. Wenn Sie beide Fußsohlen gleichzeitig fühlen können, dann visualisieren Sie bitte eine Verbindung zwischen der rechten und der linken Fußsohle – wie ein energetischer Lichtstab. Halten Sie diese Verbindung beider Fußsohlen im Bewusstsein für wenigstens dreißig Sekunden.

Wenn Sie das geschafft haben, schauen Sie im Geiste wieder auf diese Mauer und kontrollieren Sie, ob sich diese Mauer verändert hat, ob sie immer noch die gleichen Größenverhältnisse, die gleiche Breite und Höhe und die gleiche Farbe, Struktur und Beschaffenheit hat. Möglicherweise ist sie schon ein bisschen kleiner geworden. Schauen Sie sich die veränderte Mauer ganz genau an. Danach konzentrieren Sie sich wieder auf die rechte Fußsohle bis Sie sie gut fühlen können. Das geht jetzt schon etwas schneller. Danach machen Sie dasselbe mit dem linken Fuß, dann wieder mit beiden Füßen gleichzeitig, und anschließend stellen Sie wieder die Verbindung zwischen beiden Fußsohlen her.

Und wenn Sie für vielleicht zehn, fünfzehn Sekunden diese Verbindung wirklich auch gefühlt haben, dann konzentrieren Sie sich jetzt bitte auf Ihren rechten Zeigefinger, der irgendwo auf einer Kontaktfläche liegt, sei es auf einem Tisch vor Ihnen oder auf einem Sessel oder auf Ihrem Oberschenkel oder auf der Lehne von dem Stuhl, auf dem Sie sitzen – egal wo und wie Sie gerade sitzen: Bringen Sie Ihren rechten Zeigefinger auf Kontakt. Und jetzt konzentrieren Sie sich auf genau diese Kontaktstelle, indem Sie bewusst fühlen, wie hart, weich, schwer, rau oder glatt sie ist. Wenn Sie das gut fühlen können, machen Sie danach bitte das Gleiche mit der linken Hand, also mit dem linken Zeigefinger. Und sie konzentrieren sich wieder auf die Kontaktstelle – Festigkeit, Rauheit, Glattheit und so weiter.

Wenn Sie das geschafft haben, dann verbinden Sie bitte beide Fingerkuppen miteinander, wie mit einer Lichtleiste, verbunden mit einem energetischen Licht. Und wenn Sie das geschafft haben, nehmen Sie die beiden Fußsohlen hinzu. Beide Fußsohlen sind miteinander verbunden, die beiden Fingerkuppen sind miteinander verbunden, und jetzt verbinden Sie als Nächstes die Füße mit den Fingern und bilden also quasi ein Rechteck, bestehend aus vier Punkten. Wenn Sie schräg sitzen, darf es gerne auch ein Parallelogramm sein. Und jetzt konzentrieren Sie sich für zirka eine Minute auf diese vier Punkte.

Anschließend schauen Sie bitte wieder auf die Mauer. Wenn Sie sich gut konzentriert haben, sollte sie wieder ein Stückchen kleiner geworden sein. Betrachten Sie sich diese kleiner gewordene Mauer wieder ganz genau, und prägen Sie sich die Größe, Farbe, Beschaffenheit und so weiter sehr gut ein. Und dann machen Sie das Gleiche noch einmal – rechte Fußsohle, linke Fußsohle, beide verbinden, rechter Zeigefinger, linker Zeigefinger, Fingerkuppen verbinden und dann alle vier Punkte miteinander verbinden und eine Minute in dieser Achtsamkeit bleiben. Danach schauen Sie wieder auf die Reste der Mauer. Und diese Übung wiederholen Sie so lange, bis die Mauer, die ja Ihre Wut symbolisiert, weg ist. (Siehe dazu auch die praktische Übung mit Jan van Helsing im Interview.)

Bei dem ein oder anderen Leser stellt sich bei diesen Übungen möglicherweise ein zusätzliches Gefühl im Bereich des Brustbeins ein. Das kann ein Gefühl von Wärme, leichter Druck, Kribbeln oder Ähnliches sein. Dieses Gefühl können Sie als gutes Feedback für das Aktivieren der Liebe betrachten. Das Brustbein ist der Bereich, wo wir automatisch mit der Hand hinzeigen oder die Hand hinlegen, wenn wir auf den Sitz der Liebe zeigen. Wenn dieser Bereich aktiviert ist, reicht es aus, wenn Sie die beiden Zeigefinger verbinden und als zusätzlichen dritten Punkt dieses Gefühl auf der Brust in der Achtsamkeit halten. Liebe heilt. Liebe macht ganz. Zuvor waren sie zerteilt. Alles, was wir in unserem Bewusstsein halten und anschließend in diesen Bereich (das Meer der Liebe) bringen, löst sich wie ein Eiswürfel in der heißen Badewanne auf.

Wenn diese Mauer weg ist, können Sie aufstehen und zu dem Platz gehen, wo dieser andere Teil von Ihnen, wo diese schwache Person sitzt. Nehmen Sie sie (auf jeden Fall gedanklich, gerne auch körperlich) in den Arm und vereinigen Sie sich mit ihr, und fühlen Sie bewusst den Frieden, die Ganzheit, die Größe und auch die Stärke, die Sie jetzt durchströmt. Wenn Sie das geschafft haben, dann sind Sie jetzt so weit und können nun die konkrete Entscheidung zu Ihrem Ziel treffen und so aus Ihrem Wunsch ein Ziel machen, denn ein Ziel ist ja ein Wunsch plus Entscheidung. Und dann können wir loslegen mit dem Zielmanifestationsprozess.

Kapitel 10 – Zielmanifestationsprozess

Nachdem Sie die Vereinigung nun hoffentlich erfolgreich durchgeführt haben und auch in Bezug auf Ihr Ziel eine klare Entscheidung getroffen haben, können wir uns nun betrachten, wie der mentale Prozess genau funktioniert und wie Sie dieses Ziel, das ja bis jetzt möglicherweise lediglich auf einem Stück Papier oder als Vorstellung in Ihrem Kopf existiert, nun auch wirklich definitiv in Ihrem Leben manifestieren können. Um das zu erreichen, müssen Sie die folgenden fünf Schritte nacheinander abarbeiten. Diese fünf Punkte, von denen Sie die ersten beiden jetzt theoretisch schon erledigt haben, sind für alle weiteren neuen Ziele, die Sie im Leben haben, jedes Mal wieder abzuarbeiten.

Der erste Schritt besteht darin, das Ziel sachlich zu formulieren. Wenn Sie in Kapitel 7.5 „Zielfindung" die schnelle Aufschreibmethode oder die tabellarische Zielentwicklung durchgeführt haben, dann ist dieser Punkt bereits erledigt, und Sie wissen jetzt ganz genau, was Ihr erstes und gegebenenfalls auch Ihr zweites bedingendes Ziel ist.

Der zweite Schritt zur Zielmanifestation besteht darin, das Ziel im Detail zu beschreiben. Beschreiben Sie Ihr Ziel so genau und detailliert wie nur irgend möglich, während Sie sich dabei an der Struktur der neuronalen Netzwerke orientieren, wie Sie es in Kapitel 7.6 „Zielformulierung" bereits gemacht haben. Beschreiben Sie, was genau das ***Ereignis*** ist, zu welchem exakten ***Zeitpunkt*** dieses Ereignis stattfinden soll und an welchem ***Ort*** es stattfinden soll. Visualisieren Sie diesen Ort in Ihrer Vorstellung ganz genau, und notieren Sie sich dazu zahlreiche Details. Lassen Sie die mit Ihnen emotional verbundenen ***Menschen*** mit ihren entsprechenden Reaktionsmustern antreten, und nehmen Sie als Belohnung ganz bestimmte ***Dinge*** in Empfang. Und das Ganze formulieren Sie so genau wie möglich und berücksichtigen dabei die Wahrnehmung aller fünf Sinne.

Punkt 3: Symbolreinheit schaffen. Bei dem Thema Symbolreinheit handelt es sich um einen unterschätzten Faktor beziehungsweise einen versteckten Erfolgsfaktor, der sehr viel dazu beiträgt, ob Sie Ihr neues Leben machtvoll leben können, oder ob Sie sich eventuell durch falsche Symbole nochmals selbst ein Bein stellen. Nun, was ist ein Symbol? Ein Symbol ist ein Logo, mit dem wir eine ganze Menge an energetischen Informationen verbinden, die auch in uns gewaltige Programme aktivieren. Es gibt Listen, wo Firmenwerte aufgrund des Logos festgelegt werden, und die dazu da sind festzustellen, wie viel ein bestimmtes Logo wert ist. Es gibt Logos, die sehr wertvoll sind. Warum? Weil der Wert eines Logos davon abhängt, wie viel energetische Ladung da hineingeflossen ist. Wie lange konnte dieser Prozess stattfinden? Alte Logos sind also per se schon einmal sehr wertvoll, weil viele Menschen sich das Logo bereits betrachtet und ihre Achtsamkeit hingelenkt haben. Wir wissen ja: Mit der Achtsamkeit lenken wir auch Energie.

Und so gibt es zum Beispiel ein Logo, das so mächtig ist, dass es in Deutschland sogar verboten ist: Die um 45 Grad gedrehte Swastika, die bei uns bekannt ist unter dem Namen Hakenkreuz, dürfen wir nicht verwenden. Es gibt bekannte Logos, wie zum Beispiel das Rote-Kreuz-Logo, die natürlich sofort Kaskaden an Informationen anregen, sei es, dass wir an Hilfsprogramme denken oder auch an Katastrophen oder Blut. Oder nehmen wir das Deutsche-Bank-Logo, ein blaues umrahmendes Quadrat mit einem diagonalen blauen Balken. Das kann man von sehr weit her erkennen. Blau ist eine Geschäftsfarbe, und der diagonale Balken symbolisiert, dass Umsatz und Ertrag nach oben gehen. Jeder weiß sofort Bescheid, und gleichzeitig werden dabei irgendwelche neuronalen Netzwerke aktiviert.

Damit wir das Thema Symbolreinheit besser verstehen können, brauchen wir noch eine zweite Information. Als wir uns intensiv mit der zielgerichteten Wahrnehmung beschäftigt haben, haben wir ja festgestellt, dass wir nur ein sehr kleines Spektrum bewusst sehen, während unserem Sehnerv außerhalb dieses Spektrums Unmengen an Information geliefert werden. Und auch auf diese Informationen reagieren wir unbewusst.

Was bedeutet nun Symbolreinheit? Stellen Sie sich einmal vor, Sie hätten in einem wunderbaren mentalen Prozess, so gut wie er besser nicht sein könnte, morgens perfekt Ihren Tag mental ausgelegt, wie ein Architekt, Sie hätten eine Signatur gegeben und sich morgens gesehen und erlebt, wie Sie stark, vital, kerngesund, reich und erfolgreich an Ihren Lieblingsplätzen leben – alles perfekt! Später am Tag kommen Sie dann in Ihre Wohnung oder Ihr Haus, und Sie sehen im Bücherregal das Buch »Der große Krankheitsratgeber« stehen. Nun, es ist klar, welche neuronalen Netzwerke da angehen, wenn wir so ein Buch sehen – Netzwerke von Krankheit, also *nicht* das Netzwerk, das wir morgens leben wollten, sondern das Gegenteil davon. Das nennt man dann auch Eigensabotage. Oder es liegen in Ihrer Wohnung lauter Medikamentenschächtelchen herum, wodurch die entsprechenden neuronalen Netzwerke aktiviert werden, was die damit verbundene Krankheit aktiviert. Oder Sie schauen auf den Schreibtisch, und Sie sehen einen Stapel unbezahlter Rechnungen, und in Ihrem Regal steht ein Ordner mit der Beschriftung „meine Schulden“.

Und ein anderer hat sich morgens seinen Tag perfekt mental ausgelegt und sich schlank, rank und vital gesehen, hat aber noch ein Bild an der Wand hängen, auf dem er abgebildet ist mit einem ausgeprägten Bauch, den er nicht mehr haben möchte. Und wieder ein anderer kann eine alte Beziehung nicht loslassen und sich nicht so richtig davon frei machen, weil er noch gemeinsame Gegenstände oder Möbel aus dieser gemeinsamen Beziehung zuhause hat. Ein anderer schafft es nicht, positiv zu denken, weil er ständig lauter negative Informationen von anderen Menschen aufnimmt oder von Büchern oder Magazinen, oder weil er Nachrichten hört.

Wie wir uns ja im Zusammenhang mit dem Wirkprinzip der Persönlichkeit bereits betrachtet haben, werden durch unsere Sinne unentwegt neuronale Netzwerke angeworfen. Und das passiert erwiesenermaßen auch mit den Informationen, die wir außerhalb des bewussten Wahrnehmungsspektrums wahrnehmen. Symbolreinheit bedeutet, klar, konsequent und entschieden all das weitestgehend zu eliminieren, was mit unserem neuen Leben nichts zu tun hat und alte Erinnerungen an ein Leben, das wir nicht mehr leben wollen, aktiviert. Es gibt Dinge, die muss man haben. Vielleicht muss jemand Medikamente nehmen. Dann muss er sie eben nehmen, aber er muss sie nicht herumliegen lassen. Er kann sie zum Beispiel in ein neutrales Schächtelchen umsortieren oder sie in eine Schublade tun und die Schublade zumachen, sodass er sie nicht dauernd sieht. Vielleicht hat jemand Verbindlichkeiten und muss die Kontoauszüge dokumentieren. Dann kann er das ja machen und sie abheften, in einen Schrank tun und den Schrank zu machen, sodass er sie nicht ständig sieht.

Halten Sie sich rein! Geisteshygiene ist in dieser Hinsicht so wichtig wie Körperhygiene. Man muss auch nicht unbedingt einen Fernseher haben, und wenn man einen haben will, dann gehört zur Geisteshygiene die bewusste Entscheidung, welche Informationen man aufnehmen möchte. Also passen Sie auf, dass Sie nicht unbewusst und unreflektiert das Ding laufen lassen und sich selbst sabotieren – *„Bad news are good news!“*, weiß die Medienwelt, da kommt nicht viel Gutes. Und das können Sie auf alle anderen Lebensbereiche übertragen.

Kurzum: All das, was dem neuen Leben entgegensteht – und damit der Zielmanifestation im Wege, weil es unerwünschte neuronale Netzwerke aktiviert –, sollten Sie weitestgehend beseitigen, sodass Sie diese Informationen nicht mehr ständig über Ihre fünf Sinne aufnehmen müssen. Wenn neuronale Netzwerke jedoch durch Symbole so gut aktiviert werden, auch im unbewussten Bereich, dann ist logisch, dass man diesen Effekt „Symbolreinheit“ auch bewusst nutzen und damit Positives schaffen kann. Und der ein oder andere kennt in diesem Zusammenhang den Begriff „Zielcollage“. Eine Zielcollage ist optimalerweise ein gebasteltes Bild, das dieses neue Leben darstellt, also unser Ziel. Durch das eigene Basteln ist das Bild sehr emotional und hat eine starke

Wirkung. Wer nicht gut basteln kann, der kann das Bild auch malen. Auch durch den Akt des Malens kommt eine starke Emotion hinein. Wer es mit dem Malen auch nicht so hat, für den gibt es auch wunderschöne Apps, mit denen man so etwas umsetzen kann.

Abb. 6: Beispiel für eine „Zielcollage“, auch „Vision Board“ genannt. Wir platzieren auf einem Blatt Papier oder einem Karton Fotos, Zeichnungen und Texte, die für unsere Ziele stehen. Durch tägliches betrachten (auch im unbewussten Wahrnehmungsbereich) werden die neuronalen Netzwerke automatisch aktiviert und emotional befeuert, sodass wir jetzt schon zu der Person werden, die wir später sein wollen.

Und das Charmante einer Zielcollage ist, dass dieses Bild, dieses Poster oder auch Plakat, nicht zwingend im bewussten Wahrnehmungsbereich liegen oder hängen muss, sondern es kann auch rechts oder links davon im unbewussten Wahrnehmungsbereich sein, idealerweise an dem Platz, wo wir uns am häufigsten aufhalten. So werden automatisch immer wieder die entsprechenden neuronalen Netzwerke aktiviert, die neuronalen Schaltkreise verfestigen sich, die Energie kommt immer stärker hinein, und der Automatismus, dementsprechend zu denken und auch dementsprechend zu handeln, wird immer stärker. Unsere ganze Ausstrahlung ändert sich und wird stärker, sodass wir immer mehr auch Diesbezügliches ausstrahlen. Es ist absolut sinnvoll, mit so etwas zu arbeiten. Alternativ beziehungsweise zusätzlich können wir auch Modellautos, Schlüsselanhänger oder andere Gegenstände, die unser Ziel und unser neues Leben repräsentieren, in unserem Wahrnehmungsbereich positionieren, zum Beispiel eine Feder, die Leichtigkeit symbolisiert (federleicht), und so weiter. Der Kreativität sind hier keine Grenzen gesetzt.

Punkt 4: Es sein. Hier handelt es sich sicherlich um einen der entscheidendsten Schritte auf dem Weg zur Zielmanifestation, um definitiv unser Leben, unsere Realität, zu verändern. „Es sein" bedeutet, eine kraftvolle Signatur zu sich selbst und nach außen zu geben. Eine solche Signatur kann, wie wir ja bereits wissen, nur dann entstehen, wenn Denken und Fühlen gleich sind, wenn wir also definitiv kohärent sind. Indirekt hat Richard Bach diesen Prozess wunderbar in seinem phantastischen Büchlein *„Die Möwe Jonathan"* beschrieben. Und eine der Kernaussagen dieses Buches ist: *„Du musst schon da sein, bevor Du angekommen bist."* Wir müssen *es* also heute schon *sein*. Heute sprechen wir im NLP (Neuro-Linguistisches Programmieren) von einem sogenannten „Modelling of Excellence". Das leitet sich ab von einem „Moment of Excellence". Nun, wir haben in unserem Leben hoffentlich viele exzellente Momente erlebt. Das waren alles Momente, in denen wir absolut kohärent waren, da waren Denken und Fühlen wirklich gleich. Das konnte nur intensiv geschehen. Das war vielleicht für den ein oder anderen, das erste Mal verliebt zu sein, das erste Mal ein Erlebnis auf sexueller Ebene, das erste Mal ein gigantischer Erfolg bei einem Wettbewerb oder das erste Mal von einem Zehn-Meter-Brett zu springen, wo wir wirklich ganz intensiv dabei sind, wo sich dieses Erlebnis mit allen fünf Sinnen tief in die Seele einprägt. Das sind Momente, die wir nie vergessen. Das sind „Moments of Excellence". Und so etwas zu designen in der Zukunft, frei und kreativ, und dieses bereits zu erleben, bis die emotionale

Ladung geschieht, das heißt, die Hormonausschüttung kommt, dieses vorzuerleben ist eine Variante des „Modelling of Excellence“.

Um das Ganze noch etwas besser verständlich zu machen, bekommen Sie jetzt an dieser Stelle noch einen kleinen Crashkurs in „Mentalem Training“: Simplifiziert lässt sich der Mensch darstellen wie ein Eisberg, von dem ja nur zirka ein Sechstel aus der Wasseroberfläche herausschaut. Das Meiste ist also unter der Wasseroberfläche. Sigmund Freud nannte seinerzeit diesen großen Teil unter der Wasseroberfläche „Unterbewusstsein“. Der kleine Teil oberhalb der Wasseroberfläche ist das Oberbewusstsein. Anders ausgedrückt: Das, was oben herausguckt, ist das Denken, und was unter der Wasseroberfläche ist, das Fühlen – Denken und Fühlen, Worte und Körpersprache, Kopf und Bauch. Wir sprechen heute auch von einem unteren System, einem superschnellen System S1, das gigantisch schnell ist, und einem langsameren System S2. Diese beiden Systeme auch vom Tempo her zu verstehen, ist in allen Kommunikationsbereichen ganz wichtig.

Hier in diesem Kapitel geht es jetzt um die Frage: Wie bekommen wir das, was wir uns ausgedacht und zum Themenbereich „Ziele“ auf ein Blatt Papier geschrieben haben, in unser Unterbewusstsein integriert? Wie geht nun der Prozess, diese kraftvolle Signatur zu erschaffen? Diese Fragen lassen sich mit einer einfachen Gegenfrage beantworten: Welche Sprache spricht denn das Unterbewusstsein? Nun, es spricht sicherlich kein Spanisch, kein Englisch und kein Deutsch. In Wahrheit „spricht“ es lediglich Schwingungsfrequenzen einer Emotion, wir könnten also sagen: „Gefühlerisch“. Kann denn nicht auch zum Beispiel aus der deutschen Sprache einfach so ein Gefühl entstehen? Ja und auch gleichzeitig Nein. Wir wissen aus dem Kommunikationsbereich, dass aus einem Wort ein Bild entsteht und aus einem Bild ein Gefühl, und Gefühle sind eine Aufforderung zum Handeln. Das haben Sie bereits an anderer Stelle gelesen. Und für unser Unterbewusstsein lasse ich noch gelten, dass wir sagen: Es spricht in Wahrheit „Gefühlerisch“

und „Bilderisch“. Es versteht also auch Bilder, die es dann in Gefühle umsetzt. Manche Menschen haben Schwierigkeiten, sich etwas vorzustellen, aber sie können es definitiv fühlen. Das ist dann auch okay. Jetzt müssen wir etwas aufpassen. Die Schwierigkeit für uns liegt nämlich darin, dass zwar generell aus einem Wort ein Bild entsteht, aber eben nicht aus jedem. Zu Negationen gibt es keine Bilder. Stellen Sie sich bitte ein „Kein“ vor oder ein „Nicht“. Das wird schwierig. Wenn es zu Negationen keine Bilder gibt, bedeutet das in der Praxis, dass wir in der Regel immer dann, wenn wir etwas nicht wollen, genau das Gegenteil davon erreichen werden.

Nehmen wir den Klassiker: Wenn Sie gerade eine Tür schließen wollen und dabei den Satz *„Knall die Tür nicht zu!“* hören, dann entsteht aus diesem *„Knall die Tür“* ein Bild. Dann kommt das Wort *„nicht“*, dazu entsteht kein Bild, und bei *„zu“* entsteht wieder ein Bild. Wenn Sie also den Satz *„Knall die Tür nicht zu!“* hören, entsteht natürlich in Ihrem Kopf sofort das Bild einer zuknallenden Tür. Dieses Bild einer zuknallenden Tür wird umgesetzt zu Schwingungsfrequenzen einer Emotion und geht als elektrochemisches Signal bis zu den Muskeln, und wir kennen das Ergebnis, nämlich dass die Tür regelrecht laut in den Türrahmen kracht.

Wenn jemand den Satz sagt: *„Hoffentlich habe ich bald keine Schulden mehr.“*, dann sagt er in Wahrheit zu seinem Unterbewusstsein: *„Hoffentlich habe ich bald Schulden mehr.“* Oder nehmen wir den Satz *„Hoffentlich werde ich nicht wieder geblitzt.“* – ganz tückisch! Sie haben weiter oben in dem Abschnitt über „Symbolreinheit“ gelesen, dass wir ein bewusstes und ein unbewusstes Wahrnehmungsspektrum haben. Und wenn Sie sich sagen oder auch nur denken: *„Hoffentlich werde ich nicht wieder geblitzt.“*, was ja für unser Unterbewusstsein bedeutet: *„Hoffentlich werde ich wieder geblitzt.“*, dann wird Folgendes passieren: Möglicherweise fahren Sie hochkonzentriert, die Augen auf die Straße geheftet, aber im unbewussten Wahrnehmungsspektrum hat Ihr Unterbewusstsein längst einen Blitzer entdeckt, und während Sie sich diesem

Blitzer nähern, wird dieser Befehl *„Hoffentlich werde ich wieder geblitzt."* umgesetzt, und Ihr Gas-Fuß wird einen kleinen Rucker nach vorne machen, genau im richtigen Augenblick. Die Worte, die uns dann entgleiten, kennen wir, und das Ergebnis kennen wir auch. *„Ausgerechnet an dieser Stelle"*, sagen wir dann, *„habe ich auch noch aufs Gas gedrückt."* Das ist natürlich kein Wunder, wenn wir selbst das so programmiert haben.

Also, halten wir an dieser Stelle fest: Es ist sehr tückisch, etwas *nicht* zu wollen, und viele Menschen formulieren ihre Wünsche falsch. Ein kleiner Tipp am Rande: Wenn Sie wissen, was Sie *nicht* möchten, dann wissen Sie in der Regel auch, *was* Sie möchten, nämlich das genaue Gegenteil davon. Fahren Sie also doch lieber sicher, achtsam, konzentriert und regelgerecht, machen Sie doch die Tür lieber leise zu, und formulieren Sie von vorneherein das, was Sie wollen, und nicht das, was Sie *nicht* wollen. Unser Unterbewusstsein versteht Bilder und Emotionen, mit der Sprache ist es da so eine Sache. Wer mehr über eine zielgerichtete Ausdrucksweise lernen möchte, dem empfehle ich das Buch »Sprachmagie – Die Macht der Worte« von Anya Stössel, das sich sehr intensiv mit dieser Thematik beschäftigt.

Vielleicht ist unter den Lesern der ein oder andere, der aktuell Schmerzen hat, einseitig, also zum Beispiel an der rechten Schulter oder am rechten oder linken Ellenbogen oder am Handgelenk oder wo auch immer. Und falls Sie so einen bewegungseinschränkenden Schmerz verspüren, dann können Sie jetzt ein Experiment machen. Schätzen Sie jetzt bitte einmal ein, wie stark dieser Schmerz ist, wenn Sie die entsprechende schmerzende Bewegung machen, beispielsweise mit Ihrer rechten Schulter. Wenn Sie jetzt also zum Beispiel an der rechten Schulter einen Bewegungsschmerz verspüren, dann können Sie nun Folgendes tun: Machen Sie Ihre Lieblingsmusik an und stellen Sie sich vor einen Spiegel. Bewegen Sie sich wunderschön vor dem Spiegel, vielleicht tanzen Sie sogar im Rhythmus der Musik. Betrachten Sie sich dabei lächelnd im Spiegel und machen Sie nun mit der linken Schulter genau die

Bewegungen, die Sie mit der rechten Schulter zur Zeit nicht schmerzfrei machen können und die Ihnen weh tun würden. Machen Sie diese Übung ein ganzes Lied lang und lesen Sie bitte erst danach weiter. Und wenn Sie das jetzt wirklich alles so gemacht haben, dann werden Sie möglicherweise feststellen, dass Sie jetzt schon eine Erleichterung an dieser schmerzhaften Stelle spüren. Wenn vorher also die rechte Schulter wehgetan hat, und Sie haben diese Übung mit der linken Schulter durchgeführt, dann können Sie feststellen, dass die rechte Schulter sich jetzt etwas besser bewegen lässt.

Nun, das wird in den Kliniken praktiziert, dort gibt es extra Geräte dafür. Das ist also ein bekanntes Verfahren, das beim Heilungsprozess hilft, welches ich hier jedoch nur deshalb anführe, weil es auf Folgendem fußt: Dadurch, dass Ihr Gehirn nicht spiegelbildlich differenzieren kann, haben Sie Ihrem Frontallappen, Ihrem Stirnlappen, das Bild einer funktionsfähigen beweglichen Schulter vermittelt. Gleichzeitig haben Sie dabei gespürt, dass es sich gut anfühlt. In dem Moment haben Sie eine kraftvolle Signatur nach innen und außen geliefert, und diese Signatur verändert die Realität, wie Sie sofort an sich selbst merken können, wenn Sie es konzentriert gemacht haben. Bei denjenigen, bei denen das nicht funktioniert, funktioniert es deswegen nicht, weil sie diese Übung machen, um sich von einem Schmerz zu befreien. Dann, das wissen Sie bereits, sind Sie auf Schmerz fokussiert und kämpfen gegen etwas, und wenn wir gegen etwas kämpfen, das kennen wir auch schon, dann erhalten wir genau das. Deswegen ist es wichtig, so etwas spielerisch durchzuführen und nicht hinterher zu kontrollieren, ob es geklappt hat oder nicht, sondern einfach die Übung zu beenden, und gut ist es. Und das Ganze machen Sie dann vielleicht so drei- bis fünfmal auf zwei Tage verteilt, und dann sollte sich der Zustand Ihrer Schulter deutlich verbessert haben.

Es gibt heute bildgebende Verfahren, mit denen wir dem Gehirn beim Denken quasi schon fast zuschauen können, denn wir haben die moderne Quantenmechanik. Im Jahre 2005 wurden in der Zeitschrift

»Psychologie heute« Aufnahmen von einem Versuch veröffentlicht, bei dem man Menschen in einen Computertomographen gelegt und ihnen ein Bild gezeigt hatte. Auf dem Monitor zeigte sich, welche Bereiche im Kopf jetzt beim Betrachten dieses Bildes aktiv waren. In einem weiteren Experiment sollten die Probanden sich lediglich an das Bild erinnern, es sich also nur geistig vorstellen. Und bis auf minimale Abweichungen führte dies zu den gleichen Ergebnissen. Das bedeutet: **Wenn wir wirklich in der Lage sind, uns etwas geistig vorzustellen, dann wird es für uns so real, dass unser Körper darauf hormonell reagiert.** Woher wissen wir das? Wir wissen es, weil wir es merken. Wir spüren das. Wir spüren das wunderbare Gefühl. Und in diesem Augenblick *sind* wir *es*. Und in diesem Augenblick strahlen wir nach innen und außen dieses neue Sein aus.

Das ist es, was wir machen wollen. Das hat bereits im dreizehnten Jahrhundert der in meinen Augen größte aller Mentaltrainer auf den Punkt gebracht. Das war Meister Eckhart, ein Mystiker und Mönch, der diese Angelegenheit bereits zu dieser Zeit präzise beschrieben hat, ohne dass er über bildgebende Verfahren oder Quantenmechanik-Wissen verfügte. Er sagte: *„Wenn die Seele etwas erleben möchte, wirft sie das Bild dieser Erfahrung vor sich und fährt dann in das eigene Bild hinein.“* Wenn wir etwas erleben möchten, dann sollten wir also, bevor wir es live erleben, einfach das Bild mit einer dazugehörigen Erfahrung „vor uns werfen“. Und in dem Augenblick, in dem wir es spüren, ist unser Unterbewusstsein beauftragt, und die Signatur geht auch überall mit hin.

Wie machen Sie das in der Praxis? Optimalerweise suchen Sie sich einen ungestörten Platz. Der optimale Zeitpunkt, um diesen mentalen Prozess zu vollziehen, ist am frühen Morgen. Zu diesem Zeitpunkt sind wir noch nicht im Geiste durcheinandergewirbelt durch die vielen Informationen und Eindrücke, die im Laufe des Tages auf uns einströmen. Wir booten ja quasi jeden Morgen wieder neu hoch, und bevor wir uns durch irgendwelche Fremdeinflüsse beeinflussen lassen, sollten wir uns doch besser erst einmal selbst beeinflussen. Also, machen Sie es sich jetzt bequem, aber bitte nicht im Bett, denn dann würde eines Ihrer neuronalen Netzwerke angehen und Sie zum Schlafen verleiten. Suchen Sie sich einen entspannten Platz aus. Und an diesem Platz entspannen Sie sich und führen den mentalen Prozess des „Es seins“ durch, den Sie am Ende dieses Kapitels als Meditationsanleitung ausführlich beschrieben finden.

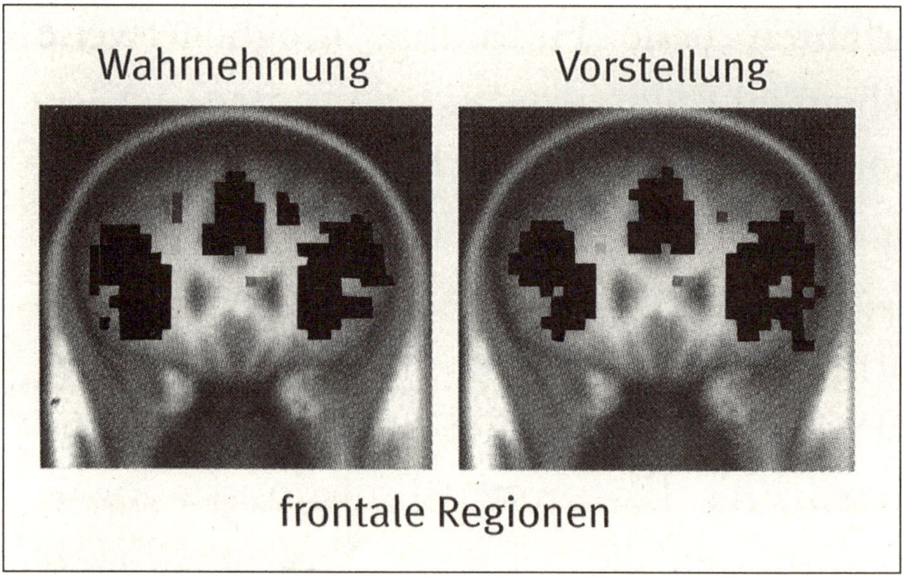

Abb. 7: Unser Frontallappen kann nicht erkennen, ob wir ein Ereignis wirklich mit unseren Augen in der Realität gesehen haben oder ob es nur in unserer Vorstellung vorhanden ist. Das zeigte sich auf Aufnahmen mit einem Computertomographen.

Punkt 5: Loslassen und im Jetzt bleibend zum Alltag zurückkehren.
Dieser fünfte Schritt ist sehr entscheidend für Ihr neues Leben. Wer jetzt nicht loslassen kann, der wird auch nicht sein neues Leben leben können, der wird sein Ziel nicht erreichen. Das klingt jetzt zunächst etwas paradox – wir wollen etwas, und wir sollen es gleichzeitig loslassen. Wie können wir das verstehen? Der Mensch bekommt nicht das, was er will, sondern das, was er wirklich glaubt! Wenn Sie den ganzen

Manifestationsprozess durchgeführt haben, einschließlich des „Es seins“ in der Praxis, dann haben Sie quasi eine gigantische E-Mail geschrieben – sozusagen eine Auftragserteilung – mit einer emotionalen Videodatei als Anhang. Nun, jetzt muss man so eine E-Mail nach dem Schreiben aber auch absenden – und da hapert es bei vielen. Dieses Absenden geschieht von alleine, wenn wir diese Angelegenheit nicht krampfhaft festhalten, also bei uns halten. Sobald wir das Ganze wirklich von uns selbst loslassen, dann geht es weg, nach außen, nach innen, wirklich als vollkommene Signatur.

Die Metapher dabei ist die des Bogenschützens. Der Bogenschütze visiert die Zielscheibe an, er zielt, aber er hält jetzt den Pfeil nicht fest, sondern lässt ihn fliegen. Er wartet auch nicht, bis er vor lauter Verkrampfung den Abschuss zerreißt. Er lässt den Pfeil fliegen. Er spannt den Bogen nicht noch fester an – dann ist er zerbrochen. Und er ist vor allen Dingen nicht so blöd und läuft mitsamt Pfeil und Bogen bis zur Zielscheibe und steckt ihn dann hinein. Das machen nur Menschen, die nicht loslassen können. Man kann also auch ohne loszulassen irgendwann sein Ziel treffen, im Schweiße seines Angesichtes, ein Bogenschütze macht das allerdings nicht.

Wenn Sie nicht loslassen, dann kann das ja nur daran liegen, dass Sie dieser Angelegenheit nicht so ganz vertrauen. Wenn Sie ständig wieder nachtelefonieren, ständig nachkontrollieren, dann kann der einzige Grund dafür nur darin liegen, dass Sie dieser Angelegenheit nicht ganz vertrauen. Dieses Nicht-loslassen-können beweist fehlendes Vertrauen. Und fehlendes Vertrauen ist gleichzusetzen mit fehlendem Glauben. Und Sie bekommen eben nicht das, was Sie gerne hätten, sondern das, was Sie wirklich glauben. Und solange Sie glauben: *„Das funktioniert nicht wirklich.“*, wird sich genau das in Ihrem Leben bewahrheiten. So kann man auch die Weisheit erklären, die da lautet: *„Alles, was ein Mensch festhält, das verliert er!“* – sei es der Partner oder sei es Geld –, weil wir damit fehlendes Vertrauen beweisen und nicht unseren Glauben steigern.

Wenn wir jetzt eingesehen haben, dass wir loslassen sollten, dann ist die Frage: Wie machen wir das denn mit dem Loslassen? Wir wissen ja bereits, dass die Energie der Achtsamkeit folgt, also kann ich nicht einfach loslassen, indem ich sage: *„Ich will das jetzt gar nicht mehr beachten.“*, denn im selben Augenblick beachte ich es ja schon wieder. Das geht also nicht. Wir können nicht proaktiv loslassen. Wenn wir das eine nicht mehr haben wollen, dann müssen wir proaktiv woanders hin. Das heißt also: Wenn ich wirklich loslassen will, dann muss ich aktiv woanders hin. Es gibt, wie Sie bereits gelesen haben, in unserem Leben ja immer nur ein „Hin zu“. Wir kommen immer nur irgendwo hin.

Ja, und es gibt einen Platz, zu dem wir hinkommen können, wo wir überhaupt gar keine Probleme haben, und das ist der Platz im Hier und Jetzt – im Jetzt sein, im Jetzt leben. Und wenn wir das fertigbringen, nach dem kraftvollen Manifestationsprozess den Rest der Zeit im Jetzt zu sein, dann haben wir nicht nur alles richtig gemacht und kraftvoll etwas bewirkt, sondern wir haben auch keinerlei Probleme, denn jetzt gerade haben Sie wahrscheinlich kein Problem, genau jetzt nicht. Es ist noch nie vorgekommen, dass einer mir geantwortet hat: *„Ja, ich habe genau jetzt ein Problem.“* Wenn ich in einem Coaching provokativ frage: *„Haben Sie jetzt gerade ein Problem?“*, dann ist die Antwort: *„Jetzt gerade nicht, aber dann und dann.“* Wenn dann dieser Zeitpunkt *„dann und dann“* gekommen ist, ist der Zustand vielleicht nicht unbedingt schön, aber kein Problem.

Probleme haben wir nur außerhalb des Jetzt. Die werden von unserem Verstand erzeugt, der übrigens das Leben im Jetzt hasst wie die Pest. Er hat über dieses Jetzt keine Kontrolle. Der Verstand wird ja aktiviert durch Netzwerke, durch energetische Ladung. Das bedeutet, dass unser Verstand aus der Vergangenheit heraus agiert. Er konstruiert aus der Vergangenheit heraus die Zukunft und schlägt sozusagen aus der Vergangenheit eine Brücke in die Zukunft. Das führt dazu, dass die meisten Menschen dieselben Fehler immer wieder wiederholen, auch wenn sie wissen oder ahnen, dass es schmerzt und dass es unangenehm ist – es ist immerhin bekannt. Ansonsten müssten wir die Komfortzone verlassen.

Im Jetzt gibt es keine Probleme. Im Jetzt ist auch die Energie am höchsten. Und Sie haben bereits gelesen, dass Energiemangel zu Depression führt. Und das bedeutet, dass Energieerhöhung zu Freude führt, was ja jeder von sich selbst kennt. Wenn man voller Energie ist, dann ist man freudvoll. Wenn jemand glücklich und freudvoll ist, dann ist er immer voller Energie. Und wenn jemand traurig und depressiv ist, dann ist er ohne Energie und schwach. Im Jetzt zu sein, erhöht also die Energie und damit auch die Freude.

Viele kennen diese weisen Sprüche aus der Zen-Philosophie, von denen ich an dieser Stelle gerne einige zitieren möchte: „*Vor der Erleuchtung heißt es Holz hacken und Wasser holen. Nach der Erleuchtung heißt es Holz hacken und Wasser holen.*" Es geht nicht darum, etwas zu erreichen, sondern etwas zu sein und zu tun. Es geht um Achtsamkeit. Da wird der Meister gefragt: „*Meister, was ist das Geheimnis des Glücks?*" Und der alte Meister sagt: „*Wenn ich stehe, dann stehe ich. Wenn ich gehe, dann gehe ich. Wenn ich sitze, dann sitze ich. Wenn ich esse, dann esse ich. Wenn ich arbeite, dann arbeite ich.*" Da sagt der Fragende: „*Das tu ich doch auch.*" Der Meister entgegnet: „*Nein, wenn Du stehst, dann sitzt Du schon. Und wenn Du sitzt, dann isst Du schon, wenn Du isst, dann arbeitest Du schon.*" Wir sind häufig bei dem, was wir tun, nicht achtsam und nicht bei der Sache, schon das Nächste tuend. Ein anderer Meister antwortet auf die Frage nach dem Geheimnis des Glücks: „*Wenn wir es fertigbringen, jede Sekunde mit allen fünf Sinnen, mit Sehen, Hören, Riechen, Schmecken und Fühlen, auszuquetschen wie eine Tomate, hätten wir das maximale Maß an Lebens- und Glückserfüllung.*" Das ist logisch. Wenn wir achtsam sind, ist die Energie hoch, dann sind wir bei uns, und dann geht auch die Freude hoch.

Wenn Sie mögen, können Sie ein kleines Experiment machen: Erinnern Sie sich zunächst einmal an irgendeine problembehaftete Situation in Ihrem Leben. Erinnern Sie sich an sie. Denken Sie an diese unangenehme Sache. Vielleicht wälzen Sie sie im Kopf etwas hin und her und erlauben sich, dass Sie das vielleicht auch etwas runterzieht, und wenn Sie sich das – wir wollen es nicht übertreiben – einige Sekunden so betrachtet haben, dann machen Sie etwas anderes. Halten Sie Ihre rechte Hand vors Gesicht und betrachten Sie einmal mit allen Details Ihre Hand. Vielleicht haben Sie sie noch nie so bewusst betrachtet. Wie sieht sie eigentlich aus, meine Hand? Welcher Finger ist eigentlich der zweitlängste? Gibt es Narben, Flecken, Härchen, jede Menge Rillen? Fingernägel und Nagelbett, wie sieht das genau aus? Und vielleicht können Sie parallel in diese Hand hineinfühlen und das Leben, das pulsierende Leben dieser Hand, auch wahrnehmen. Wenn Sie es definitiv fertigbringen, die Hand absolut bewusst zu betrachten und gleichzeitig zu fühlen, dann haben Sie den Anker geworfen und sind im Jetzt. Und was ist jetzt mit Ihrem Problem? Vermutlich sagen Sie jetzt: *„Ich habe es vergessen. Ich habe jetzt kein Problem.“* Sie haben jetzt kein Problem, weil Sie jetzt im Jetzt sind. Probleme haben wir außerhalb des Jetzt.

Nun, dieses Thema wäre ein Buch für sich wert, und es gibt einige Autoren, die hervorragende Literatur geschrieben haben zum Leben im Jetzt und auch zu Achtsamkeitstrainings, deswegen möchte ich an dieser Stelle nur ein paar wenige Impulse geben. Um ins Jetzt zu kommen, damit wir wissen, wo wir hinwollen mit der Achtsamkeit, damit wir überhaupt loslassen können, empfiehlt sich Folgendes: Zum einen, dass wir wieder anfangen, bewusst unsere Sinne einzusetzen, also bewusst wahrzunehmen, was wir gerade im Moment sehen, hören, riechen, schmecken und fühlen. Dabei ist es wichtig, detailverliebt zu sein. Viele haben immer nur ein grobes Bild vorm geistigen Auge. Achten Sie auf Details, auf die Feinheiten. Und das zwingt Sie, im Jetzt zu sein. Und wenn wir wenigstens einen oder besser noch zwei Sinne bewusst parallel einsetzen, können wir nicht mehr woanders sein als im Jetzt. Der Anker ist geworfen, und je mehr Sinne wir einsetzen, desto kürzer ist die Ankerkette und desto mehr zwingt uns das, im Jetzt zu sein.

Eine andere gute Übung wäre, Dinge an sich selbst zu beobachten, die völlig von alleine geschehen. Ein Klassiker ist dabei die Atmung, also die Atmung zu beobachten, ohne sie dabei zu manipulieren, und einfach zu beobachten, wie der Atem hineingeht und wieder herausgeht, mit der Aufmerksamkeit dem Atem folgend. Oder Sie beobachten die Augenlider. Da baut sich eine Spannung auf. Und wenn diese Spannung einen gewissen Pegel erreicht hat, ist es, als würde ein Schalter umgelegt, und wir blinzeln mit den Augenlidern. Beobachten Sie dies mit Ihrer vollen Aufmerksamkeit. Wann ist genügend Spannung da? Wann blinzeln Sie? Oder Sie können mit der Zunge über den Rand der Zähne und Ihr Zahnfleisch gehen und genau erfühlen, wie sich das anfühlt. Und es gibt viele Gelegenheiten, bei denen wir die Möglichkeit haben, so etwas zu üben, sodass es Ihnen nie wieder langweilig werden sollte. Anstatt sich selbst abzulenken mit irgendwelchen sinnlosen Dingen, lenken Sie sich *hin* zu sich – nicht *fort* von sich, sondern *hin* zu sich –, um jede Chance, wo Sie etwas Zeit haben, zu nutzen, um sich selbst zu sich selbst hin zu lenken. Da gehört die Achtsamkeit hin. Da gehört die Energie hin.

Und mein bester Tipp ist folgender, und das ist für mich persönlich auch mein Maßstab, nach dem ich mich bemühe, den Tag zu gestalten, nämlich: ***„Tue das, was Du tust, in der bestmöglichsten Qualität, ohne Dich um das Ergebnis zu sorgen.“*** Wenn Sie sich bereits um das Ergebnis sorgen, während Sie etwas tun, sind Sie schon nicht mehr im Jetzt, und die Qualität leidet darunter. Tun Sie das, was Sie tun, nicht so gut wie *nötig*, sondern tun Sie das, was Sie tun, immer so gut wie *möglich*. Viele glauben, dass sie unnütz Energie verbrauchen, wenn sie etwas so gut wie *möglich* tun, dabei ist das Gegenteil der Fall. Wenn wir etwas nur so gut wie *nötig* machen, dann stehen wir auf der Bremse. Wir machen es nicht gut. Wir machen es nicht mit Freude. Wenn wir etwas jedoch machen, so gut wir können, dann sind wir dabei im Jetzt. Dabei ist immer Energie. Dabei ist immer Freude. Dabei haben wir immer Qualität, und das Schöne ist: Wir haben uns indirekt wunderbar daran gehindert, zu grübeln, festzuhalten oder nicht loslassen zu können. Und wenn wir diese Schritte alle tun, dann *sind* wir *es*, dann haben wir unser Ziel in uns gebracht und gleichzeitig als Signatur nach außen gegeben. **Man kann nicht manifestieren, was man will. Man kann nur das manifestieren, was bereits in einem ist.**

Meditation – Es sein

Um den Zielmanifestationsprozess noch etwas zu vertiefen und Ihnen dabei zu helfen, Ihre Ziele auch wirklich zu erreichen, habe ich für Sie eine kleine Meditation vorbereitet. Ich möchte Sie bitten, sich diese Meditation entweder von einer Person Ihres Vertrauens ganz langsam vorlesen zu lassen oder sie selbst laut vorzulesen und dabei aufzunehmen, sodass Sie sich die Meditation dann anschließend in Ruhe anhören und auf sich wirken lassen können. Gegenüber der eigenen Stimme oder der Stimme einer absolut vertrauenswürdigen Person hat unser Unterbewusstsein keinen Widerstand. Für die Meditation habe ich ausnahmsweise die Du-Form als Anredeform gewählt, weil wir hier die Tiefen des Unterbewusstseins berühren wollen und diese Anredeform dafür eindeutig besser geeignet ist.

Da die Lebenssituation bei jedem Leser verschieden ist, habe ich den mittleren Teil der Meditation, in dem es um die mit Ihnen emotional verbundenen Menschen geht, kursiv dargestellt und die jeweiligen emotional verbundenen Menschen optisch hervorgehoben, sodass Sie diese beim Vorlesen beziehungsweise Aufnehmen leicht erkennen und dann jeweils auswählen können, was auf Sie zutrifft. Wenn Sie zum Beispiel keinen Lebenspartner haben, dann lassen sie den entsprechenden Abschnitt einfach weg, und wenn Sie einen Lebenspartner haben, dann lesen Sie ihn mit. Wenn Sie eine Lebenspartner*in* haben, dann lesen Sie stattdessen den nächsten Abschnitt. Wenn Sie keine Kinder haben, lassen sie auch diesen Abschnitt einfach weg. Sollten Sie ein Kind haben oder sogar mehrere, dann lesen Sie bitte auch hier den passenden Abschnitt. Das Gleiche gilt für Eltern beziehungsweise Geschwister und Berufskollegen. Wählen Sie für Ihre ganz persönliche Meditation all jene Abschnitte aus, die auf Sie und Ihre Lebenssituation zutreffen, sodass Sie am Ende Ihre ganz eigene und auf Sie persönlich zugeschnittene Meditation haben.

Bitte lesen Sie den Text langsam und deutlich und machen Sie nach jedem Absatz eine kleine Pause, sodass Sie Zeit haben, Dinge zu visualisieren, sich einzufühlen und die Energie deutlich zu spüren. Für den Fall, dass das Datum, an dem Sie Ihr Ziel erreichen wollen, einige Jahre in der Zukunft liegt, berücksichtigen Sie bitte beim Visualisieren der Kinder auch das entsprechende Alter der Kinder in dem Moment der Zielerreichung, da das Ziel ja zeitlich in der Zukunft liegt und Ihre Kinder eventuell von Kleinkindern zu jungen Erwachsenen herangewachsen sind. Und nun freuen Sie sich darauf, den Moment zu erleben, an dem Sie endlich Ihr Ziel erreichen:

Finde eine gemütliche Sitzgelegenheit und mache es Dir dort bequem. Sitze möglichst aufrecht und so, dass beide Fußsohlen den Boden berühren. Atme einige Male tief ein und aus. Atme tief durch Deine Nase ein – atme tief ein, bis tief in den Bauch hinein –, und atme dann ganz entspannt durch den Mund wieder aus. Spüre, wie Du innerlich zur Ruhe kommst. Wenn Du möchtest, kannst Du jetzt Deine Augen schließen, ganz locker, sodass die Augenlider sich ganz weich berühren. Die Augenlider liegen ganz locker aufeinander. Atme durch die Nase ein – bis tief in den Bauch hinein – und dann ganz entspannt durch den Mund wieder aus. Finde Deinen eigenen Atemrhythmus.

Während Du einatmest, riechst Du die Luft, wie sie jetzt gerade riecht in dem Raum, in dem Du jetzt bist. Atme riechend ein, bis tief in den Bauch hinein, und atme dann ganz weich durch den Mund wieder aus. Du atmest ganz tief durch die Nase in den Bauch und dann ganz weich durch den Mund wieder aus – riechend durch die Nase in den Bauch einatmen und ganz weich durch den Mund ausatmen. Beim Ausatmen kannst Du loslassen. Beim Ausatmen kannst

Du alles fallen lassen. Beim Ausatmen versinkst Du tiefer und tiefer in Dich selbst. Atme in Deinem ureigenen Atemrhythmus.
Lenke nun Deine Aufmerksamkeit auf Deine Nase. Spüre Deine Nase und fühle, wie sie in diesen Raum, in dem Du Dich jetzt gerade befindest, hineindrückt, und wie dieser Raum etwas zurückdrückt gegen Deine Nase. Versuche, den Raum um Deine Nase herum wahrzunehmen und auch die Energie dort wahrzunehmen.
Lenke nun Deine Aufmerksamkeit auf den Raum in Deinen Nasenlöchern. Spüre beim Einatmen die Energie in Deinen Nasenlöchern. Spüre diese Energie nicht nur in den Nasenlöchern, sondern fühle, wie sie immer weiter nach hinten zieht, durch die Nasenhöhlen, Nasennebenhöhlen, Kiefernhöhlen, immer weiter nach hinten bis tief in Deinen Kopf hinein. Atme weiter tief ein und aus.
Wandere nun mit Deiner Aufmerksamkeit zu Deinem Mundraum, zu Deinem Gaumen. Spüre die Energie in Deinem Gaumen, oberhalb der Zunge, und wie sie nach hinten wandert bis hin zum Hals. Du kannst die Energie dort deutlich wahrnehmen. Es ist die gleiche Energie, die auch um Deine Ohren fließt und über Deinen Ohren und zwischen den Augen und unmittelbar vor Deiner Stirn und um Deinen ganzen Kopf herum.
Die Energie, die um Deinen Kopf herum fließt, ist dieselbe Energie, die in Deinem Kopf ist. Wenn die Energie in Deinem Kopf und um Deinen Kopf herum dieselbe Energie ist – sie also innen und außen gleich ist –, dann ist alles, was dazwischen ist, gar nicht mehr so wichtig. Das Feste wird unwichtig.
Spüre die Energie in Deinem Kopfbereich und atme dabei tief ein und aus. Lasse nun diese Energie wie einen Mantel nach unten fallen, über Deine Schultern, Deine Oberarme, Deine Unterarme – auch die sind dick mit Energie umhüllt – und auch die Hände. Der Brustkorb, der Bauch und der Rücken – der ganze Oberkörper ist dick mit Energie umhüllt, ebenso das Becken und das Gesäß. Auch die Oberschenkel sind dick umhüllt mit Energie, und die Unterschenkel und auch Deine Füße.

Lenke nun Deine Aufmerksamkeit auf Deine Füße. Spüre Deine Fußsohlen und wie sie den Boden unter Deinen Füßen berühren. Es kann sein, dass Du die eine Fußsohle deutlicher spüren kannst als die andere. Das ist absolut in Ordnung. Fühle Deine Fußsohlen und atme weiter tief ein und aus. Nach einer Weile kannst Du beide Fußsohlen deutlich spüren. Dein Herz ist nun weit offen. Du bist ganz bei Dir. Spüre die Energie.

Denke nun an Dein Ziel, das Du schon so lange erreichen willst. Stelle Dir nun bildlich vor, wie Du Dein Ziel jetzt in diesem Augenblick erreichst und wie Du jetzt aussiehst, nachdem Du dieses Ziel erreicht hast. Wie fühlst Du Dich? Wie ist Deine Energie? Wie ist Deine Mimik? Und Du kannst jetzt ganz dezent auch wirklich diese Mimik einnehmen, weil Du Dein Ziel endlich erreicht hast. Wie ist Dein Blick? Wie ist die Strahlkraft Deiner Augen? Betrachte Dir für eine Weile, wie stark Du geworden bist. Du bist voller Kraft und Energie und denkst voller Erleichterung: *„Endlich habe ich es geschafft!“*

Und Du denkst an das Datum. Du kannst dieses Datum wie in Laufschrift vor Deinem geistigen Auge vorbeilaufen lassen. Wähle eine für Dich angenehme Farbe und lasse das Datum in Laufschrift vor Deinem geistigen Auge vorbeilaufen. Diese Laufschrift prägt sich tief in Dein Unterbewusstsein ein.

Schaue Dir nun ganz genau den Ort an, an dem Du soeben Dein Ziel erreicht hast. Betrachte Dir diesen Ort ganz genau. Ist es ein Raum oder bist Du in freier Natur? Was siehst Du? Wenn Du geradeaus schaust, welche Details fallen Dir auf? Bist Du draußen und von Natur umgeben und siehst einen Baum oder eine Blume? Oder siehst Du einen Gegenstand in einem Raum? Wie sind die Lichtverhältnisse? Wie ist die Temperatur? Was hast Du unter Deinen Füßen? Ist da Teppichboden, Steinboden oder Naturboden? Fühle es. Was ist über Dir? Blauer Himmel? Bäume? Oder eine Decke? Lampen? Welche Details kannst Du erkennen, wenn Du nach links schaust?

Was fällt Dir auf? Und welche Details siehst Du, wenn Du nach rechts schaust? Präge Dir alles ein! Nimm ganz genau die Details wahr, nicht nur mit den Augen, sondern mit allen fünf Sinnen. Wie fühlst Du Dich an diesem Ort? Welche Empfindungen kannst Du wahrnehmen? Atme tief ein und aus und genieße es, an diesem Ort zu sein – an diesem Ort, an dem Du Dein Ziel endlich erreicht hast. Genieße die Energie!

Mit einem Mal kommen Deine liebsten Menschen zu Dir. Sie alle kommen auf Dich zu gelaufen.
Deine besten Freunde kommen auf Dich zu und fallen Dir in die Arme. Sie gratulieren Dir – jeder auf seine für ihn typische Art und Weise. Sie freuen sich mit Dir, dass Du Dein Ziel nun endlich erreicht hast. Sie wissen genau, wie sehr Du Dir das gewünscht hast und wie viel es Dir bedeutet, dass Du es nun endlich geschafft hast. Sie sind voller Stolz und Anerkennung und sind gekommen, um mit Dir zu feiern. Atme tief ein und aus und genieße diesen Moment der Freude!

Dein ***Lebenspartner*** *kommt auf Dich zu, schaut Dir tief in die Augen und gibt Dir einen liebevollen Kuss. Er nimmt Dich in den Arm und drückt Dich ganz fest. Er hat sich extra für Dich besonders schön gemacht. Wie ist er gekleidet? Wie sieht er aus? Wie ist die Mimik, der Blick seiner Augen? Schau ihm tief in die Augen! Spüre die Liebe und den Stolz und die Anerkennung, die er für Dich empfindet. Was sagt er zu Dir? Was macht er? Erlebe es und spüre die Wärme und die Liebe, die er Dir schenkt! Atme tief ein und aus. Atme diese Liebe tief ein und lasse sie durch Deinen ganzen Körper strömen. Genieße die Liebe, die in diesem Augenblick Dein ganzes Sein durchströmt!*
Deine ***Lebenspartnerin*** *kommt auf Dich zu, schaut Dir tief in die Augen und gibt Dir einen liebevollen Kuss. Sie nimmt Dich in den Arm und drückt Dich ganz fest. Sie hat sich extra für Dich besonders schön gemacht. Wie ist sie gekleidet? Wie sieht sie aus? Wie ist die Mimik, der*

Blick ihrer Augen? Schau ihr tief in die Augen! Spüre die Liebe und den Stolz und die Anerkennung, die sie für Dich empfindet. Was sagt sie zu Dir? Was macht sie? Erlebe es und spüre die Wärme und die Liebe, die sie Dir schenkt! Atme tief ein und aus. Atme diese Liebe tief ein und lasse sie durch Deinen ganzen Körper strömen. Genieße die Liebe, die in diesem Augenblick Dein ganzes Sein durchströmt!

Auch **Deine Kinder** *kommen nacheinander auf Dich zu und bringen auf ihre ganz eigene und für sie typische Art ihren Stolz und ihre Freude zum Ausdruck. Vielleicht wissen sie gar nicht genau, worum es geht, aber sie sehen, wie glücklich Du bist und dass Du etwas ganz Besonderes erreicht haben musst, wenn Du so vor Freude strahlst, und sie freuen sich mit Dir.*

Auch **Dein Sohn** *kommt angelaufen und bringt auf seine ganz eigene und typische Art und Weise seinen Stolz und seine Freude zum Ausdruck. Vielleicht weiß er gar nicht genau, worum es geht, aber er sieht und spürt, wie glücklich Du bist und dass Du etwas ganz Besonderes erreicht haben musst, wenn Du so vor Freude strahlst, und er freut sich mit Dir.*

Auch **Deine Tochter** *kommt angelaufen und bringt auf ihre ganz eigene und typische Art und Weise ihren Stolz und ihre Freude zum Ausdruck. Vielleicht weiß sie gar nicht genau, worum es geht, aber sie sieht und spürt, wie glücklich Du bist und dass Du etwas ganz Besonderes erreicht haben musst, wenn Du so vor Freude strahlst, und sie freut sich mit Dir.*

Dein **Vater** *kommt stolz lächelnd auf Dich zu. Was sagt der Papa? Wie sieht er aus? Wie schaut er? Was macht er? Ist das ein redenschwingender Papa oder einer, der einfach die Hand auf die Schulter legt und schweigend nickt? Spüre den Stolz und die Anerkennung!*

Deine **Mutter** *kommt zu Dir und nimmt Dich ganz fest in den Arm – die liebe Mama! Schau ihr in die Augen. Sie liebt Dich. Fühle, wie sie sich mit Dir freut. Du weißt, wie sie aussieht. Vielleicht weißt Du sogar, wie die Mama riecht. Wenn Du in ihre Augen schaust, siehst Du*

die Liebe und den Stolz. Vielleicht sind sie etwas glänzend und halten Tränen der Freude und der Rührung zurück.
*Auch Deine **Geschwister** sind da. Auch sie sind gekommen, um sich mit Dir zu freuen, und Du spürst ihren Stolz und die Anerkennung und ihre Bewunderung.*
*Auch Deine **Schwester** ist da. Auch sie ist gekommen, um sich mit Dir zu freuen, und Du spürst ihren Stolz und die Anerkennung und ihre Bewunderung.*
*Auch Dein **Bruder** ist da. Auch er ist gekommen, um sich mit Dir zu freuen, und Du spürst seinen Stolz und seine Anerkennung und seine Bewunderung.*
*Und auch Deine wichtigsten **Berufskollegen** sind gekommen. Vielleicht hörst Du sie reden. Sie freuen sich mit Dir über Deinen Erfolg und haben Dir sogar kleine Geschenke mitgebracht. Sie umarmen Dich und lachen mit Dir.*

Du stehst im Mittelpunkt. Alle Deine Lieben sind da. Sie sind gekommen, um sich mit Dir zu freuen. Sie lieben Dich und sind stolz auf Dich. Schau sie Dir alle an. Schau, wie sie lachen. Schau in ihre Gesichter. Sieh ihnen in die Augen. Lass Dich auf sie ein. Spüre die Anerkennung und ihre Bewunderung. Spüre die Freude! Alle sind da, um sich mit Dir zu freuen, stolz auf Dich zu sein, mit Dir zu feiern, mit Dir zu lachen, mit Dir Spaß zu haben und um Dir Energie zu geben. Und Du spürst diese Energie. Genieße es!

Und mit Deinem Ziel ist auch eine Belohnung verbunden. Betrachte Dir jetzt Deine Belohnung.
Vielleicht kannst Du sehen, wie Du nun endlich Deine Ausbildung anfängst oder wie Du jetzt Dein Abenteuer startest oder Deine lang ersehnte Reise beginnst. Vielleicht stehst Du auf der Reling eines Kreuzfahrtschiffes. Vielleicht kannst Du die Brandung hören. Spüre den Wind, während Du die salzhaltige Luft einatmest.

Oder Du siehst, wie Du Dein neues Haus oder Deine neue Wohnung beziehst. Berühre den Baum, der vor dem Haus steht. Spüre den Schlüssel in Deiner Hand und schließe die Türe auf. Du kannst hören, wie das Schloss aufgeht. Was siehst Du als Erstes, wenn Du die Türe öffnest? Berühre ein Möbelstück. Berühre die Wände und betrachte Dir alle Räume ganz genau.
Oder vielleicht siehst Du, wie Du Dein Traumauto in Empfang nimmst. Spüre, wie sich das Lenkrad anfühlt. Du steckst den Schlüssel ins Zündschloss und hörst voller Freude das kraftvolle Brummen des Motors.
Das, was Du Dir jetzt gönnst, betrachte es Dir ganz genau. Betrachte Dir Details davon und berühre die Dinge um Dich herum. Nimm so viele Details wahr wie möglich. Höre, was es zu hören gibt. Wie fühlst Du Dich, wenn Du Dir Deine Belohnung nun ansiehst? Spüre die Freude! Genieße es!

Lenke Deine Aufmerksamkeit jetzt noch einmal auf Dein Ziel, das Du heute nun endlich erreicht hast. Mache Dir noch einmal den Moment bewusst, in dem Dir klar wurde: *„Jetzt habe ich es geschafft! Ich habe mein Ziel wirklich erreicht! Endlich habe ich es geschafft!“* Wie fühlst Du Dich? Wie siehst Du aus? Was strahlst Du aus? Wie ist Deine Mimik? Wie ist Dein Blick? Spüre, wie glücklich Du bist über diesen Riesenerfolg.
Betrachte Dir noch einmal diesen Ort, an dem es passiert ist, diesen Ort, an dem Du Dein lang ersehntes Ziel endlich erreicht hast. Nimm die Schönheit dieses Ortes wahr. Lasse das Datum nochmals in Laufschrift vor Deinem geistigen Auge vorbeilaufen. Und an diesem Ort sind Deine lieben Menschen. Alle sind da nur wegen Dir. Genieße es! Du stehst im Mittelpunkt. Genieße die Anerkennung, die Liebe, die Energie und die Verbundenheit. Betrachte Dir noch einmal Deine Belohnung, die mit Deinem Ziel in Verbindung steht. Genieße den Augenblick! Fühle die Glückseligkeit! Spüre, wie zufrieden Du bist. Sei es.

Wenn Du möchtest, kannst Du noch eine Weile in diesem Zustand verweilen und Dir noch mal alle Details gut einprägen.
Beende die Meditation, wenn Du selbst es willst. Wenn Du sie beenden möchtest, atmest Du dreimal tief ein und aus. Beim dritten Einatmen öffnest Du Deine Augen und orientierst Dich wieder genau an dem Platz, an dem Du jetzt gerade bist.
Schenke der Welt Dein schönstes Lächeln und spüre die tiefe Freude in Dir, denn Du weißt: Du hast gewählt, Du hast die Signatur ausgesandt und Dein Ziel ist dabei, sich zu manifestieren.

Kapitel 11 – Glaube im erweiterten Sinn

Bevor wir zur Praxis übergehen, möchte ich gerne noch einige zusätzliche Informationen zu diesem Themenbereich mit Ihnen teilen. Wie bereits erwähnt, geht es hier in diesem Buch nicht um eine Anleitung, wie wir mit irgendeiner Methode die Apotheose erlangen, also die Gottwerdung des Menschen. Dieser Aufgabe widmen sich viele Mysterienschulen. Ein gläubiger und gottesfürchtiger Christ wird sich zurecht die Frage stellen, wo denn Gott bei dieser Angelegenheit zu finden ist und nach dem Willen seines Herrn fragen, bevor er die Lebensgesetze zur Veränderung seines Lebens anwendet. Steigen wir deshalb noch etwas tiefer in die Thematik des Glaubens ein. Obwohl es sich um ein jahrtausendealtes Thema handelt, bleibt der Begriff in der praktischen Erfahrung meist nebulös. *„Der Glaube versetzt Berge.“*, heißt es und: *„Wenn wir es zweifelsfrei glauben könnten, dann könnten wir auch über das Wasser gehen.“* Nun, ich denke die wenigsten Leser werden diese Phänomene real beobachtet haben.

In diesem Zusammenhang wird auch gerne das Gesetz der Anziehung zitiert und auf quantenmechanische Effekte verwiesen mit der Behauptung, die Quantenmechanik könne das genau erklären. Mir ist bis jetzt noch von niemandem eine stimmige, in der Praxis nachweisbare Erklärung geliefert worden. Die Quantenmechanik erklärt viel, und vieles lässt sich pauschal mit der Verwendung dieses Begriffes „erklären“. Wer hat die Quantenmechanik denn schon bis in die letzten Winkel erkannt und verstanden? Dennoch gibt es klassische Phänomene. Das Internet ist voll davon.

In der Quantenmechanik gibt es das berühmte Doppelspaltexperiment: Wenn man Materieteilchen durch einen Spalt schießt, dann treffen diese auf einer Projektionsfläche analog zu dem Spalt auf. Schießt man sie durch zwei Spalte (Doppelspalt), dann treffen sie auch analog zu den Spalten (also doppelt) auf. Macht man das Gleiche mit Lichtwellen, so ergeben sich Interferenzmuster, welche sich auf der Projektionsfläche abbilden (also zum Beispiel 8 statt 2 Spalte als Abbildung). Das liegt daran, dass sich die Wellen mehrmals kreuzen und sich damit gegenseitig beeinflussen, was bei Wellen völlig normal ist. Materieteilchen bilden also analoge Muster zu den Spalten (gleich viele Spalte als Abbildungen auf der Projektionsfläche) und Lichtwellen ein Interferenzmuster (zum Beispiel 8 Spalte als Abbildungen auf der Projektionsfläche, obwohl es sich nur um zwei Spalte handelt).

Wenn man Elektronen durch einen Spalt schießt, so bildet sich dieser Spalt analog auf der Projektionsfläche ab. Schießt man jedoch diese winzigen Elektronen durch zwei Spalte, so bildet sich ein Interferenzmuster. Das Ergebnis ist eindeutig. Diese Elektronen verhalten sich wie Wellen. Will man jedoch diesen Effekt messen beziehungsweise genau beobachten, dann verhalten sich diese Elektronen wieder wie Materieteilchen (Welle-Teilchen-Dualismus).

Das bedeutet: **Materie ist sowohl Materie als auch Welle!** Weiterhin verhält sich ein Materieteilchen unter Beobachtung wie Materie. Man könnte sogar sagen, dass Wellen (unsichtbar) durch Beobachtung (mentale Vorstellung) zu lokalisierbaren Materieteilchen werden (sichtbar). Das erweckt natürlich jetzt den Eindruck, dass wir Gott spielen könnten und durch mentale Projektion einfach so etwas aus dem Nichts heraus erschaffen.

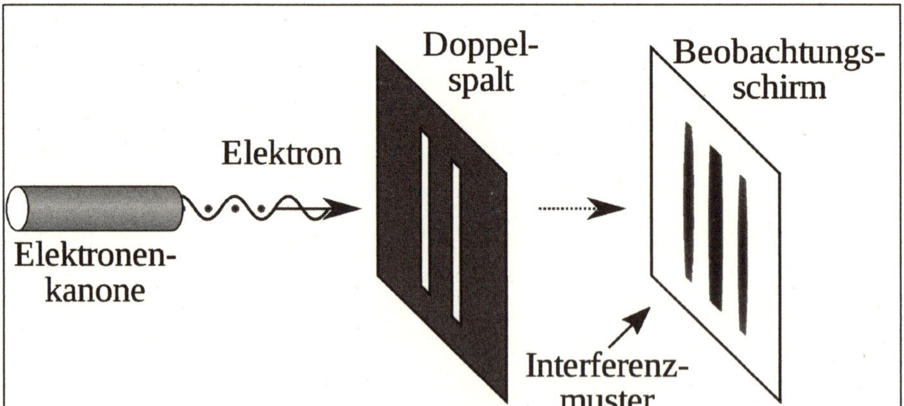

Abb. 8: Das Doppelspaltexperiment

Nun, die Praxis zeigt auch hier, dass es offensichtlich nicht ganz so einfach ist. Im Welle-Teilchen-Dualismus ergibt sich mathematisch eine unglaubliche Vielzahl an Möglichkeiten (Superpositionen). Manche Menschen bezeichnen diese Superpositionen auch als das Meer aller Möglichkeiten, als Nullpunktfeld oder als die große Leere, manche setzen es sogar mit dem Gravitationsfeld gleich. Das wiederum ergibt die Schwierigkeit der konkreten Wahl, wenn wir allein an die Vielzahl der Informationen im Internet denken, die so viele sind, dass es mittlerweile Menschen gibt, die behaupten, dass Sie mit etwas recht haben, weil sie dort so viele ihre Meinung bestätigende Informationen gefunden haben, dass sie meinen, dass diese nach mathematischer Wahrscheinlichkeitsrechnung wahr sein müsse. Allerdings passiert natürlich genau dasselbe, wenn man nach Informationen sucht, die die gegenteilige Meinung bestätigen... Insofern stehen wir bei der Suche nach der richtigen Wahl wieder allein da, es sei denn, wir wenden uns der Wahrheit in unserem Inneren zu. Da unsere Gefühle sehr trügerisch sind, bleibt uns nur noch übrig, die Wahrheit durch göttliche Inspiration zu erfahren.

Im Grunde ist dieses „Erschaffen aus dem Nichts heraus" nichts anderes als eine Wahl aus dem Feld der Superpositionen, die alle miteinander in Verbindung stehen. In der Praxis wählen wir aus dem Bereich der Möglichkeiten durch eine konkrete Entscheidung, die ja, wie wir wissen, unseren Glauben bestimmt. **Der Glaube wählt also!** Wenn jedoch der Glaube wählt, dann erschafft er nichts, sondern er wählt etwas aus, was als Möglichkeit bereits vorhanden sein muss. Achtung: Diese Möglichkeit kommt aus der Vergangenheit! Diese Möglichkeit muss bereits vorhanden sein. Vielleicht wurde sie durch jemand anderen erschaffen, aber sie muss potenziell vorhanden sein.

Wo finden wir noch Informationen zum Thema Glauben? Logischerweise in der Bibel. Das ganze Buch ist voll davon. Normalerweise wehre ich mich dagegen, einzelne Bibelstellen herauszupicken und wie Sprüche aus Glückskeksen zu verwenden. Das ist hier nicht der Sinn.

Wie Sie in Kapitel 5.1 gelesen haben, können wir den Glauben wie einen zusätzlichen Sinn verstehen, der analog, wie zum Beispiel beim Sehen, Äußeres in unser Inneres bringt – also auch hier etwas, was bereits vorhanden ist. Unser Glaube bezieht sich also auf etwas, was bereits da ist. Damit bezieht sich der Glaube jedoch zweifelsfrei auf die Vergangenheit und nicht auf die Zukunft! Der christliche Glaube betrifft immer vollbrachte Tatsachen. Alles, was sich auf morgen bezieht, ist kein Glaube, sondern etwas, was man erhofft.

Dazu zitiere ich eine wahre Geschichte: Ein Evangelist hatte zwei Mitarbeiter: einen Bruder und seine Schwester. Beide waren kurzsichtig und benötigten eine Brille. Unterwegs auf einem Schiff betete die Schwester zu Jesus Christus: *„Herr, Du hast den Blinden geheilt. Kannst Du nicht das Gleiche auch an mir tun? Es ist für mich sehr störend, mit dieser Brille in den Dörfern umherzugehen und zu predigen. Herr, heile mich.“* Nach ihrem Gebet wusste sie, dass Gott ihre Bitte erhört hatte. **Sie besaß den Glauben, dass sie geheilt wurde, weshalb sie ihre Brille in den Fluss warf, und daraufhin wurden ihre Augen geheilt.**

Der Bruder, der auch kurzsichtig war, meinte: *„Gott hat die Augen meiner Schwester geheilt. Ich glaube, dass er für mich das Gleiche tun wird.“* Der Evangelist erwiderte: *„Du sagtest, dass Gott Dich heilen **wird**.* (Das betrifft die Zukunft.) *Dies beweist aber, dass Du den Glauben noch nicht hast.“* Nach zwei Tagen war auch der Bruder auf dem Schiff. Auch er nahm seine Brille ab und warf sie ins Wasser. Einen Monat später hatten seine Augen sich immer noch nicht gebessert.

Wenn wir denken, dass etwas in der Zukunft besser werden soll, dann verlegen wir unseren Glauben in die Zukunft. Das ist kein echter Glaube! Die Schwester war fest davon überzeugt, dass Gott ihre Heilung schon vollbracht hatte. Das ist für den wahren Glauben notwendig. Das gleiche Prinzip gilt auch für unsere Errettung. Wir brauchen nicht darauf zu hoffen, dass Gott uns erretten wird. Wir brauchen nur zu glauben, dass Jesus Christus für unsere Sünden den Sühntod bereits bezahlt hat und Gott uns, wenn wir das im Glauben annehmen, ohne Sünde sieht und wir bereits errettet sind.

In der Bibel gibt es noch einen anderen Abschnitt über den Glauben: *„Darum sage ich Euch: Alles, um was Ihr auch betet und bittet, glaubt, dass Ihr es schon empfangen habt, und es wird Euch werden."* (Markus 11,24) Es ist ein Glaube daran, bereits empfangen zu haben, und nicht ein Hoffen auf empfangen. **Wer glaubt, dass er empfangen hat, hat bereits empfangen!**

Eine der berühmten Geschichten aus dem Neuen Testament ist die Geschichte der Totenauferweckung des Lazarus, die in diversen Mysterienschulen nachgespielt wird. Lazarus war bereits seit vier Tagen gestorben und roch schon. Ich zitiere Johannes ab Kapitel 11,41: *„…Sie nahmen nun den Stein weg. Jesus aber hob seine Augen empor und sprach:* ***‚Vater, ich danke Dir, dass Du mich erhört hast. Ich aber wusste, dass Du mich allezeit erhörest.*** *Doch um der Volksmenge willen, die umhersteht, habe ich es gesagt, damit sie glauben, dass Du mich gesandt hast.' Und als er dies gesagt hatte, rief er mit lauter Stimme: ‚LAZARUS, KOMM HERAUS!' Und der Verstorbene kam heraus, an Füßen und Händen mit Grabtüchern gebunden, und sein Gesicht war mit einem Schweißtuch umbunden. Jesus sprach zu ihnen: ‚Macht ihn los und lasst ihn gehen.'"*

Zu dieser Gegebenheit ließe sich sehr vieles sagen. Worauf es mir ankommt: Jesus Christus dankte seinem Vater, ***bevor*** die Realität folgte. Das bedeutet: Er sah eine vorhandene Realität. Er sah die Vergangenheit. Glaube betrifft die Vergangenheit. Den Spruch *„Werdet wie die Kinder!"* zu kennen, ist sehr hilfreich. Ein kindlicher Glaube zweifelt nicht. Kindergedanken sind ohne Vorder-, Hinter- oder Nebengedanken.

Nun, im christlichen Glauben ist die Angelegenheit einfach und klar. Es geht um die Errettung der Seele, das ewige Leben und die Gewissheit, nicht mehr gerichtet zu werden und nicht in die Hölle, sondern in den Himmel zu kommen. Dieser Glaube kann sich nur auf das in der Vergangenheit vollbrachte Werk durch Jesus Christus am Kreuz auf Golgatha beziehen.

Was ist nun mit der Quantenmechanik? Es ist zweifelsfrei so, dass wir gemäß unserem Glauben in der Welt der Superpositionen (aus dem Meer der Möglichkeiten) etwas wählen, was wiederum mit allen anderen Möglichkeiten in Verbindung steht. Aber wir sind nicht in der Lage, aus dem Nichts zu erschaffen. In diesem Buch geht es darum, die Gesetzmäßigkeiten kennenzulernen und richtig anzuwenden. Wenn jemand zum Beispiel bittet, dass sich zukünftig sein Gesundheitszustand verbessern soll, dann betrifft es die Zukunft. Wenn er dann noch viele Nahrungsergänzungsmittel kauft und schluckt, dann beweist er damit lediglich seinen aktuellen Glauben, nämlich dass sein augenblicklicher Gesundheitszustand nicht gut ist. Und dann kann er so viel schlucken, wie er will, es wird ihm trotzdem nach seinem Glauben geschehen.

Geistige Gesetze gelten für geistige Dinge. Newtons physikalische Gesetzmäßigkeiten gelten für die festen Dinge, also Längen, Massen, Geschwindigkeiten und so weiter. Ebenso gibt es auch zwei verschiedene Arten von Zeit. Es gibt das Nacheinander der Dinge, die in der chronologischen Zeit gemessen und angegeben werden, das als „Chronos“ bezeichnet wird. Es gibt aber auch die Gleichzeitigkeit aller Dinge, welche als die „Zeit Gottes“ bezeichnet wird, und die heißt „Kairos“. Seneca sagte, dass wir in jedem Augenblick, in dem wir vollkommen im Jetzt sind, ein Stück der Ewigkeit berühren. Das ist sehr wichtig im Bereich des Manifestierens.

Da unser Denken im Normalfall im Nacheinander der Dinge verhaftet ist, können wir uns eine Kairos-Zeit nicht gut vorstellen. Dennoch möchte ich auch hier ein Beispiel anführen, da manche Menschen der Meinung sind, dass Kairos die Zeit des günstigen Augenblickes sei, bei dem ganz einfach die Vergangenheit abgeschnitten wäre. Das ist so nicht korrekt. Stellen Sie sich einen langen Tisch vor. Auf diesem Tisch befindet sich ein sehr kleiner Wagen, auf dem Sie geboren werden und auf dem Sie sich wiederum von dem einen Ende bis zum anderen Ende des Wagens bewegen (von der Geburt bis zum Tod). Der Wagen jedoch bewegt sich unaufhörlich von dem einen Ende bis zum anderen Ende des langen Tisches (vom Anfang bis zum Ende der Zeit). Wir sehen lediglich auf dem klitzekleinen Wagen das Nacheinander der Dinge. Gott jedoch würde von oben auf den ganzen Tisch schauen. Das ist die Bedeutung der Zeit Kairos. Für Ihn ist alles gleichzeitig, während wir in Vergangenheit und Zukunft denken. Insofern gab es schon immer Menschen, die Antworten von Gott erhalten haben, als wäre etwas schon geschehen. Josua erhielt von Gott vor der Schlacht die Antwort, dass Gott die Feinde bereits in seine Hand gegeben hat. Für Gott war die Angelegenheit längst erledigt. Er konnte zu Josua in der Vergangenheitsform reden. Insofern sind die Zeitangaben von berühmten „Sehern" nicht so leicht zu bestimmen. Hierzu müssen wir dann genau die Umstände betrachten.

Bezogen auf die Thematik des Glaubens bedeutet das, dass unser Glaube sich auf geistige Dinge und damit auf bereits feststehende Dinge bezieht. Deswegen: Wer glaubt, dass er empfangen hat, der hat bereits empfangen!

Kapitel 12 – Das Lebensfeld

Wie Sie in Kapitel 11 „Glaube im erweiterten Sinn“ gelesen haben, bewegen wir uns hier in Bereiche hinein, die mit dem bloßen Auge nicht sichtbar sind. Wir sprechen hier von spirituellen Bereichen, also von Bereichen, die geistig sind. In diesem Kapitel möchte ich abstrakter und allgemeiner über dieses unsichtbare Feld sprechen. Bei diesem vierten Feld geht es im Wesentlichen um Informationen – „viertes“ Feld deswegen, weil es neben dem Gravitationsfeld, dem Magnetfeld und dem Quantenfeld steht. Auch dieses Feld ist unsichtbar, und seine Existenz lässt sich lediglich an den entsprechenden Wirkungen ermessen, genauso wie auch bei den drei anderen Feldern. Es geht also hier um die Übertragung von Informationen. Im Moment mehren sich die Hinweise darauf, dass das Gravitationsfeld sogar direkt dieses Feld ist. Ich persönlich stehe diesem Gedanken sehr nahe.

Vielleicht kennen Sie Beispiele für eine solche Informationsübertragung. Ein gutes Beispiel ist das Telefonat, das wir weiter vorne im Buch besprochen haben. Sie sitzen zu Hause am Küchentisch und denken an Ihren alten Studienfreund, von dem Sie seit zwei Jahren überhaupt nichts mehr gehört haben. Sie denken sich: *„Eigentlich könnte ich ihn nachher mal anrufen.“* Nach einer Viertelstunde klingelt Ihr Telefon und Ihr alter Studienkollege ruft Sie an. Sie sagen: *„Welch ein Zufall! Eben habe ich an Dich gedacht. Ich wollte Dich auch anrufen.“* Natürlich ist das kein Zufall, sondern eine Übertragung von Informationen, die wir allerdings weder chemisch noch elektrisch oder gar magnetisch messen können. Die einzig wahre Messgröße ist die Wirkung. Das sollte uns auch genügen. Wir können auch sagen, dass die geistige Substanz übertragen wurde und wir die Wirkung erfahren haben. Sie bewegen sich in diesem vierten Feld konkret in einem Feld, in dem alles Wissen gespeichert ist.

Am einfachsten können Sie sich dieses Feld wie das Internet vorstellen. Auch hier sind viele Informationen gespeichert. Auch das Internet verändert sich rasant, indem ständig neue Informationen hineingestellt werden. Und ähnlich wie beim Internet können auch in diesem Feld beliebige Informationen abgerufen werden. Im Falle des alten Studienkollegen waren Sie sozusagen gerade zeitgleich „eingeloggt“ und am richtigen „Einwahlknoten“. Wenn wir uns nun einmal bewusst machen, dass wir nicht nur zufällig mit diesem Feld in Berührung kommen, sondern auch ganz gezielt mit diesem Feld arbeiten können, dann klingt das schon fast unheimlich, ja fast wie Zauberei. Wir können ganz gezielt Informationen suchen – wie bei einer Suchmaschine – oder auch eingeben und hinzufügen oder sogar Programme laufen lassen.

Hier ein kleiner Hinweis am Rande: Gehen Sie bitte davon aus, dass in einem solchen Feld Informationen und Programme in einer hohen Vehemenz vorhanden sind, bewusst hineingestellt und absichtlich extrem verstärkt werden, um die Menschheit zu lenken. Diese Programme werden mit Methoden, die die alten Schamanen schon kannten, verstärkt und gebündelt und kollektiv auf die Menschheit losgelassen. Diese Beeinflussung geschieht gezielt und auf die gleiche Art und Weise wie die Beeinflussung durch die Medien. Die Medien strahlen ihre Informationen über klassische Antennen aus, und auch für den geistigen Bereich gibt es Sende- und Empfangsantennen, und zwar spezielle Kuppeln auf Gebäuden, Obelisken sowie andere Vorrichtungen, die auf speziellen Kraftplätzen (Sende- und Empfangsorte) stehen. Das Arbeiten mit diesem Informations- oder Energiefeld geschieht in der Form, dass man gezielt in Resonanz geht mit Personen oder Schwingungsfrequenzen von Emotionen.

Wissenschaftlich wird es jetzt schwierig, doch Übereinstimmungen mit alten Kulturen, Philosophien und Religionen lassen sich nicht leugnen. Wir müssen dieses Wissen auch gar nicht erklären können. Es genügt, die Wirkung und den Umgang mit diesem Feld zu beschreiben. Die heutige Wissenschaft hat natürlich ihre Probleme mit einer solchen Thematik, da sie ja der Meinung ist, wir könnten alles mit unserem Verstand erklären – und was nicht erklärbar ist, existiert einfach nicht. Max Planck sagte: *„Religion und Naturwissenschaft befinden sich nicht in* *einem Gegensatz, sondern sie führen auf verschiedenen Wegen zum gleichen Ziel, und dieses Ziel ist Gott.*" Alle Wissenschaftler müssen anerkennen, dass die Ergründung von Materie noch immer nicht gelungen ist. In Experimenten löst sich das Atom in dem Augenblick auf, in dem die Wissenschaftler glauben, es mal endlich gepackt zu haben. Und im atomaren Universum zeigt die Materie witzigerweise fast gar keine festen Bestandteile mehr, sondern nur noch Energie, und selbst ein Atom ist kein Einzelkörper, sondern besteht wiederum aus noch viel kleineren Teilchen, im Wesentlichen aus nichts. Es ist für einen Wissenschaftler schwer zu erklären, wieso wir überhaupt feste Körper haben und wieso wir nicht einfach so durch Wände gehen können, die doch irgendwie fest sind. Achtung: Wir müssen aufpassen, dass wir uns nicht als Nichts empfinden. Es gibt Kräfte, die das wollen und uns mit Hilfe der Quantenmechanik genau dieses Denken vorgaukeln wollen.

Die Wissenschaft ist der Ansicht, dass nur lebende Systeme Intelligenz besitzen, von den Zellen aufwärts zu komplexeren Systemen. Niedrigere Systeme, also lediglich Moleküle, gelten als unbelebt und tot. Hier sei angemerkt, dass die Wissenschaft aktuell sehr stark am Erforschen ist, ob Materie zum Leben erweckt werden kann, zum Beispiel, indem man versucht, Graphenteile zum Schwingen zu bringen, die dann eine deutlich höhere Schwingung entwickeln würden und dadurch auch eine Energie, und ob man diesen Prozess als „Leben" bezeichnen könnte. Graphen ist der neue Superstoff, der die Welt revolutioniert, ähnlich wie seinerzeit die Erfindung von Plastik. Material aus Graphen weist erstaunliche Eigenschaften auf. Es ist unglaublich leicht und gleichzeitig flexibel, aber hier ist das Interessanteste sicherlich die Tatsache, dass es auch leitfähig ist. Graphen ist eine zweidimensionale Schicht aus Kohlenstoffatomen, die in einem hexagonalen Gitter angeordnet sind, also eine Sechseckform wie bei der Bienenwabe!

Wenn man es fertigbringen würde, Graphen in Pflanzen, Bäume und Menschen einzubringen und man diesen Stoff durch Frequenzen von außen dazu anregen könnte, eine höhere Schwingung anzunehmen, dann hätten diese Bäume, Pflanzen und Menschen eine höhere Energie (also wie ein Leben aus sich selbst). Dann wäre es möglich, durch entsprechende Frequenzen Bäume und Pflanzen zum Wachsen zu bringen. Menschen hätten dann eine höhere Energie und wären sehr viel stärker als andere Menschen. Gliedmaßen könnten nachwachsen und der Mensch würde zum „Übermenschen“ oder zum Cyborg. Da dürfen wir noch einiges erwarten, leider auch viel Unschönes.

Für die Wissenschaft gelten Wasser, Steine oder Kristalle als unbelebt. Der Japaner Masaru Emoto beweist in seinem Buch »Wasserkristalle« das Gegenteil. Er hat ein Verfahren entwickelt, mit dem er unter dem Mikroskop Wasserkristalle fotografieren kann. Wasser aus ein und derselben Herkunft wurde ganz unterschiedlich behandelt, also mit Liebe oder Sanftmut besprochen oder mit Hass und Härte. Und er konnte aufzeigen, dass dieses Wasser auf diese geistige Information reagiert hat und unterschiedliche schöne oder hässliche Kristalle bildete. Wasser ist nach der Auffassung unserer Wissenschaft nicht intelligent, aber es ist ein ausgezeichneter Informationsträger.

Professor Bernd Kröplin vom *Institut für Statik und Dynamik der Luft- und Raumfahrtkonstruktionen* an der Universität in Stuttgart war ein anerkannter Wissenschaftler im Bereich der Weltraumfahrt. Er hat ein interessantes Experiment durchgeführt, bei dem getrocknete Wassertropfen mit einer speziellen Kamera unter dem Mikroskop fotografiert wurden. Dabei zeigte sich, dass jeder Tropfen ein eigenes Gewicht und eine eigene Struktur aufweist – unverwechselbar und einmalig. Erstaunlich war bei seinen Versuchen, dass die Veränderungen der Tropfen offensichtlich durch Menschen verursacht werden konnten, dass also der Mensch das Wasser sozusagen individuell mit sich selbst informierte. In dem Experiment zeigte sich, dass jeder Mensch verschiedene Bilder von demselben Wasser erzeugt hatte. Man gab einer Reihe von Versuchspersonen Wasser aus ein und derselben Herkunft, und man bat diese Teilnehmer, mit einer Spritze Wassertropfen auf eine Glasplatte zu setzen. Alle arbeiteten zum gleichen Zeitpunkt. Bei jedem Versuch und Durchgang entwickelte jeder einzelne Teilnehmer immer wieder die gleiche Struktur des Tropfens. Die Versuchspersonen berührten das Wasser noch nicht einmal, sie berührten lediglich die Spritze. Aber das Wasser der verschiedenen Versuchspersonen zeigte sich höchst unterschiedlich. Beim Umgang mit dem Wasser und durch die Konzentration auf das Wasser hat jeder Teilnehmer das Wasser individuell beeinflusst.

Abb. 9: Ein Buch von Prof. Bernd Kröplin

Damit ist einmal mehr bewiesen, dass Wasser Informationen aufnehmen und speichern kann. Und noch etwas ist bewiesen, nämlich dass durch die Konzentration auf den Vorgang, durch die Konzentration auf den Akt des Tuns, durch diese Resonanz, dieses Wasser von den Studenten informiert wurde. Und auch jeder andere Stoff empfängt und speichert Informationen.

Rupert Sheldrake, ein britischer Autor und Biologe, prägte diesbezüglich den Begriff „morphogenetisches Feld“. Er behauptete, dass alle Systeme, ob organisch oder anorganisch, in einer intelligenten Beziehung zueinander stehen. Das können wir uns vorstellen wie eine Erinnerung, die überall gespeichert ist, sowohl in Menschen als auch in Gebäuden. Der Einfachheit halber könnten wir auch sagen: Alles besteht aus Informationen. Wenn aber alles aus Informationen besteht, kann auch alles mit allem Informationen austauschen. Ein einfaches Beispiel dafür sind Stimmgabeln. Obwohl jede Stimmgabel ein eigenständiges Ding ist, tauscht sie doch mit einer anderen Stimmgabel in ihrer Nähe Informationen aus. Beide beeinflussen sich innerhalb des Informationsfeldes. Wenn wir eine Stimmgabel zum Klingen bringen, so wird auch die zweite Stimmgabel, die wir in der Nähe halten, anfangen zu klingen. Da sie gleich sind, gehen sie miteinander in Resonanz, so wie zwei sich liebende Menschen automatisch miteinander in Resonanz gehen und genau spüren, was bei dem anderen so los ist.

Für Sheldrake gilt dieses Feld als morphisch oder morphogenetisch, also von „morpho" (Gestalt) und „genesis" (Entstehung). Laut Sheldrake entwickelt sich alles gemäß den Gesetzen dieses Feldes. Das ist holistisch. Alle Informationen sind also in jedem kleinsten Teil vorhanden. Das morphische Feld bezieht sich immer konkret auf ein Feld, zum Beispiel das eines Menschen. Er ist ein einziges holistisches Gebilde. Seine DNA enthält die Informationen von allem anderen. So ist es zumindest theoretisch möglich, mit Hilfe von Zellen aus dem Rückenmark einen Herzmuskel wieder aufzubauen und auch jedes beliebige andere Organ. Heilungen, die medizinisch nicht erklärbar sind, sogenannte Wunderheilungen, lassen sich manchmal über eine erstaunliche Veränderung der DNA erklären. Bei manchen Menschen geschieht das durch intensive Erlebnisse. Manche schaffen es, durch intensive Meditation, durch elektrische Blitze im synaptischen Spalt, die eigene DNA zu verändern. Wenn wir das alle könnten, dann könnten wir uns wunderbar selbst heilen und müssten nicht altern. Da es offensichtlich einigen Menschen gelingt, ist es beweisbar.

Für einen gläubigen Christen ist das alles gar kein Thema. Er weiß, dass Gott der Geber aller universellen Informationen ist und er geschaffen ist aus Gott, und der tiefe Glauben auch von ihm ad hoc geheilt werden kann. Wenn alle Dinge in einem einzigen riesigen System miteinander vernetzt sind, dann müssen sie etwas miteinander zu tun haben. Deswegen können wir hier von „morphischer Resonanz" reden. Morphische Resonanz bedeutet, dass ähnliche Formen gleich schwingen, was wiederum bedeutet, dass verschiedene Systeme unabhängig von Raum und Zeit miteinander interagieren können.

Es gab Experimente, bei denen Ratten über Generationen hinweg immer schneller den Ausweg aus einem Labyrinth gefunden haben, woraufhin es Ratten auf der anderen Seite des Kontinents plötzlich ebenso schafften, also ohne ein Generationentraining. Die Informationen waren nach dem Training der einen Gruppe nach einiger Zeit für alle Ratten weltweit abrufbar. Häufig werden Erfindungen an unterschiedlichen Orten der Erde fast zeitgleich gemacht. Wieso schaffen deutsche Studenten, die der chinesischen Sprache nicht mächtig sind, mit einer hohen Trefferwahrscheinlichkeit die Anordnung der Zeichen zu einem chinesischen Volkslied? Solche Untersuchungsergebnisse sind nur mit einem Wissensspeicher zu erklären, der von uns allen gefüttert wird und theoretisch uns allen zur Verfügung steht.

Das vierte Feld ist also mit dem Internet vergleichbar. Dieser Vergleich ist sehr passend, da in diesem Feld nicht nur Informationen gesucht und eingestellt, sondern sogar auch komplexe Programme gefahren werden können. Sehr ähnlich ist das bei der Homöopathie. Auch hier werden Informationen eines Wirkstoffs weitergegeben, beispielsweise die einer Bachblüte, und das führt zu Heilreaktionen. Menschen, die Informationen aus diesem Feld herausholen können, gab es schon immer – seien es Schamanen oder Heiler, deren Arbeitsweise rational nicht erklärbar ist, oder die typischen Kräuterhexen. Leider ist aus diesem Schatz das meiste Wissen verloren gegangen. Im Falle der Hexen, der Trägerinnen dieser Weisheiten, wurden mittlerweile bekanntlich viele Aufzeichnungen bewusst verbrannt. Aber keine Panik, diese Informationen sind nicht wirklich weg. Sie befinden sich im Feld und sind für Geübte jederzeit abrufbar.

Auch heute noch werden Informationen über Gebäude und Grundstücke auch mit Hilfe sogenannter Radiästheten aufgespürt. Die Umgebung speichert alles. Viele kennen das: Sie betreten ein Gebäude oder einen Raum und fühlen sich augenblicklich nicht mehr wohl. Sie fühlen sich plötzlich müde und gereizt. In vielen Büro- oder Fabrikgebäuden, in denen dramatische Konkursentwicklungen stattgefunden haben, werden weitere Pleiten erfolgen, weil die Konkursinformation im gesamten Gebäude gespeichert ist. Wenn wir nun all diese Informationen haben und es uns klar ist, und zwar allen Menschen, ob gläubig oder nicht, dass wir irgendwie alle in ein und dasselbe Feld einspeisen, dann ist es wichtig, dass wir die Forderung der Natur erfüllen und möglichst vielen Menschen zum Wachstum verhelfen. Geht das nicht, dann wirkt man eben für ein paar wenige. Geht auch das nicht, dann kümmert man sich um sich selbst. Jeder trägt seinen Teil zum großen Ganzen bei und wird dementsprechend auch getragen. Diese kleine Information ist wichtig für uns, wenn es darum geht, dieses Wissen anzuwenden und dabei auch mit dieser Macht, die sich dadurch letztendlich ergibt, verantwortungsvoll umzugehen. Wenn wir nachher zur Praxis übergehen und diese einfachen Gesetze klar und konsequent anwenden, dann sollten wir damit zum Wachstum und Wohlergehen aller Menschen mit beitragen, da wir ansonsten selbst sehr viele negative Konsequenzen zu erwarten haben. Nennen Sie es Karma, wenn Sie wollen.

12.1 – Die Risiken und Nebenwirkungen des Lebensfeldes

Im vorherigen Kapitel haben Sie gelesen, dass es ein Lebensfeld gibt, mit dem man ganz konkret arbeiten kann, und dass man dort, ganz genau wie beim Internet, Informationen hineinstellen und auch Informationen abrufen kann. Letztendlich geschieht das bei vielen Menschen völlig unbewusst. Dieses Lebensfeld hat aber auch Risiken und Nebenwirkungen. Die Risiken bestehen darin, dass wir nicht wissen, wer alles Informationen dort hineinstellt. In der Analogie zum Internet kann man zum Beispiel sehen, dass es einen Riesenmarkt gibt, eine große Community, viele Autoren, viele Youtuber, die auch ganz viele Klicks generieren, indem sie Informationen hineinstellen, die konträr sind zu den Informationen, die im Mainstream ganz normal verbreitet werden. Wir sollten einmal darüber nachdenken, dass es ja ein Leichtes wäre, das zu verhindern. Das wird aber nicht verhindert, sondern diese Informationen werden zugelassen.

Es gibt in letzter Zeit sehr viele Autoren, die sich mit der Offenbarung des Johannes beschäftigt haben, und viele haben schon einmal von der Zahl 666 gehört, die das Malzeichen des Tieres ist, und dass gemäß der Offenbarung eine Zeit kommen wird, in der niemand mehr kaufen und verkaufen kann, der dieses Zeichen nicht hat. Das ist recht hinlänglich bekannt, und demzufolge stürzen sich auch sehr viele Autoren auf diese Zahl. Wir wissen von der Gematria (Numerologie), und dann finden wir in diesem Zusammenhang auch Namen wie Bill Gates. Es gibt andere Autoren, die finden heraus, dass exakt 666 Tage vergangen sind seit dem Zeitpunkt, an dem im Jahre 2020 der Gesundheitsnotstand durch die WHO ausgerufen wurde, bis zu dem Bekanntwerden der Variante Omikron, oder dass man aus den Wörtern „Corona" oder „Sars-CoV2" oder „B11529" oder auch „Omikron" mit Zahlen wiederum auf diese 666 kommt. Weiterhin finden wir auch einige Autoren, die die vier apokalyptischen Reiter erwähnen und auch aufzeigen, dass das Thema gerade sehr am Kommen ist. Nun, warum wird das nicht verhindert? Warum gibt es auch diese Informationen im Internet? Wir sollten wissen, dass wir alles, was wir im Internet finden, auch in diesem im vorherigen Kapitel beschriebenen morphogenetischen Feld finden, da dort eben alles Wissen abgespeichert ist, das es gibt.

Bevor ich das etwas aufkläre, möchte ich gerne nochmals etwas genauer auf den Begriff „Priming" eingehen: „Priming" bedeutet quasi „eine Bahn im Kopf legen", also eine Bahn, innerhalb welcher wir uns beim Denken bewegen. Geprimt wird man übrigens zur Primetime, wo man dann erfährt, wo*nach* man sich *richten* soll, also durch die Nachrichten zur Primetime. Und dieses „Bahn im Kopf legen" geschieht schon sehr lange. Wir könnten uns die Mühe machen und einmal schauen, was denn über die letzten zehn, zwanzig, vielleicht sogar dreißig Jahre die Hitlisten der Kinofilme so anführt und welche Themen in diesen Kinofilmen behandelt werden. Wer sich die Mühe macht, der kann sehen, dass es unglaublich viele Filme und auch Blockbuster gibt, die sich mit Pandemien, also dem Ausbruch von Seuchen, beschäftigen, und auch unglaublich viele Kinofilme und Blockbuster, die sich mit Umweltkatastrophen beschäftigen oder mit UFOs und Außerirdischen. Wir sehen Filme, in denen Frauen an die Macht kommen, die dann auch stärker sind als Männer, und Männer im Handstreich besiegen. Wir sehen einen Wechsel der Hautfarbe bei den Superstars. All das führt dazu, dass ein Großteil der Menschheit „geprimt" wird, dass also

Gedankenstrukturen vorgegeben werden, in denen wir uns dann bewegen. Dadurch, dass die Menschheit das Wiederholen wiederholend erkennt, geraten wir sogar in eine Identifikation. Das führt dazu, dass viele Menschen es als normal empfinden und keinerlei Widerstand mehr haben, wenn solche Dinge dann tatsächlich geschehen. Auf der anderen Seite gibt es auch immer etliche Menschen, die das ganz und gar nicht so sehen und die eine komplett andere Sicht der Dinge haben. Das führt dazu, dass es zu einer Spaltung kommt – zu einer Spaltung im Land, aber auch zu einer Spaltung innerhalb der Familien. Und eine Spaltung führt immer auch zu einer Schwächung, weil die Energie aufgespalten wird und keine konzentrierte Aktion mehr möglich ist.

Viele Menschen wissen durch die Vielzahl der Informationen, die es gibt, überhaupt nicht mehr, was sie so glauben sollen. Also entscheiden sie, dass sie dann wohl am besten einfach das machen, was alle anderen tun. Es entsteht also dadurch auch zusätzlich zu diesem „Vorprimen" auch noch eine Verwirrung, und Verwirrung ist wiederum die totale Kontrolle. Deshalb finden wir dann auch geführte Opposition, die zugelassen wird. Und in diesen Bereichen gibt es immer Menschen, die das machen und damit richtig viel Geld verdienen. Aber auch in dem Bereich der gesamten Medienlandschaft, über alle Kanäle, gibt es eine geführte Opposition, die damit auch reichlich Geld verdient. Und hier müssen wir aufpassen. Das, was diese Autoren herausfinden, ist in der Regel sehr wichtig, und dennoch werden auch sie in vielen Fällen benutzt, um die große Kontrolle und die große Verwirrung und die große Hypnose der Menschen mit durchzuführen und aufrechtzuerhalten. Das sollte uns bewusst sein. Wenn wir uns also die gesamte Angelegenheit mal von oben betrachten und schauen, was in diesem Feld an Informationen vorhanden ist, müssen wir aufpassen, dass wir da wirklich nicht zu tief eintauchen in ein Thema und es dadurch ganz stark einseitig betrachten, denn dann werden wir sehr schnell benutzt.

Ich möchte an dieser Stelle noch etwas zur Offenbarung anmerken: Das Buch der Offenbarung, die Apokalypse des Johannes, ist sehr schwer zu verstehen. Weil es sehr schwer zu verstehen ist und gerade in Zeiten des Umbruchs sehr viele Menschen dort hineinschauen, kann man jetzt natürlich zu zwei Ansichten kommen: Das, was gerade passiert, ist das, was Johannes, der ja auf Patmos diese Offenbarung erlebte, seinerzeit gesehen und niedergeschrieben hat, sodass wir jetzt Zeitzeugen dessen sind, was passiert. Die andere Möglichkeit ist, dass irgendwelche Mächte quasi diesen Plan benutzen wie eine Blaupause, um es jetzt genau so durchzuziehen. Beides wird dazu führen, dass der Plan sich verwirklicht, und beides führt dazu, dass wir uns fügen, also keine Opposition bilden, sondern dass wir es annehmen.

Nun, warum habe ich dieses kleine Kapitel „Die Risiken und Nebenwirkungen des Lebensfeldes" noch nachgeschoben? Wir müssen aufpassen, dass wir uns nicht durch das Eintauchen in diese Vielzahl an Informationen einsaugen lassen in diese Verwirrung, in diese Trance, denn dann würde das, was der Ansatz dieses Buches »Wissen ist Macht« ist, nämlich die Macht wirklich zu leben, ad absurdum geführt.

Kapitel 13 – Mein neues, machtvolles Leben

Nun, theoretisch haben wir jetzt genügend Informationen zusammen, um nun auch wirklich ein neues, machtvolles Leben zu starten. Der Mensch ist ein Individuum. Lassen Sie sich von niemandem einreden, dass Sie nicht komplett wären und zunächst noch alles Mögliche von sich finden müssten. Der Mensch ist ausgestattet mit einem Höchstmaß an Individualität. Seien Sie sich dieser Individualität stets bewusst, und vermeiden Sie jegliche Form von Uniform und uniformem Denken. Stehen Sie zu Ihrer Individualität! Das muss nicht in Opposition ausarten, auch nicht in „optischer Opposition", sondern das ist etwas, was im Inneren geschieht. Reflektieren Sie Ihre eigenen Werte, aber seien Sie sich dessen bewusst, dass diese Werte bei *Ihnen* so sind und nicht zwingend bei anderen Menschen genauso. Lassen Sie bitte auch Ihre gottgegebene DNA nicht durch irgendwelche Einflüsse von außen verändern, denn wir sind als Mensch individuell. Unser heutiger Charakter ist entstanden durch das, was wir gelernt haben, und durch unsere Erbanlagen, und die wollen wir nicht durch andere verändern lassen. Seien Sie authentisch! Achten Sie darauf, was Sie sagen, wie Sie leben, wie Sie sich kleiden, und stellen Sie sicher, dass Sie sich dabei wohlfühlen. Seien Sie mit dem, was Sie tun, und für was Sie stehen und mit Ihren Zielen, und mit der Art, wie Sie leben, zu 100% identifiziert, denn ansonsten haben Sie Widerstände und Kraftverlust und werden dadurch unnötig leiden. Wie Sie die Identifikation im Zweifelsfall nachträglich erhöhen können, habe ich ja bereits weiter vorne im Buch erklärt. Und seien Sie sich Ihrer Eigenverantwortung bewusst, sodass Sie eigenverantwortlich handeln. Das Ergebnis ist eine starke Persönlichkeit!

Letztendlich dreht sich das gesamte Buch um den Glauben. **Der Mensch bekommt nicht das, was er will, sondern das, was er glaubt!** Allerdings ist uns unser Glaube heute oft nicht bewusst. Die Erinnerungen an Erlebnisse in unserer Kindheit, die unseren Glauben zu einem großen Teil stark geprägt haben, sind in vielen Fällen mit der Zeit sehr verblasst. Es ist sehr schwierig, sich in einer Rückschau beispielsweise daran zu erinnern, dass seinerzeit der Papa so komisch reagiert hatte, als der Nachbar mit seinem roten Porsche vorbeigefahren ist. Es sind unglaublich viele Dinge passiert, die uns heute meistens nicht direkt bewusst sind. Aus diesem Grunde beginnen wir jetzt, uns unserem Glauben anzunähern und herauszufinden, was wir wirklich glauben, indem wir uns unsere Realität anschauen, denn die Realität in unserem Leben spiegelt in letzter Konsequenz das, was wir wirklich glauben.

Betrachten werden wir uns das anhand der klassischen vier Bereiche der Work-Life-Balance. Wenn unser Leben ausbalanciert sein soll, dann benötigen wir eine gute Qualität in allen wichtigen Bereichen unseres Lebens. Wenn von diesen vier Bereichen ein Bereich deutlich größer wäre als die anderen drei, dann würde uns das am Vorwärtskommen hindern. Wenn wir uns einmal vorstellen, das Ganze würde ein Rad darstellen, bestehend aus vier Vierteln, dann würde natürlich jedes Mal, wenn dieser eine größere Bereich sich dem Erdboden nähert, das Rad stehenbleiben, und wir bräuchten einen sehr großen Energieaufwand, um es weiter zu drehen. Es ist also wichtig, dass wir nicht nur einen Bereich groß haben in unserem Leben, sondern alle vier wesentlichen Bereiche, damit wir ein großes Rad drehen können und damit dieses große Rad rund läuft. Dann ist es leicht.

Die vier Bereiche heißen: „Körper und Geist“, „Beruf/Leistung“, „Soziale Kontakte“ und „Lebenssinn“.

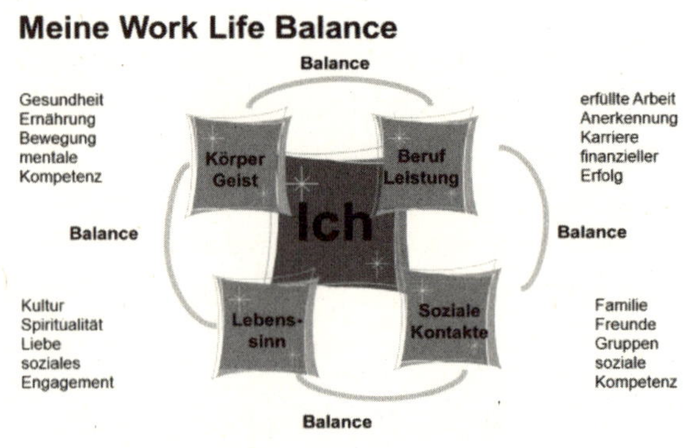

Abb. 10: Die vier Bereiche der Work-Life-Balance

Jetzt könnte sich natürlich der ein oder andere denken: „*Ich schaue einmal, welcher der vier Bereiche denn bei mir der kleinste ist, und dann mache ich die anderen drei genauso klein.*“ Das ist jedoch gegen die Gesetze des Lebens, denn Leben ist Wachstum, und wir wollen doch uns und allen anderen Menschen um uns herum zum Wachstum verhelfen. Also brauchen wir in allen vier Bereichen eine gute Qualität. Und wenn ich jetzt hier von „Qualität“ rede, dann ist das wohl überlegt, denn es ist nicht möglich, die vier wichtigen Bereiche des Lebens mit der gleichen Zeit zu bedenken. Es ist jedoch möglich, in allen vier Bereichen eine gute Qualität hinzubekommen. Um das zu erreichen, schauen wir uns zunächst einmal unsere Realität an.

Ein wichtiges Thema im Bereich „Körper und Geist“ ist zum Beispiel das Thema „Gesundheit“. Ein guter und positiver Glaube wäre hier: „*Ich bin topfit. Ich glaube, mein Immunsystem ist derartig stark, dass mich überhaupt gar nicht mehr interessiert, was da draußen so los sein soll. Ich bin umgeben mit einer Schutzhülle, die alle Angriffe abwehrt. Nichts kann mir Schaden zufügen.*“ Es könnte aber auch sein, dass jemand einen negativen Glauben hat in Bezug auf seine Gesundheit: „*Ich glaube, dass ich bei jedem kleinen Luftzug krank werde. Ich glaube, dass es sehr viele Viren gibt und dass die sich auf mich stürzen und dass die einzige Chance, mich diesbezüglich zu schützen, darin liegt, dass ich mich an alle Maßnahmen halte, die andere für mich vorgesehen haben.*“ Das wäre dann ein negativer Glaube. Zu jedem Thema können wir entweder etwas Positives glauben oder etwas Negatives. Und deswegen ist es an dieser Stelle sehr wichtig, ehrlich zu sein, denn nur dann können Sie Ihren Glaubenssatz auch wirklich erkennen und richtig einordnen.

Ich möchte Sie bitten, jetzt eine Tabelle mit zwei Spalten zu erstellen. Die linke Spalte beschriften Sie bitte mit „Negativer Glaube“. Diese Spalte ist für all Ihre negativen Überzeugungen gedacht, die oft mit Angst oder Unzufriedenheit einhergehen. Wenn Sie also zu einem Thema einen eher negativen Glauben haben, dann tragen Sie ihn auf der linken Seite der Tabelle ein. Die rechte Spalte bekommt die Überschrift „Positives Glaubensbekenntnis“. Auf dieser Seite tragen Sie all Ihre positiven Überzeugungen ein. Wenn Sie also mit einem Thema in Ihrem Leben rundum zufrieden sind, und das, was Sie dazu glauben, positiv ist, dann tragen Sie es auf der rechten Seite ein.

Ein Beispiel: Im Bereich **„Soziale Kontakte“** haben wir die Familie und auch den Lebensgefährten. Da könnte dann auch das Thema Sex dazugehören. Vielleicht haben Sie ein sehr tolles und erfülltes Sexualleben. Dann würden Sie in die rechte Spalte (Positives Glaubensbekenntnis) schreiben: *„Ich glaube, mein Sexualleben ist absolut toll und perfekt.“* Vielleicht macht es Ihnen aber auch doch nicht so richtig Spaß, und Sie hätten's gerne anders, Sie machen jedoch nichts. Dann würden Sie in die linke Spalte (Negativer Glaube) schreiben: *„Ich glaube, mein Sexualleben ist nicht erfüllt, es ist nicht wirklich gut. Es ist langweilig. Es ist rein maschinell geworden, wie automatisiert.“* Das, was Sie glauben, spiegelt sich eindeutig in Ihrem Leben.

Bitte beginnen Sie mit dem Bereich **„Körper und Geist“**, und gehen Sie dabei auf die folgenden Themen ein: „Gesundheit“, „Ernährung“, „Sport“, „Mentale Kompetenz“, „Fitness“, „Gewicht“, „Aussehen“, „Alter“ und „Konkrete Diagnosen“ (falls es die in Ihrem Leben gibt). Und dann schreiben Sie zu jedem Thema auf, was Sie dazu glauben, entweder auf die linke Seite der Tabelle, wenn es etwas Negatives ist, das der Rubrik „Negativer Glaube“ zuzuordnen ist, oder eben auf die rechte Seite, wenn es ein positives Glaubensbekenntnis ist.

Danach machen Sie das Gleiche für den Bereich **„Beruf/Leistung“**, und zwar zu den Themen „Erfülltes Berufsleben“, „Anerkennung“, „Karrieremöglichkeiten“, „Chef/Vorgesetzter“, „Mitarbeiter“, „Finanzielle Möglichkeiten“, „Firmenfahrzeug“, „Faire Behandlung“, „Weiterentwicklungsmöglichkeiten“ und „Freie Zeiteinteilung“.

Anschließend schreiben Sie auf, was Sie im Bereich **„Soziale Kontakte“** glauben, und zwar zu den Themen „Familie“, „Lebensgefährte“, „Kinder“, „Freunde“, „Arbeitskollegen“, „Gruppen, Vereine, Verbände“, „Sex“ und „Soziale Kompetenz“.

Als Letztes machen Sie dasselbe dann auch noch für den Bereich **„Lebenssinn“**, und zwar zu den Themen „Kultur“, „Spiritualität“, „Gott“, „Himmel und Hölle“, „Selbstliebe“, „Nächstenliebe“, „Soziales Engagement“, „Umwelt“ und „Klima“.

Körper und Geist

Bereich	Positiver Glaube	Negativer Glaube
Ernährung	Ich glaube, ich ernähre mich ausgewogen und gesund.	
Blutdruck		Ich glaube meinem Arzt, der mir einen Blutdrucksenker verschrieben hat und nehme ihn ein.
usw.		

Beruf/Leistung

Bereich	Positiver Glaube	Negativer Glaube
Beziehung zu meinem Chef		Ich glaube, mein Chef erkennt meine Leistung nicht an. Er ist unfähig als Führungskraft.
Kollegen	Ich glaube, dass meine Kollegen mich mögen und ich ihnen vertrauen kann.	
usw.		

Soziale Kontakte

Bereich	Positiver Glaube	Negativer Glaube
Sex mit meinem Partner		Ich glaube, dass der Sex langweilig, mechanisch und wenig erfüllend ist.
Meine Tochter	Ich glaube, wir vertrauen uns zu 100 Prozent. Die Beziehung ist spitze.	
usw.		

Lebenssinn

Bereich	Positiver Glaube	Negativer Glaube
Gott	Ich glaube, dass ich von Gott geliebt werde und er es gut mit mir meint.	
Umwelt		Ich glaube, dass wir den Planeten durch Raubbau im Laufe der nächsten 10 Jahre unbewohnbar machen.
usw.		

Wenn Sie Ihre Glaubenssätze zu diesen vier Bereichen notiert haben, dann haben Sie einen recht guten Überblick darüber, wie es mit Ihrem Glauben in Ihrem Leben konkret aussieht. Natürlich können Sie zu allen Bereichen weitere Themen hinzufügen und diese Liste jederzeit ergänzen. Jetzt wird es in Ihrer Liste bestimmt sehr viele Themen geben, zu denen Sie wirklich tolle positive Glaubensbekenntnisse haben, weil bei diesen Themen alles gut ist. Never change a running system! Bitte bleiben Sie dabei! Wenn es jedoch Themen gibt, bei denen Ihr Glaube negativ ist, dann können Sie machen, was Sie wollen – solange Sie weiterhin genau das glauben, wird sich auch genau das in Ihrem Leben spiegeln. Es ist also durchaus sinnvoll, die Einträge in der Rubrik „Negativer Glaube" genauer unter die Lupe zu nehmen und sich so lange mit diesen Themen zu beschäftigen, bis Sie auch hier einen positiven Glauben dazu entwickelt haben.

Wie wir wissen, folgt die Energie ja immer der Achtsamkeit. Bewusstsein lenkt also die Energie. Nun können wir diese Achtsamkeit im Alltag nicht wirklich abschalten. Sie wird immer irgendwo hingelenkt, und dort, wo wir unsere Achtsamkeit hinlenken, dahin lenken wir auch die Energie, und all dies wird dann entsprechend wachsen. Wie bereits in Kapitel 5.3 beschrieben, können wir uns die Achtsamkeit vorstellen wie eine „Achtsamkeits-Gießkanne", aus der unentwegt Energie herauströpfelt. Und wo auch immer dieses wunderbare Energie-Düngemittel draufgelenkt wird, das wird wachsen. Das Nächste, was wir unbedingt lernen sollten, ist also, unsere Achtsamkeit wirklich zu „schärfen" für unsere positiven Glaubensbekenntnisse. Wir sollten lernen, uns unserer Achtsamkeit jederzeit bewusst zu sein und immer genau darauf zu achten, wohin wir sie lenken, und sie stets nur dorthin zu lenken, wo wir Wachstum unterstützen wollen.

Ich wiederhole nochmals die wichtigsten Aussagen, die wir uns stets vor Augen halten sollten:

- *„Energie folgt der Achtsamkeit und vergrößert den Zustand, den ich beachte."*
- *„Ich erlebe genau das in meinem Leben, was ich glaube.*
- *„Glaube ist das, was ich als Wahrheit akzeptiere."*
- *„Was ich nicht akzeptiere (glaube), verschwindet aus meiner Realität."*
- *„Ich halte meinen kontinuierlichen Fokus auf das, was ich glaube, und nicht auf das, was ich sehe."*
- *„Ich lebe so, als wäre die neue Realität bereits sichtbar, damit sie sichtbar wird."*

Das sollte unser Alltag sein. Die Energie, die definitiv der Achtsamkeit folgt, erschafft die Realität. Wenn wir uns umdrehen und nie mehr zurückschauen und auch nie mehr Achtsamkeit dorthin geben, dann verschwinden die entsprechenden Menschen, Dinge und Ereignisse aus unserem Leben, und wir werden davon vermutlich nichts mehr hören.

Es gibt da etwas, was uns sehr gut dabei helfen kann zu lernen, uns unserer Aufmerksamkeit jederzeit bewusst zu sein, und das sind Ankerbändchen. Die gibt es überall käuflich zu erwerben. Ich selbst habe mir für meine Arbeit extra welche produzieren lassen. Es ist sinnvoll, solche Bändchen zu nehmen, die man deutlich spüren kann, wenn man sie am Handgelenk trägt. Wenn Sie solche Bändchen kaufen möchten, ist es ratsam, farbige Bändchen zu nehmen, vorzugsweise rote und grüne. Dann können Sie ein rotes Bändchen ans linke Handgelenk machen, weil links die Vergangenheits-Seite ist, und ein grünes an das rechte. Rot signalisiert *„Stopp!"*, während das grüne Ankerbändchen *„Ich Bin!"* bedeutet (*„Ja, das bin ich! Das ist das, was ich will!"*). Wer solche Ankerbändchen (manchmal auch als Motivationsbändchen bezeichnet) nicht hat, oder wem diese Silikonbändchen zu peinlich sind, der kann auch einfach diese kleinen, dünnen, schwarzen Haargummis nehmen. Die eignen sich ebenfalls hervorragend. Die sieht man kaum am Handgelenk, und sie haben den besonderen „Charme", dass es noch ein bisschen mehr wehtut, wenn wir sie so richtig gegen das Handgelenk beziehungsweise die Innenseite dort flitschen lassen. Lerneffekte entstehen unter anderem durch die Formel *Wiederholung mal Gefühl*. Mit viel „Gefühl" geht es also schneller und wir benötigen weniger Wiederholungen. Und wenn wir nun solche Ankerbändchen haben, dann leben wir ab sofort genau so, wie wir es gerne wollen.

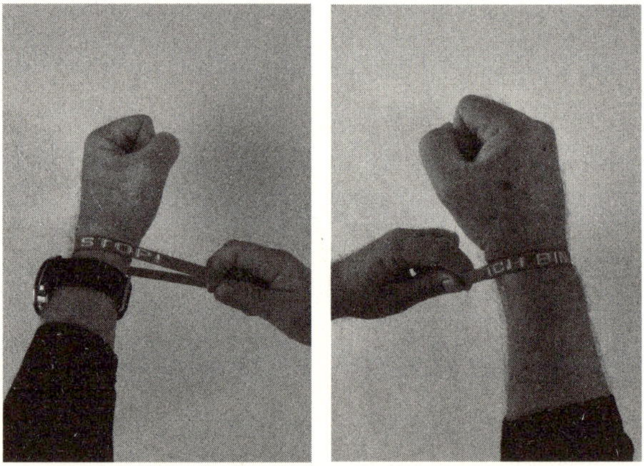

Abb. 11: Ankerbändchen – sie helfen dabei, neuronale Netzwerke zu verändern

Und sollten trotzdem irgendwann einmal Gedanken des Zweifels auftauchen, sodass wir beispielsweise denken, dass wir bei einer Sache noch einmal hinterhertelefonieren müssen, oder wir den Gedanken haben, dass wir uns irgendetwas nicht trauen oder dass wir irgendetwas nochmals kontrollieren sollten, wenn wir also merken, dass wir zu ungeduldig sind, dann wissen wir, dass wir nicht richtig an diese Sache glauben. Dann lassen wir das linke Bändchen kräftig gegen unser Handgelenk flitschen und sagen: *„Stopp! Diesen Gedanken lehne ich entschieden ab. Dem entziehe ich meine Zustimmung.“*

Dann erinnern wir uns sofort wieder an das, was wir wirklich glauben wollen. Und sobald wir in dieser Vorstellung sind, ziehen wir an dem Bändchen am rechten Handgelenk. Das geht sehr schnell. Dadurch, dass wir diese Bändchen tragen, wird uns innerhalb von wenigen Tagen bewusst, welche Gedanken und Glaubenssätze uns so im Kopf herumschwirren, und wir bekommen relativ schnell eine Ordnung hinein, sodass es uns immer schneller auffällt, wenn wir uns in falschen Gedankenmustern und Glaubenssätzen bewegen, und wir uns dann sofort „umswitchen“ und unseren Fokus wieder auf die richtigen Glaubenssätze richten können. Die Ankerbändchen helfen uns sozusagen dabei, das, was wir wirklich glauben wollen, fest in unserem Bewusstsein zu verankern.

Wenn Sie sich auf diese Weise wieder einmal „dabei erwischt“ haben, etwas Negatives zu denken, was nicht dem entspricht, was Sie glauben wollen, dann können Sie den entsprechenden Glaubenssatz natürlich gerne auch noch zusätzlich in Ihre Tabelle eintragen, die Sie vorhin erstellt haben, falls er dort nicht schon drin steht. So können Sie sicherstellen, dass dieser negative Glaubenssatz auch bestimmt auf Dauer bearbeitet und zu einem positiven Glaubensbekenntnis umgewandelt wird.

Als Nächstes sollten wir nun genau so leben, als wäre die neue Realität bereits sichtbar, damit sie sichtbar wird. Wer strauchelt oder wankt, der wird keine sichtbaren Ergebnisse erzielen. Solange wir nicht jetzt schon so leben, als wäre das neue Leben schon da – was auch beinhaltet, die Dinge zu tun, die dann zu tun sind –, sind wir am Straucheln oder am Wanken. Wir verhalten uns also so, als wäre die neue Realität schon da, und wir beweisen unseren unerschütterlichen Glauben daran durch unsere Taten. Selbst wenn es uns vollkommen unmöglich erscheint und wir keine Ahnung haben, wie das gerade überhaupt praktisch funktionieren soll, agieren wir so und treten wir so auf, damit es genau so funktioniert. Haben Sie Ihr Ziel vor Augen und bereiten Sie sich ganz konkret vor!

Wenn Sie zum Beispiel das Ziel haben, einen Bioladen zu eröffnen, dann fangen Sie schon einmal an, sich zu informieren in Bezug auf Bezugsquellen, Immobilien und Papierkram, der dann zu erledigen ist. Wenn Sie ein Kinderheim eröffnen wollen, fangen Sie an, sich über die rechtlichen Bedingungen und Möglichkeiten für die Finanzierung zu informieren. Wenn Sie Ihr eigenes Restaurant eröffnen wollen, beginnen Sie damit, eine Speisekarte zu erstellen. Soll es ein vegetarisches Restaurant werden oder vielleicht sogar ein veganes? Kochen Sie selbst oder wollen Sie einen Koch einstellen? Was für Mitarbeiter benötigen Sie? Welche Speisen und Getränke wollen Sie anbieten? Wie viel müssen Sie für welches Gericht berechnen, damit es sich lohnt? Überlegen Sie sich, wie Ihr Logo aussehen soll, und malen Sie es auch auf. Denken Sie darüber nach, welche Möbel Sie brauchen werden. Welche Stühle, was für Tische wollen Sie nehmen? Wie wollen Sie den Platz dekorieren, damit die Gäste sich wohlfühlen?

Falls es Ihr Wunsch ist zu heiraten, dann stellen Sie sich schon einmal im Detail die Hochzeit vor und wie das Brautkleid aussieht, wo die Feier stattfinden soll, welche Musik Sie hören wollen und so weiter.

Sprechen Sie mit Menschen, die sich mit Ihrem Thema auskennen und die wissen, was getan werden muss, um die Sache erfolgreich auf den Weg zu bringen. Eignen Sie sich das entsprechende Wissen an. Seien Sie der Projektmanager! Werden Sie eins mit Ihrem Projekt, mit Ihrem Ziel, und spüren Sie, wie die Dinge sich entwickeln, wie das Projekt Fortschritte macht. Besorgen Sie sich ein Notizbuch und schreiben Sie dort alles auf, was für Ihr Projekt wichtig ist. Erstellen Sie eine „To-Do-Liste“ und eine Einkaufsliste und notieren Sie die Kontaktadressen von Menschen, die sich mit Ihrem Thema auskennen. Tragen Sie dieses Notizbuch immer bei sich, sodass Sie sich auch unterwegs Notizen machen und Einfälle notieren können. Bereiten Sie so viel vor wie nur irgend möglich, ganz so, als stehe der Tag der Eröffnung bereits kurz vor der Tür. Spielen Sie das Projekt bis ins kleinste Detail in Gedanken durch. So bringen Sie immer mehr Leben hinein. Spüren Sie die Vorfreude auf den Tag der Eröffnung.

Auf diese Weise werden Sie eins mit Ihrem Ziel! Bereiten Sie sich ganz konkret auf die Sache vor. *„Hilf Dir selbst, dann hilft Dir Gott."*, heißt es. Wenn Sie selbst ein paar deutliche Schritte in die richtige Richtung machen, dann kommt auch Hilfe von allen Seiten, und der Rest regelt sich fast von ganz alleine.

Wenn Sie Ihre Entscheidung einmal gefällt haben, denn ist es von Vorteil, darüber nur mit solchen Menschen zu sprechen, die Ihre Entscheidung unterstützen und gutheißen. Ansonsten behalten Sie Ihre Pläne besser erst einmal für sich, da die Energie von Neidern und Zweiflern sowie von Menschen, die Ihnen nicht zutrauen, dass Sie das schaffen, was Sie sich vorgenommen haben, sich negativ auf Ihr Vorhaben auswirken kann, und diese Menschen versuchen könnten, Ihnen Ihren Plan auszureden. Zweifel ist Gift! Also teilen Sie Ihre Vision nur mit den Menschen, die wissen, dass es möglich ist und Sie Ihr Ziel erreichen können.

Wenn uns unsere Realität nicht gefällt, haben wir jederzeit die Möglichkeit, uns einfach mit einer festen Entscheidung umzuentscheiden und mit viel Willenseinsatz sofort den neuen Glaubenssatz zu leben. Wenn das nicht funktioniert, dann müssen wir wieder zurückrudern zu Kapitel 9.2 „Annahme ist die Lösung". Wenn wir festhängen im Glauben, so gibt es für alle gläubigen Christen einen guten Ansatz. In Römer 8.1 steht: *„Also ist jetzt keine Verdammnis für die, die im Christus Jesus sind, denn das Gesetz des Geistes des Lebens in Christus Jesus hat mich frei gemacht von dem Gesetz der Sünde und des Todes."* Darauf kann sich ein gläubiger Christ berufen und im Gebet sagen: *„Ich habe nicht die Kraft, diesen Glaubenssatz zu ändern."* Und er kann sich auf dieses Gesetz des Geistes des Lebens berufen, das stärker ist als alles andere, und dann im Gebet sagen: *„Jesus Christus, ich kann es nicht ändern. Ändere Du es für mich.“*, und das im Glauben dann auch annehmen. Das ist die elegante Variante für gläubige Christen.

Ihren neuen Glaubenssatz bringen Sie dann mit Ihrem Ziel in Verbindung, und zwar mit dem Prozess der Zielmanifestation, die ich in Kapitel 10 beschrieben habe. Anschließend gehen Sie mit den Ankerbändchen durch den Tag und achten achtsam auf Ihren Glauben. Da wir jedoch zu viele Gedanken haben, als dass wir die komplett kontrollieren könnten – je nach Studie denken wir zwischen 60.000 und 80.000 Gedanken am Tag, auf jeden Fall zu viele, um sie zu kontrollieren –, ist es sinnvoll, stattdessen auf unsere Gefühle zu achten. Wir wissen ja, dass Gefühle aus Gedanken entstehen. Und solange unsere Gefühle gut sind, sind unsere Gedanken folglich auch gut. Wenn wir uns jedoch aus welchen Gründen auch immer schlecht fühlen, dann sollten wir uns fragen, was wir jetzt gerade so glauben und warum wir so etwas glauben. Dadurch wird uns bewusst, welcher Glaubenssatz dahintersteckt. Und dann benutzen wir unser linkes Ankerbändchen und sagen entschlossen: *„Stopp! Diesen Gedanken lehne ich entschieden ab! Dem entziehe ich meine Zustimmung.“* Anschließend switchen wir uns um und lenken unseren Fokus wieder auf *den* Glauben, den wir bezüglich unseres Themas wirklich glauben wollen. Und wenn wir merken, dass wir innerlich umgestiegen sind, dann ziehen wir an dem rechten Bändchen. Nach ein paar Tagen brauchen Sie die Bändchen wahrscheinlich nicht mehr. Dann reicht es, wenn Sie mit dem Finger leicht gegen das linke oder rechte Handgelenk schnippen. Ein wenig später reicht es dann schon, wenn Sie ganz kurz einfach die linke oder rechte Faust ballen, und noch etwas später reicht bereits ein Gedanke daran.

Jeder Tag sollte mit einer abendlichen Reflexion enden. Reflexion bedeutet, Vergangenes, Gegenwärtiges und Zukünftiges miteinander zu verbinden, indem wir uns fragen: *„Wie ist es denn gelaufen heute? Was ist mir eventuell wann und warum aus dem Ruder gelaufen?“* Wenn wir das tun, machen wir eine kleine meditative Betrachtung. Dann sind wir nicht mehr *in* der Situation, sondern betrachten sie von außen. Wir ziehen dadurch auch die Energie aus dieser Situation heraus, sodass uns so etwas nicht noch einmal widerfährt. Dann können wir gleich weitermachen und uns diese Angelegenheit so vorstellen, wie sie perfekt gelaufen wäre. Da unser Verstand ja in der Regel die Zukunft aus der Vergangenheit konstruiert, ändern wir sozusagen die Zukunft, indem wir während unserer abendlichen Reflexion die Vergangenheit korrigieren und ändern.

Als nächsten Schritt können Sie sich noch einmal bewusst die Reaktion anderer Menschen vors geistige Auge rufen und reflektieren, wie andere in der betreffenden Situation auf Sie reagiert haben, um dann immer mehr zu merken, dass das von Ihnen ausgegangen ist. So lernen wir, diese Macht auch anzunehmen. Insofern sind auch andere Menschen unser wunderbarer Spiegel, der uns reflektiert, inwieweit wir unsere Macht wirklich angenommen haben. Es ist definitiv wahr: Die Welt ist mein Spiegel!

Es gibt sieben Spiegel der Erkenntnis, und die ersten drei Spiegel sind einfach zu verstehen. Der erste Spiegel ist der Spiegel der Gegenwart: „*Was wird mir jetzt gerade von anderen in meinem Umfeld gespiegelt?*“, und zwar über alle fünf Sinne – Sehen, Hören, Riechen, Schmecken und Fühlen. Dann schließt sich gleich der zweite Spiegel an: „*Von dem, was mir jetzt von anderen in meinem Umfeld gespiegelt wird, was davon verurteile ich in diesem Moment? Was lehne ich davon ab?*“ Auch da erkennen wir dann, welche Angst, Wut oder Ablehnung in uns ist und an welchen Glaubenssätzen wir wunderbar arbeiten können. Der dritte Spiegel ist auch einfach: „*An was will mich mein Gegenüber erinnern?*“ Das sind häufig Qualitäten des Gefühlslebens, bei denen wir uns vielleicht daran erinnern, dass wir diese einmal hatten, die wir in unserem Leben aber irgendwann verloren haben. Es wäre ein ganzes Buch wert, alle sieben Spiegel „auseinanderzunehmen“, aber wir belassen es hier und jetzt bei diesen drei Spiegeln, denn sie helfen uns, unsere Macht anzunehmen.

13.1 – Die Reaktion anderer Menschen beeinflussen

Wir haben im Laufe dieses Buches gesehen, dass Menschen, die sich aufeinander konzentrieren, miteinander verschränkt sind. Es passiert also etwas mit den anderen Menschen, wenn wir an sie denken. Wenn ich Live-Veranstaltungen durchführe, demonstriere ich das auch sehr gerne, und zwar lässt sich das sehr leicht mit einem kinesiologischen Muskeltest demonstrieren. Wenn ich mich hinter einen Teilnehmer stelle und ihn bitte, immer wieder den ausgestreckten Arm so stark wie möglich anzuspannen, und ich dabei direkt auf seinen Rücken schaue und mich auf ihn konzentriere, dann macht es einen riesigen Unterschied, ob ich ihn innerlich umarme, ihm Liebe sende, ihn als einen tollen Menschen und stark sehe, oder ob ich mich auf ihn konzentriere und ihn als jämmerlich, klein und schwach betrachte. Wenn ich ihm positive Energie schicke, ist der Arm bärenstark, und wenn ich ihm negative Energie schicke, ist der Arm sofort schwach. Die Seminarteilnehmer sind dann häufig sehr erstaunt, sodass ich dann bei kleineren Veranstaltungen auch gerne noch erkläre, wie das genau funktioniert. Dieses Experiment lässt sich auch über weite Entfernungen durchführen und ist immer wieder reproduzierbar. Es handelt sich hier nicht um etwas, was nur irgendein Dozent kann, wir alle machen das im Grunde ohne Unterlass. Wenn wir die Reaktion anderer Menschen bewusst verändern wollen, dann ist es sehr wichtig, dies zu erkennen und zu verstehen.

Im Allgemeinen ist es so, dass wir, wenn andere Menschen uns im Leben komisch behandeln, sie nicht nett zu uns sind oder uns sogar hintergehen, dann hinterher oft sagen: *„Irgendwie habe ich schon geahnt, dass mit dem etwas nicht stimmt.“* Über einen solchen Satz sollten wir nachdenken. Was bedeutet es denn, etwas *„schon geahnt“* zu haben? Ganz einfach: In Wahrheit haben wir es schon *geglaubt*. Und Glaube ist das, was wir als Wahrheit akzeptieren. **Der Mensch bekommt nicht das, was er will, sondern das, was er glaubt!**

Wenn ich Führungskräfte coache und es geht um die Frage, wie wir den Team-Spirit verbessern können beziehungsweise wie wir mehr Motivation in ein Team hineinbekommen können, dann gibt es natürlich sehr viele ganz praktische Lösungsansätze, die man ausprobieren kann, die jetzt allerdings hier nicht Bestandteil dieses Buches sind, aber es gibt eine Übung, die ich jedes Mal mit diesen Führungskräften durchführe und die durchaus auch Bestandteil dieses Buches ist, nämlich dass ich die jeweilige Führungskraft bitte, einmal ganz ehrlich aufzuschreiben, was sie denn wirklich glaubt in Bezug auf ihre einzelnen wichtigen Mitarbeiter oder Abteilungsleiter. Und es gibt ganz viele Führungskräfte, die dann in Bezug auf die meisten ihrer Mitarbeiter schreiben: „*Das ist ein super Mitarbeiter. Der bringt Leistung, der ist eine Stütze für das Unternehmen.*" Es gibt aber auch einige Mitarbeiter, über die sie dann schreiben: „*Er bringt es nicht richtig. Er kann es nicht richtig. Er ist vielleicht doch nicht so loyal. Ich traue ihm nicht so richtig.*" Nun, all das, was eine Führungskraft wirklich über ihre Mitarbeiter denkt und glaubt, führt dazu, dass sie diese quasi dazu zwingt, sich genau so zu verhalten, sodass sich dieser Glaube in der Praxis bewahrheitet, weil sie ja zwangsweise mit ihren eigenen Mitarbeitern immer wieder verschränkt ist, also mit ihnen zusammen ist und sich auf sie konzentriert. Ich habe noch nie erlebt, dass eine Führungskraft mit allen Mitarbeitern zufrieden war, es waren immer etliche dabei, über die die Führungskraft nicht wirklich sehr viel Gutes dachte beziehungsweise glaubte.

Wenn die Führungskraft nun ihren Glauben in Bezug auf ihre Mitarbeiter ändert – mit den Methoden, die ich ja bereits beschrieben habe –, erzielen wir in aller Regel innerhalb weniger Wochen erstaunliche Ergebnisse, denn diese Veränderung des Glaubens verändert nicht nur das Verhalten der Führungskraft selbst, sondern sie verändert auch ganz stark die Reaktion des Mitarbeiters, sodass mir die Führungskraft in der Regel bereits nach vier bis sechs Wochen (spätestens wenn wir einen zweiten Termin haben) bestätigt: „*Es ist wie verrückt, wie von Zauberhand! Es macht Freude, es macht Spaß, wir haben Motivation im Team, das läuft wie geschmiert!*"

Glauben Sie mir: Gerade wenn es um Team-Spirit geht, ist es immer wieder dieser eine entscheidende Punkt – was die Führungskräfte über ihre Mitarbeiter denken beziehungsweise glauben –, der essentiell ist. Alle anderen Punkte, wie Mitarbeiter durch Anreize zu motivieren oder Mitarbeiter vor anderen zu loben und so weiter, kommen danach an zweiter Stelle.

Das Gleiche können wir auch auf unseren Lebenspartner übertragen. Hier ist das besonders wichtig, denn mit dem sind wir ja in der Regel am meisten zusammen und am intensivsten miteinander verschränkt. Und jeder, der einen Lebenspartner hat, sollte sich einmal ganz ehrlich die Antworten zu den folgenden Fragen notieren: *„Was glaube ich denn wirklich über meinen Lebenspartner? Was denke ich über seinen Intellekt? Glaube ich, dass er mich wirklich liebt? Ist er mir auch wirklich treu? Kann ich mich auch im Ernstfall wirklich auf ihn verlassen? Haben wir ein erfülltes Sexualleben? Wie ist das Zusammensein?“* Es ist mitunter eine gute Übung, auch hier und da den Glauben gegenüber seinem eigenen Lebensgefährten zu verändern.

Genauso wichtig ist es für jemanden, der im Vertrieb tätig ist, sich zu überlegen: *„Was glaube ich denn in Bezug auf meine Kunden? Glaube ich: ‚Das wird schwierig mit dem.‘, oder glaube ich: ‚Hey, da ist alles klar. Wir verstehen uns blendend. Das läuft wie bei guten Freunden.‘, oder glaube ich: ‚Der macht Probleme.‘, oder glaube ich: ‚Er zahlt gut.‘ oder ‚Er zahlt schlecht.‘? Glaube ich, dass er zufrieden ist mit meiner Leistung, die ich erbracht habe, oder mit meinem Produkt, das ich geliefert habe?“* Alle Vertriebler seien gewarnt: Sie werden früher oder später mit Ihren Kunden in Resonanz gehen. Früher oder später werden Sie mit Ihrem Kunden quantenmechanisch verschränkt sein, und spätestens dann zwingen Sie ihn, sich so zu verhalten, dass er das bestätigt, was Sie wirklich über ihn glauben. Ich sage hiermit nicht, dass damit der Verkaufserfolg oder -misserfolg in Gänze festgelegt ist, aber wir können es uns auch extrem leicht oder eben auch extrem schwer machen damit.

Es gibt einen kleinen Trick, falls es einmal schnell gehen muss und man nicht die Zeit oder Konzentration hat, seinen Glauben zu einer anderen Person zu ändern. Insbesondere im Verkauf hat sich dieser kleine Trick gut bewährt. Wenn es noch kleine Zweifel gibt, ob der Glaube auch wirklich ausreicht, um zu einem positiven Resultat bei dem Verkaufsgespräch zu führen, dann können Sie sich hinsetzen und schnell zehn gute Gründe aufschreiben, wieso Ihr Gesprächspartner das Angebot annimmt und sich freut, mit Ihnen zusammenzuarbeiten, also zehn Punkte, wieso Sie selbst davon überzeugt sind, dass alles so ist, wie Sie es wollen. Das geht theoretisch sogar im Kopf und unmittelbar vor dem Verkaufsgespräch. Und selbst wenn einem auf die Schnelle nur fünf Punkte einfallen sollten, dann ist das besser, als überhaupt nicht darüber nachgedacht zu haben.

Beispiele für die eigene Überzeugung und Glauben:

- *„Ich bin überzeugt, dass der Kunde den Vorteil meines Produktes erkennt und mir heute den Auftrag erteilt.“*
- *„Der Kunde schließt bei mir den Vertrag ab, weil er weiß, dass er bei mir in den besten Händen ist.“*
- *„Der Kunde hat das Angebot angenommen, weil ich die besten Referenzen habe.“*

Wir können das auch übertragen auf Freunde: *„Kann ich mich auf diese Person verlassen? Traue ich ihr wirklich?“* Und wenn Sie ein bisschen darüber nachdenken, werden Sie einsehen, dass es logisch ist, dass Sie bei sich selbst die Ursachen setzen und so durch einen bewussten Umgang damit lernen, Ihre Macht anzunehmen und bewusst anzuwenden.

Kapitel 14 – Praxisbeispiele

Bevor wir jetzt gleich zu einigen ausgewählten Praxisbeispielen kommen, möchte ich nochmals kurz die wichtigsten Aussagen dieses Buches zusammenfassen.

- **Das Leben ist das Ergebnis der vielen Entscheidungen, die wir in unserem Leben irgendwann einmal getroffen haben!** Eine Entscheidung treffen wir in einer Sekunde. Um diese Entscheidung in dieser einen entscheidenden Sekunde treffen zu können, kann es manchmal sein, dass wir dafür zuvor jahrelange Leidensfähigkeit benötigen. Es gibt aber auch unzählige Situationen, in denen wir uns, ohne erst leiden zu müssen, einfach so von einer Sekunde auf die andere für etwas Neues entscheiden und dadurch augenblicklich unseren Glauben und so unser Leben zum Positiven verändern.
- **Der Mensch bekommt nicht das, was er will, sondern er bekommt das, was er wirklich glaubt!** Der Glaube kann durch konkrete Entscheidungen verändert werden. Sehr häufig provoziere ich meine Klienten mit dem Satz: *„Wenn Ihnen Ihr Leben nicht gefällt, wenn Ihnen diese Situation nicht gefällt, dann glauben Sie doch etwas anderes."* Und ich erhalte dann oft als Antwort: *„Ja, ich weiß, ich würde es gerne glauben, aber ich kann es einfach nicht glauben."*
- **Die Entstehung unserer Glaubenssätze kann weit zurückgehen, bis in den unbewussten Bereich unserer frühen Kindheit.** Wenn wir etwas glauben wollen und anfangen, uns auszumalen, wie das wäre, wenn wir das wirklich glauben könnten, wir aber gleichzeitig wissen, dass es einen Teil von uns gibt, der das nicht glauben kann, dann gibt es uns in solchen Fällen sozusagen zweimal. Diesen zweiten Teil, der das einfach nicht glauben kann und etwas anderes glaubt als das, was wir gerne glauben würden, den lehnen wir ab. Wenn wir einen Teil von uns ablehnen, dann

wird dieser abgelehnte Teil von uns aktiv. Er entwickelt eine sehr starke emotionale Ladung, die wiederum die dazugehörigen Gedankennetzwerke einschaltet, was dazu führt, dass wir wieder dementsprechend handeln müssen, sodass wir in der Praxis in der Regel keine Chance haben, uns dagegen zu wehren. Wir erkennen zwar häufig hinterher, dass wir etwas getan haben, was wir nicht wollten, aber dann ist es zu spät. Theoretisch lässt sich das mit ganz viel Willenseinsatz überwinden, aber dafür muss man bereit sein, diesen Preis zu bezahlen und das auch wirklich durchzuhalten.

Wenn es bei jemandem, der all dieses Wissen hat und auch anwendet, trotzdem nicht so klappt, wie er es gerne hätte und wie er es gerne glauben möchte, dann frage ich ihn Folgendes: *„Glauben Sie denn, dass Sie es wirklich wert sind, so zu sein, wie Sie es gerne hätten und beschrieben haben, und diese Dinge zu haben, die Sie sich wünschen?"* Und in sehr vielen Fällen bekomme ich die Antwort: *„Na ja, ehrlich gesagt glaube ich nicht so richtig, dass ich es wirklich wert bin."* Das ist ein sehr weit verbreiteter unbewusster Glaubenssatz, der sehr vielen Problemen zugrunde liegt. Darüber sollten wir alle einmal nachdenken, also ob wir wirklich glauben, dass wir es auch wert sind, unsere Ziele zu erreichen. Ansonsten wäre es eine wunderbare Aufgabe, diesen Glaubenssatz einmal zu bearbeiten.

Sehen wir uns nun einige Praxisbeispiele an, um noch mehr ein Gefühl dafür zu bekommen, wie wir unseren Glauben in konkreten Situationen verändern können, um auf diese Weise unsere eigene Macht anzunehmen und unsere Ziele zu erreichen.

14.1 – Der Immobilienmakler

Ein Immobilienmakler suchte mich auf. Er war bei einem großen Immobilienbüro angestellt und konnte dort an einer Internet-Plattform partizipieren, die dieses Büro aufgebaut hatte, und auch an der Werbung, die es schaltete. Über diese Firma bekam er auch Kunden und sogar Objekte sowie die entsprechenden Softwareprogramme, um neue Exposés und Pläne für die Immobilienobjekte zu erstellen. Er war also rundum in einer sehr guten Situation, und er verdiente auch gut Geld.

Als ich ihn fragte, was sein Anliegen sei, sagte er: „*Na ja, ich könnte so viel mehr verdienen. Ich bekomme nur so wenig von meinem Chef. Der zockt mich ab. Ich könnte deutlich mehr verdienen.*“ Ich fragte ihn, ob er denn mit seinem Chef schon mal darüber gesprochen hätte, woraufhin er sagte: „*Das hat keinen Sinn. Mit dem Mann kann man nicht reden. Der ist so. Der kennt kein Erbarmen. Ich mache die ganze Arbeit für ihn.*“ Ich machte ihm klar, dass er, solange er genau das glaubt, auch genau dies als Realität in seinem Leben erleben muss. Ich schlug ihm vor, den Glauben über seinen Chef zu verändern, was er allerdings kategorisch ablehnte.

Dann fragte ich ihn: „*Was wollen Sie denn wirklich? Wovon träumen Sie denn?*“ Er träumte davon, sich selbstständig zu machen und in seinem eigenen Namen ein eigenes Immobilienbüro aufzumachen und viel Geld zu verdienen. Er konnte sich das auch sehr gut vorstellen, was verständlich ist, da er diese Arbeit ja auch kennengelernt hatte. Also sagte ich: „*Dann tun Sie es! Kündigen Sie! Machen Sie sich selbstständig!*“ Damit provozierte ich das, was ich auch provozieren wollte, nämlich dass er mir verraten hat, was denn dieser kleine, schwache Teil von ihm, der ihn immer wieder daran hindert, es zu tun, in Wahrheit glaubt: „*Ja, wie soll das denn gehen? Ich weiß gar nicht genau, welche rechtlichen Anforderungen ich dafür zu erfüllen habe. Außerdem habe ich keine Homepage und keine EDV-Programme. Ich bräuchte ja die richtigen Zulassungen und müsste ein Gewerbe anmelden. Ich bräuchte Visitenkarten, Briefbögen und Stempel. Das Ganze ist ja ein Riesenthema. Das wird schwer. Das dauert lange.*“

Nun, bei diesem Immobilienmakler war ganz eindeutig herauszukristallisieren, was denn die beiden Teile von ihm waren, die hier nicht zusammenzubringen waren. In einer kleinen Meditation konnte ich ihm beide Bereiche bildhaft veranschaulichen. Ich bat ihn, sich den starken Teil, den er leben wollte, genau vorzustellen, sich aber anschließend auch alternativ wirklich hineinzusteigern in diesen kleinen, schwachen Teil, der sich nicht traut und der den Chef ertragen muss und sich tagtäglich ärgert, tagtäglich das Gefühl hat, er könnte mehr verdienen, er könnte mehr erreichen, der aber nichts kann, nichts will, sich nichts traut und glaubt, dass er nichts wert ist.

Das würde ich auch jedem empfehlen, sich wirklich vorzustellen: *„Wie sehe ich aus? Wie stark bin ich? Was sage ich? Wie fühle ich mich?"*, und zwar für beide Teile, also für den starken Teil, der genau weiß, was er will, aber auch für den schwachen Teil, der einen daran hindert, wirklich *„Ja!"* zu sagen.

Wir haben uns dann betrachtet, was er denn eigentlich gegen sich selbst hatte, und er sagte: *„Ich verabscheue diesen Teil."*, was ja konkret bedeutet, dass er einen Teil von sich selbst verabscheute, einen Teil von sich selbst ablehnte. Diese Abscheu haben wir visualisiert. Wir haben uns betrachtet, wo in seinem Körper er diese Abscheu empfinden konnte. Das war bei ihm sogar im Darmbereich so schlimm, dass er dort auch wirklich definitive Symptome hatte, weswegen er sogar in ärztlicher Behandlung war. Diese Abscheu war bildhaft gesehen ein stinkender Morast, der zwischen ihm und dem Teil lag, den er nicht mochte. Durch die Übung, die ich mit ihm durchgeführt habe, war er in der Lage, diese Abscheu aufzulösen. Der Morast verschwand. Die Symptome in seinem Darm verschwanden ebenso. Er war in der Lage, auch diesen Teil von sich anzunehmen, *„Ja!"* dazu zu sagen: *„Auch das bin ich, auch das gehört zu mir!"*, und sich in Liebe und in Gänze anzunehmen.

Nachdem das geschehen war, sah er ganz anders aus. Er war größer, er war stärker, er war klar, und ich sah ihm an: Dieser Mann hat sich entschieden. Und das sagte er dann auch: *„Ich mach das jetzt! Das habe ich jetzt gerade fest entschieden. Ich weiß zwar noch nicht wie, aber ich mach es."* Das Nächste, was passierte, war, dass er noch am selben Tag mit einem Bekannten sprach, von dem er wusste, dass er sich schon mal mit dem Thema Homepage beschäftigt hatte. Und der sagte: „*Klar, ich bin da mittlerweile ganz fit. Ich mach Dir die Homepage. Und ich habe noch einen Freund, der ist topfit mit Briefbögen und Visitenkarten. Das müssen wir sowieso gestalten. Wir brauchen ein Logo für Dich. Wir beide machen das für Dich.*“

Er bekam kostenlos die Homepage gemacht, weil sie sich kannten. Er hatte gar nicht gewusst, dass sein Bekannter so etwas konnte. Und er bekam auch Briefbögen und Visitenkarten. Ein anderer Bekannter hatte ein erstes Objekt für ihn: „*Ich wollte eigentlich zu einem anderen Makler gehen, aber wenn Du Dich jetzt selbstständig gemacht hast, hey, dann gebe ich Dir das.*“ Er hatte ein erstes Objekt! Er verkaufte das erste Objekt, kassierte die ersten Provisionen, und er investierte auch gut. Mittlerweile ist er der Platzhirsch der Region, wo er lebt und arbeitet, verdient einen Haufen Geld und ist glücklich. Und er ist erstaunt, wie sich alles gefügt hat, sobald er sich selbst angenommen und gelernt hatte, sich selbst zu lieben, und sobald er selbst die Entscheidung getroffen hatte.

14.2 – Telefon-Nottermin

Bei diesem Beispiel handelt es sich um eine telefonische Beratung bei einem wirklichen Nottermin. Ein erfolgreicher Firmenchef, der mich bereits kannte, weil er mich schon mehrmals zu dem Themenbereich „Motivation von Mitarbeitern und Kommunikationstraining“ für sein Unternehmen gebucht hatte, bat dringend um einen Nottermin – egal wie spät es wäre, ich sollte ihn doch wenigstens noch zurückrufen, er wisse nicht mehr ein noch aus. Das war die Information, die ich von meiner Frau bekam, als ich am späten Abend nach Hause kam, was dann dazu führte, dass ich gesagt habe: „*Okay, dann ruf ich ihn noch an.*“

Dieser Firmenchef war vollkommen aufgelöst. Er hatte sich in etwas hineingesteigert, was ihm regelrecht schlaflose Nächte bereitete und auch sehr große Spannungen im Nacken sowie Kopfschmerzen und Magenprobleme. Er konnte sich einfach nicht entscheiden, ob er sich nun impfen lassen sollte oder nicht. Er war total verwirrt. Er hatte die vielen Impfmotivationssendungen gesehen und die Mainstream-Informationen erhalten und auch die Informationen von seinem Arzt, dass es wichtig sei, sich impfen zu lassen. Er wollte es jedoch eigentlich nicht. Er hatte sich auch über alternative Kanäle über Impfrisiken usw. informiert. Das Ergebnis war, dass er nun restlos verwirrt war. Er wusste nicht mehr, was er glauben sollte. Er war wie in Trance und hatte buchstäblich die Kontrolle über sich verloren. *„Ich weiß nicht, was wirklich richtig ist. Meinem Hausarzt vertraue ich schon so lange und so sehr. Er sagt, das wäre absolut risikolos und ich solle mich doch impfen lassen."* In den alternativen Medien hatte er jedoch auch ganz andere Informationen gefunden. Diese Situation hatte ihn regelrecht zerteilt, regelrecht zerrissen. Ich hatte ihn dann gefragt, wie er sich denn entscheiden würde, wenn er *nicht* die Nachrichten gesehen und *nicht* mit seinem Arzt gesprochen hätte und wenn er sich *nicht* in den alternativen Medien informiert hätte, ob er sich denn dann impfen lassen würde. Da hat er gesagt: *„Selbstverständlich nicht!"* Ich fragte ihn: *„Wollen Sie sich denn eigentlich impfen lassen?"* Und er sagte: *„Nein, ich will das nicht."*

Ich möchte an dieser Stelle ganz klar und deutlich betonen, dass ich diesbezüglich keine Stellungnahme abgegeben habe, auch nicht in diesem Coaching, und auch keine abgeben werde. Zu so einer Entscheidung kann ich nicht beitragen. Ich kann jedoch dabei helfen, dass ein Mensch Klarheit bekommt. Er wollte sich definitiv nicht impfen lassen, also sagte ich, dann solle er es doch einfach sein lassen.

Und dann ging es los. Er kam mit den klassischen Einwänden, die die Plappermäuler seines Bewusstseins ihm lieferten: *„Ja, wie soll das denn gehen? Ich darf dann gar nicht mehr reisen. Ich kann ja nirgendwo mehr hin. Ich kann nicht mehr essen gehen. Ich kann nicht mehr in die Freizeiteinrichtungen. Ich habe Mitarbeiter, von denen ich verlangen muss, dass sie das machen – ich soll darauf hinweisen –, und ich muss die Hygiene-Regeln einhalten in meinem Unternehmen, und ausgerechnet ich als Chef bin dann nicht geimpft. Ich habe keine Ahnung, wie das funktio-*

nieren soll. Wenn die Mitarbeiter erfahren, dass ich mich nicht impfen lasse, während ich es ja gleichzeitig offiziell verlangen muss und darauf hinweisen sollte und die Maßnahmen einhalten soll in dem Unternehmen, das ist Wahnsinn. Ich habe wirklich keine Ahnung, wie ich das machen soll.“

Dies ist zur Zeit (August 2022) ein sehr aktuelles Thema – „Impfen Ja/Nein“ –, und diese Bedenken haben ganz viele Menschen. Und der Verstand weiß nicht, wie es gehen soll. Ich möchte an dieser Stelle auch noch mal ganz kurz darauf hinweisen, dass wir wirklich in unserer Glaubensblase leben. Und diese Glaubensblase wird ja gefüttert durch das, was wir glauben und was wir uns vorstellen. Und wenn wir es fertigbringen, so zu leben, als wäre diese Realität, für die wir uns in dieser Glaubensblase bewusst entschieden haben, bereits sichtbar, dann wird sie sichtbar. Wenn wir es fertigbringen, unseren Fokus auf das zu halten, was wir glauben, und nicht auf das, was wir sehen, den Fokus zu halten auf unsere Glaubensblase, auf das, was wir wollen, und daran glauben und darauf vertrauen, dass wir dann auch in dieser Welt leben, dann muss auch das möglich sein. Ich habe ihm das erläutert. In dem Moment konnte er jedoch nicht einfach so die Entscheidung treffen, sodass in diesem Fall wiederum das Standardprozedere einsetzen musste.

Also leitete ich ihn dazu an, sich auszumalen, wie wunderbar es ist, in seinem Körper zu leben, der wirklich auf die eigene Stärke, die eigene Resilienz aufgebaut ist, die gegen alles hilft und ihn schützt, und wie er stark und vital durchs Leben geht, als wäre er in einer Blase, wo es diese ganze Impf-Thematik für ihn nicht gibt. Und es gab diesen zweiten Teil von ihm, der glaubte, dass das nicht geht, und der glaubte, er könne überhaupt nichts mehr, sein Geschäft würde darunter leiden, seine Mitarbeiter würden Probleme machen und er könnte keine Freude mehr haben im Leben. Diesen Teil hat er abgrundtief gehasst. Und dem aufmerksamen Leser ist klar, was los ist. Beides ist ja in Wirklichkeit er. Er hasste einen Teil von sich selbst. Er lehnte diesen Teil von sich selbst ab, was dazu führte, dass dieser Teil bei ihm immer wieder aktiv wurde.

Unter meiner Anleitung lernte er dann, auch diesen Teil zu akzeptieren und anzunehmen, auch diesen Teil zu lieben und zu integrieren, sodass er anschließend wieder komplett und ganz war. Ich habe ihm nicht gesagt, wie er sich entscheiden sollte, aber ich habe ihm geholfen, eine Entscheidung zu treffen. Er hat sich entschieden, sich nicht impfen zu lassen. Er hat sich dafür entschieden, auf seine natürliche Stärke, auf die gottgegebene Schöpfung zu vertrauen und auch auf sein Immunsystem, und er hat sich fortan darauf verlassen, dass er in dieser Glaubensblase leben und sie aufrechterhalten kann, egal wie die Umstände um ihn herum sind.

Später hat er mir berichtet, dass es kaum zu glauben sei. Er sei in Restaurants gewesen, er hätte Besuche gemacht, er sei auf Reisen gewesen, hätte in Hotels eingecheckt – und auf wundersame Weise wäre er nirgendwo gefragt worden, ob er sich hatte impfen lassen, und nie hätte jemals jemand irgendwo einen Nachweis von ihm verlangt. Er sagte: *„Ich lebe in einer Welt, die so anders ist als die Welten der anderen. Ich lebe in dieser Welt wie ein Alien, und es funktioniert. Irgendetwas muss die anderen Menschen dazu bewegen und dazu bringen, dass sie mich so behandeln als wäre alles gut. Keiner will etwas von mir. Keiner fragt etwas. Ich lebe.“* Er war unendlich dankbar für diese Erfahrungen.

14.3 – Chemotherapie

Bei diesem Beispiel geht es um einen sehr erfolgreichen Vertriebsleiter, der um einen Termin mit mir bat. Bei diesem Termin sagte er mir, es gehe in keiner Weise um Geld, Erfolg oder Beruf – das laufe alles prima –, sondern es gehe um seine Gesundheit, er habe Krebs. Daraufhin sagte ich ihm, dass ich sicherlich keine Krebsbehandlung mit ihm machen könne, und ich fragte ihn: *„Sind Sie sicher, dass Sie hier an der richtigen Adresse sind?“* Er sagte: *„Ja! Sie sind mir dringend empfohlen worden.“* Er hatte vor etwa sechs Monaten die Diagnose „Krebs“ erhalten. Es wurde untersucht, es wurde diagnostiziert, und die einhellige Meinung der Ärzte war, dass dieser Krebs mit einer Chemotherapie behandelt werden sollte. Auf der anderen Seite kannte er aber auch eine sehr gute und erfolgreiche Heilpraktikerin, die gerade auch im Bereich „Bekämpfung von Krebs" einen sehr guten Ruf hatte, sehr gute Erfahrungen vorweisen konnte und auch sehr gute therapeutische Ansätze anbot. Diese Ansätze waren sehr teuer, was jedoch für den Vertriebsleiter überhaupt kein Problem war. Er verfügte über ausreichend Geldmittel.

Sein Problem war, dass er sich entscheiden musste. Er konnte sich aber nicht entscheiden. Der Arzt bedrängte ihn, die Chemotherapie durchzuführen. Die Chemotherapie war von der Krankenkasse genehmigt worden und auch sehr teuer. Er sagte: „*Wenn ich die nicht mache... Ich weiß nicht, was ich meiner Krankenkasse sagen soll und was dem Arzt. Ich vertraue eigentlich der Heilpraktikerin, aber das ist sehr gewagt, es ist jedenfalls nicht Mainstream.*" Er wagte es also nicht, seinem Arzt zu widersprechen. Er konnte sich nicht entscheiden. Diese Zerrissenheit hat ihn in einer solchen Weise zermürbt, dass die Symptome alle noch schlimmer wurden.

Und auch hier ging es wieder um die entscheidendste Frage, die ich auch ihm dann stellte: „*Was wollen Sie denn wirklich? Fragen Sie sich nicht, was der Arzt will. Fragen Sie sich nicht, was die Heilpraktikerin will. Fragen Sie sich nicht, was die Krankenkasse will. Fragen Sie sich, was Sie wollen? Was wäre **Ihnen** denn lieb?*" Daraufhin sagte er ganz trocken und klar: „*Wissen Sie was, Dr. Dinero, ich will garantiert keine Chemotherapie. Auf gar keinen Fall! Ich will das machen mit der Heilpraktikerin. Und wissen Sie was?*", sagte er weiter, „*Ich habe mich gerade jetzt in diesem Augenblick fest entschieden.*"

Das waren Worte, das waren Blicke, da war eine Kraft zu spüren, dass ich jetzt, während ich diese Zeilen schreibe, wieder eine Gänsehaut bekomme durch die Erinnerung daran, wie sich dieser Mensch in einem einzigen Augenblick komplett verändert hat. Er wurde um so viel stärker und klarer. Er hat einfach so eine Entscheidung getroffen. Auch das gibt es manchmal.

Monate später hatten wir wieder Kontakt, und ich fragte ihn, wie es denn so gelaufen war. Er sagte: „*Mir geht es sehr gut. Ich schlafe wieder gut. Ich habe überhaupt gar keine Symptome mehr. Der Ansatz der Heilpraktikerin ist wunderbar. Das funktioniert. Ich bin wie im Jungbrunnen. Die Krankenkasse hat das auch akzeptiert, das war kein Problem. Auch der Arzt ist mir nicht böse, weil ich das anders mache. Der hat gesagt: ‚Okay, Sie können ja später immer noch kommen. Dann probieren Sie es eben aus.‘ Das war alles easy.*“ Die Reaktion anderer Menschen hat sich natürlich mit verändert, als er seine Entscheidung einmal gefällt hatte. Sein Körper war entstresst und entspannt. Er hatte seine Krise von einer Sekunde auf die andere beendet.

14.4 – Dauermedikamente

Ein Mann mittleren Alters, sehr erfolgreich als Unternehmer, bat um einen Termin und sagte mir direkt bei der Terminvereinbarung, es gehe nicht um irgendwelche firmentechnischen Dinge für sich oder seine Mitarbeiter, das hätte er alles wunderbar im Griff, er würde auch Geld verdienen, es ginge um seine körperliche Gesundheit und um Medikamenteneinsatz. Daraufhin sagte ich ihm natürlich, dass er da mal besser bei seinen Spezialisten und Ärzten vorbeischauen sollte. Er ließ sich jedoch nicht abwimmeln und sagte, ich wäre ihm wärmstens empfohlen worden und könne ihm bestimmt helfen. Also machten wir einen Termin.

Als wir uns trafen, erzählte er mir seine Geschichte: Vor zwanzig Jahren hatte er eine relativ heftige Herzerkrankung, Angina pectoris, sodass er letztendlich drei Stents eingesetzt bekommen hatte. Er hatte Nachoperationen, und er hatte auch eine Kur hinter sich. Er hatte sich dann durch Lebensstilveränderungen so einigermaßen wieder in den Griff bekommen und bekam von den Ärzten gesagt, dass er nun für den Rest seines Lebens jeden Tag ein blutverdünnendes Medikament und einen Cholesterinsenker einnehmen müsse.

„Das will ich nicht mehr.“, sagte er. *„Abgesehen davon, dass diese Medikamente sehr teuer sind, komme ich mir vor wie ein Krüppel, wenn ich bis zu meinem Lebensende Medikamente nehmen muss. Außerdem habe ich nach etwa zehn Jahren gemerkt, dass ich die typischen Nebenwirkungen habe, die mir ja auch beschrieben wurden und von denen bekannt ist, dass sie häufig vorkommen.“* Da er regelmäßig Routineuntersuchungen durchführte, hatte er seit sieben Jahren immer wieder Diskussionen mit seinem Spezialisten und seinem Kardiologen, ob es denn nicht eine Chance gebe, diese Medikamente zu reduzieren oder möglichst ganz abzusetzen.

Das Ergebnis war jedes Mal der Verweis auf aktuelle Studien, die belegen würden, dass die Häufigkeit von Ereignissen viel höher wäre, wenn er das Medikament nicht nehmen würde, sodass es bei dieser Studien- und Datenlage absolut unverantwortlich sei, die Medikamente abzusetzen. Auch der Hinweis auf seine Nebenwirkungen wurde abgeschmettert. Da müsse er mit leben, wurde ihm gesagt, das wäre das kleinere Übel, und wenn es schlimmer würde, gäbe es auch dafür dann entsprechende Medikamente. Da er einen sehr angesehenen Arzt konsultierte, glaubte er ihm.

Er erklärte mir: *„Das kann nicht sein. Ich bin ein Krüppel. Ich muss bis zu meinem Lebensende diese Medikamente nehmen und mich vergiften. Ich werde schwächer. Ich habe weniger Muskelleistung. Beim Stuhlgang habe ich Blut im Stuhl. Ich werde steif. Ich fühle mich nicht mehr voller Energie, und ich merke, dass ich abbaue.“* Diese Diskussion mit seinen Ärzten ging jetzt bei ihm also schon gut und gerne sieben Jahre, sodass er jetzt vor mir stand.

Nun, das war wirklich keine leichte Aufgabe, da ich ja definitiv kein Kardiologe bin und ich ihm daher auch nicht sagen konnte oder durfte (und das auch nicht wollte), ob er die Medikamente absetzen sollte oder nicht. Ich verfüge jedoch über anderes Wissen und kenne die geistigen Gesetze, die ich ihm dann erläutert habe, so wie sie auch hier im Buch stehen. Ich erklärte ihm, dass er letztendlich auch in seinem Körper, und zwar dort zuerst, danach auch in seiner Psyche und dann auch in seinem Geist Veränderungen erleben wird, wenn er seinen Glauben ändert und wirklich das lebt, was er glauben will. Auch hier ging es wieder um die entscheidende Frage: „*Was wollen Sie?*" In diesem Fall war die Antwort natürlich klar, jedoch war es nicht so einfach wie in dem vorherigen Beispiel. Er sagte ganz klar: „*Ich will das Zeug nicht mehr!*" Daraufhin sagte ich ihm, dann solle er doch die Entscheidung treffen.

Und dann kam heraus, dass er sich das nicht traute. Ich fragte: „*Was kann passieren?*" „*Ja, es könnte passieren, dass ich sterbe. Es könnte passieren, dass Ereignisse eintreten, so wie mein Arzt mir das erläutert hat, dass ich einen Rückfall habe, dass ich wieder Angina pectoris bekomme, dass ich einen Herzinfarkt erleide und noch weitere Stents eingesetzt bekomme und so weiter.*" Auf der anderen Seite konnte er sich jedoch bei einer kurzen meditativen Betrachtung sehen, wie er endlich frei war von dem Zeug, wie er Kraft hatte, wie er wieder jugendlich wurde, wie er wieder stärker und wieder beweglich war und gelacht hat und sich wirklich komplett fühlte und nicht mehr wie ein Krüppel. Es fiel ihm sehr leicht, sich da hineinzufühlen.

Und dieser starke Teil von ihm lehnte den schwachen Teil, der für den Rest seines Lebens Medikamente nehmen sollte, ab. Die entscheidende Frage war demnach auch hier, was er denn gegen sich selbst hatte. Er fühlte sich wegen sich selbst abgrundtief traurig. Ihm stand das Wasser in den Augen.

Der aufmerksame Leser weiß auch hier, welche Lösung die richtige ist. Liebe heilt alles! Die Lösung bestand für ihn darin, auch diesen Teil von sich anzunehmen und zu lieben und zu erkennen: „*Auch das bin ich! Auch diese Erfahrung gehört zu mir. Auch diese Mosaikbausteinchen haben dazu beigetragen, das Gesamtbild jetzt zu einem wunderschönen großen Bild zusammenzusetzen.*" Und so setzte auch er sich wieder in Gänze zusammen und traf die Entscheidung. Ich fragte ihn: „*Haben Sie den Mut? Glauben Sie es?*" Und er sagte: „*Ich glaube schon.*" Daraufhin fragte ich ihn, woher er denn wisse, ob er es glaubt. Da sagte er: „*Es ist gut. Ich fange sofort an.*“ Ich habe ihm noch empfohlen, da es sich hier ja um eine „Nicht-Tat“ handelt, diese Entscheidung noch mit einer Tat zu bekräftigen, indem er doch vielleicht einfach seine Medikamente wegwerfen sollte, wenn er sich schon entschieden hatte. Das war für mich ein Prüfstein, und sein Blick hat mir verraten, dass er das machen würde.

Er fasste einen Entschluss und änderte dadurch seinen Glauben. Er entschied sich zu glauben, dass er kerngesund sei und jede einzelne Körperzelle jugendlich und frisch. Er warf die Medikamente weg, arbeitete konsequent mit den Bändchen und lebte ab sofort sein Leben neu.

Diese Angelegenheit ist jetzt beim Schreiben dieses Buches etwa anderthalb Jahre her. Seit diesem Tag war er nicht mehr bei einem Arzt und fühlt sich fitter als die ganzen letzten 20 Jahre. Sämtliche Leistungs- und Fitnesswerte dieses Mannes haben sich extrem verbessert. Er hat keinerlei Probleme. Er hat sich verjüngt und ist stärker, beweglicher und freudvoller geworden, und er fühlt sich souverän, weil er jetzt die Kontrolle über sein Leben hat, und das ganz einfach, weil er eine Entscheidung traf und dadurch seinen Glauben veränderte und weil er durchs Leben geht und konsequent seine Glaubensblase aufrecht erhält.

14.5 – Der Strukturvertriebler

Ein Mitarbeiter eines großen Finanzdienstleistungsunternehmens, bei dem es verschiedene Karrierestufen gibt, bat, nachdem man ihn von Seiten der Firma dazu genötigt hatte, um einen Termin. Er und seine Führungskraft hatten mich bei einer Veranstaltung kennengelernt, bei der ich einen Vortrag hielt, und sie war der Meinung, er solle doch mal einen Termin mit mir vereinbaren.

Die Situation war relativ einfach: Dieser Mensch war recht zufrieden. Er verdiente sehr gutes Geld und hatte einen sehr überschaubaren zeitlichen Aufwand, um dieses Geld zu verdienen. Er fuhr einen ansehnlichen Mittelklassewagen, lebte ein tolles Leben und nahm alle Incentives und Extras gerne mit. Er war schon etwa 15 Jahre bei diesem Unternehmen, hatte in den ersten drei Jahren sehr schnell Karriere gemacht und die erste Führungsstufe erreicht, und auf dieser Stufe hatte er es sich mittlerweile schon seit 12 Jahren so richtig gemütlich gemacht. In diesen 12 Jahren hatte er zu den Themen „Erfolg" und „Kommunikation" sehr viele Schulungen besucht, sehr viele Bücher gelesen, sich sehr viele Filme und Videos angeschaut und auch Hörbücher gehört. Er kannte sich also wunderbar damit aus. Er hätte sogar selbst Vorträge darüber halten können.

Nachdem er mir all dies erzählt hatte, meinte er, dass ich ja sicher nichts Neues für ihn hätte, er halt den Termin wahrnehme, aber eigentlich ja alles gut wäre. Daraufhin provozierte ich ihn und sagte: *„Dann machen Sie doch genau so weiter! Dann ist doch alles okay. Dann können wir jetzt noch ein paar Witze erzählen, die Zeit ganz gut nutzen, und damit ist es dann gut. Sie sind ja offensichtlich sehr glücklich und zufrieden."* Jetzt wurde er langsam wach und sagte: *„Ja, so ganz richtig glücklich bin ich nicht. Es ärgert mich schon ein bisschen, wie andere an mir vorbeiziehen, die noch gar nicht so lange in der Firma sind, oder wenn andere Ehrungen und Auszeichnungen bekommen oder mehr Geld verdienen und ich merke, dass mir die ganzen Sachen und Incentives doch nicht mehr so viel Freude bringen. Ja, im tiefsten Innern spüre ich, dass das ja nicht alles gewesen sein kann, wenn das jetzt ewig so weitergeht."*

„Was wollen Sie wirklich?", fragte ich ihn. *„Wenn Zeit, Geld und Alter überhaupt keine Rolle spielen würden, was würden Sie dann tun? Was würden Sie erreichen wollen, wenn Mühe keine Rolle spielen würde?" „Ja, dann würde ich schon die höchste Stufe erreichen wollen."*, antwortete er. Der aufmerksame Leser weiß schon, wie es jetzt weiterging. Ich bat ihn, sich die höchste Stufe, die er ja in Wahrheit doch erreichen wollte, in seiner Vorstellung einmal so richtig in allen Farben auszumalen. Anschließend ließ ich ihn dann erkennen, wieso er sich nicht dafür einsetzte: In seinem tiefsten Inneren gab es einen Teil von ihm, der sich ganz klein fühlte und der sich so unwürdig und wertlos fühlte, dass er glaubte, dass er das nicht verdient hätte. Diesen Teil hatte er wunderschön

kaschiert und sich eingeredet, dass doch alles gut sei. Nun wurde ihm dieser Teil so richtig bewusst, und ihm wurde sogar bewusst, dass er diesen Teil von sich abgrundtief hasste. Also half ich ihm, diesen Hass auf diesen Teil von sich selbst zu überwinden, auch diesen Teil anzunehmen, auch zu diesem Teil zu sagen: *„Auch das bin ich, auch das gehört zu mir.“*, und diesen kleinen Teil, wie ein Kind, das wir trösten wollen, in den Arm zu nehmen.

Nach dieser Selbstheilung durch Liebe habe ich ihn aber nicht gleich entlassen, sondern wir haben sofort eine klare Zielvereinbarung getroffen. Zu dieser Zielvereinbarung gehörte nicht nur das klare Zielereignis, sondern auch das konkrete Datum und natürlich auch der Ort, an dem dieses Ereignis stattfinden würde. Wir haben die emotional verbundenen Menschen alle mit einbezogen, uns die tollen Dinge betrachtet, die er sich dann leisten kann, und so alles vorerlebt. Er hat die Entscheidung getroffen, und nun galt es für ihn nur noch, diese Entscheidung durch Taten zu beweisen. Und das hat er gemacht. Dieser Mann wurde zu einem Vorzeigebeispiel! Das ist leicht nachvollziehbar, denn er hatte sehr viel Wissen. Er hatte es nur nicht angewandt.

Jetzt konnte er das ganze Wissen konsequent anwenden, und in einem unglaublich kurzen Zeitraum von lediglich dreieinhalb Jahren hatte er dann die höchste Karrierestufe erreicht, zog an so gut wie allen vorbei und hatte viel Freude dabei. Er hat mir, weil wir in Kontakt sind, immer wieder bestätigt: *„Es geht so leicht. Ich fasse es nicht, wie leicht es geht, wie mir alles zufällt. Meine größte Aufgabe ist, mir täglich dieses Glaubensgebilde, so wie ich lebe, komplett zu vergegenwärtigen, es aufrechtzuerhalten gegenüber allem anderen, was auf verschiedensten Kanälen auf mich zukommt. Viel mehr muss ich nicht tun, und das ist es eben, es hat nichts mit Arbeit zu tun, sondern die Arbeit ist, wenn wir das überhaupt als Arbeit bezeichnen wollen, das Aufrechterhalten dieser Blase.“* Er hat sich seinen Glauben durch Handlungen bewiesen. Er ist sehr konsequent, sehr diszipliniert und lebt seine Glaubensblase. Ein phantastisches Beispiel!

14.6 – Der inkompetente Chef

Ein Klient bat um einen Termin. Er war vollkommen unzufrieden mit dem Unternehmen, bei dem er angestellt war, und war der Meinung, dass sein Chef unfair wäre und ihn schlecht behandeln würde. Wenn Fehler passierten oder in seinem Team Dinge schiefliefen, wurde das im Zweifelsfall immer ihm angehängt, obwohl er überhaupt nicht für diese Fehler verantwortlich war, und er wurde in allen möglichen Situationen geschnitten. Wenn gute Stimmung war und gelacht wurde, dann war das immer mit anderen, aber nie mit ihm. Er fühlte sich regelrecht ausgegrenzt und schlecht behandelt, hatte jedoch aktuell keine Alternative. Im Übrigen wusste er von jeder Menge Fehlern zu berichten, die sein Chef machte und bei denen er der Meinung war: *„Das fällt ihm noch auf die Füße. Das wird er noch bitterböse bereuen."* Sein Chef habe selbst keine Ahnung, und es handle sich bei ihm um den inkompetentesten Chef, den er sich überhaupt vorstellen könne.

Er fragte mich frei heraus: *„Meinen Sie, ich sollte meinen Job kündigen?"* Ich fragte ihn, ob er denn seinen Job kündigen wolle, woraufhin er sagte: *„Nein, eigentlich nicht. Das ist ja schon das, was ich gelernt habe und was ich auch wirklich sehr gerne mache, nur mit diesem Chef halte ich es nicht aus."* Ich fragte ihn, wie denn ein optimaler Chef aussehen würde, und er sagte: *„Ja, in erster Linie wäre das ein Chef, der mich fair behandelt und mir die verdiente Anerkennung und Aufmerksamkeit gibt und der auch mitbekommt, wie viel ich wirklich leiste, was sehr viel mehr ist als bei anderen Kollegen."* Dann fragte ich ihn: *„Wie sehen Sie denn Ihren Chef? Was glauben Sie, was Ihr Chef kann?"* Daraufhin sagte er: *„Ich glaube, er hat die Position nur, weil er sehr gut mit dem Senior-Chef zurechtkommt und weil sie befreundet sind. Er hat die Position nur aufgrund dieser guten Beziehung. Er hat überhaupt keine vernünftige Ausbildung und demzufolge auch keine Ahnung von der gesamten Thematik. Er hat sein Studium abgebrochen und ist total inkompetent. Er ist eigentlich eine Schande für das gesamte Unternehmen. Er ist schlecht ausgebildet und weiß nicht, wie er mit Personal umgehen sollte – insbesondere mit mir."*

Auch ihm erklärte ich, dass es ihn in einem gewissen Sinne zweimal gab: „*Einmal gibt es Sie als eine Person, die wirklich gerne in das Unternehmen geht, die die Anerkennung von ihrem Chef bekommt, die wirklich freudig da ist, deren Leistung vom Chef beachtet und auch extra honoriert wird, und die von ihrem Chef und auch von ihren Kollegen fair behandelt und geliebt wird. Auf der anderen Seite gibt es Sie als diese zweite Person, die definitiv glaubt, dass der Chef keine Ahnung hat und vollkommen inkompetent ist.*" Er konnte erkennen, dass es ihn sozusagen zweimal gab. „*Solange es diese zweite Person gibt, die von Ihnen nicht angenommen wird, wird diese zweite Person immer wieder eine emotionale Ladung entwickeln, die immer wieder Ihre Gedankennetzwerke einschalten wird, sodass Sie immer wieder dieselben Gedanken denken müssen, auch wenn es keinen Grund dafür gibt, zum Beispiel wenn Sie am Abend in Ihrem Bett liegen. Das, was Sie dann denken, wird zu Handlungen führen, wird zu Ausstrahlung führen, wird dazu führen, dass Sie als Mensch verändert werden an Körper und Psyche und Geist. Und mit dem, was Sie ausstrahlen, provozieren Sie diese Reaktion in Ihrem Umfeld regelrecht.*"

Nachdem er das verstanden hatte, sagte er: „*Das will ich doch gar nicht. Ich will doch gerne glauben, dass alles gut ist mit meinem Chef, aber ich kann es einfach nicht. Und ich kann diese zweite Person nicht eliminieren, diesen zweiten Teil von mir, der das nicht glauben kann.*" Daraufhin sagte ich ihm: „*Es geht nicht ums Eliminieren, sondern es geht darum, diesen Teil nicht mehr von sich weg zu schieben, nicht mehr zu hassen, nicht mehr abzulehnen, sondern auch diesen Teil anzunehmen.*" Ich habe ihm dann geholfen, diesen Zorn, den er ja in Wahrheit auf sich selbst hatte, aufzulösen, sodass er sich komplett annehmen konnte. Anschließend war er wie umgewandelt, voller Kraft, Stärke und Ruhe. Ich habe ihn dann gefragt, ob er denn in der Lage wäre, seinen Chef sogar zu segnen, und er sagte: „*Jetzt kann ich das.*" Ich bat ihn um ein Feedback nach vier bis acht Wochen, was er auch gemacht hat. Er sagte: „*Ich fasse es nicht. Ich kann es nicht fassen, dass ich immer daran schuld war, dass diese Situation so blöd war. Es hat sich alles zum Positiven gewandelt. Wir haben viel Freude miteinander.*"

14.7 – Die bösen Vereinskameraden

Bei dem folgenden Beispiel ist die Situation sehr ähnlich wie bei dem Beispiel mit dem „inkompetenten" Chef. Ein Klient beschwerte sich darüber, dass er in seinem Verein Probleme hatte. Er war schon über 15 Jahre Mitglied bei diesem Verein, stellte aber immer wieder fest, dass bei Feierlichkeiten, oder wenn nach einem Spiel die Teilnehmer noch zusammenblieben, um einen zu trinken, alle angesprochen wurden, nur er nicht. Er spürte sehr deutlich, dass er gemobbt wurde, obwohl er von seiner Leistung her ein wichtiges Teammitglied in diesem Verein war. Diese Leistung wurde auch gewürdigt, wenn er mit seinen Vereinskollegen in einem Team war, aber bei allem, was über die rein sportliche Leistung hinausging, wurde er vollkommen geschnitten und gemobbt. Er hatte keine Freude mehr an diesem Verein, er hatte aber Freude an seinem Sport, und deshalb dachte er darüber nach, möglicherweise den Verein zu wechseln. Mit dieser Überlegung lief er schon lange schwanger, und diese Zerrissenheit zermürbte ihn und beeinträchtigte seine Lebensqualität.

Wenn sich in einem Verein irgendetwas verändert hat, sodass man sich damit nicht mehr identifizieren kann, dann wird man immer wieder in sich selbst verkrampfen. Mit dem Energielevel geht es dann abwärts, das Gleiche gilt für die Freude, und man ist dann jedes Mal fix und fertig. Also habe ich ihn natürlich gefragt, ob er denn mit dem Verein nicht mehr identifiziert wäre, aber das verneinte er, sodass ich diesen Bereich zunächst einmal abgehakt habe. Dann fragte ich ihn, was er denn über seine Vereinskameraden denkt beziehungsweise glaubt. Ihm war überhaupt nicht klar, dass das, was er in Bezug auf seine Vereinskameraden glaubt, eine Realität in seinem Leben darstellt. Daraufhin hat er mir eine ganze Reihe von ihnen geschildert. Es war nicht eine Person dabei, von der er glaubte, sie sei ihm wohlgesinnt, nicht eine Person, von der er glaubte, sie hätte ihr Leben im Griff, wäre intelligent oder in sonst irgendeiner Form sozial kompetent.

Ich erläuterte ihm, was für Auswirkungen dieser Glaube in seinem Leben hatte, und der aufmerksame Leser erkennt sofort, was auch hier wieder die Lösung war. Auch hier gab es diesen Sportler sozusagen zweimal. Es gab diese tolle Person, die er am liebsten sein wollte, was er am liebsten glauben wollte, stark und klar, die mit Freude in diesen Verein ging, die angerufen wurde und eingeladen wurde zu allen Feiern, die ständig angesprochen wurde, um bei den schönen Sachen dabei zu sein, und es gab diese zweite, schwache Person, die genau das nicht glaubte, sondern all das zuvor Geschilderte. Und jetzt hasste er diese zweite Person sogar, weil er natürlich verstanden hatte, dass diese Person seine Lebensrealität immer wieder übernahm und dass, solange er so etwas glaubte, das vermutlich in einem anderen Verein wieder das Gleiche sein würde. Er verstand, dass er in Wahrheit beides war und in Wahrheit sich selbst hasste.

Und natürlich ist die Lösung ganz klar, diesen Hass auf sich selbst aufzulösen, zu integrieren, anzunehmen und diese Sünde zu beseitigen, denn die eine Person ist ein von Gott geliebtes Wesen, und die zweite Person ist auch ein von Gott geliebtes Wesen – nur nicht von ihm selbst. Und *„Liebe Deinen Nächsten wie Dich selbst!"* bedeutet auch: *„Liebe Dich selbst! Nimm Dich ganz an, so wie Du bist!"* Das hat er getan, und auch hier gab es wieder phantastische Ergebnisse und große Freude in seinem Verein. Seine Lebensqualität war wiederhergestellt.

14.8 – Abnehmen durch annehmen

Nach einem Vortrag kam eine sehr gepflegte, füllige Dame zu mir und bat um einen Beratungstermin, den wir dann auch vereinbarten. Es ging um ein einfaches Thema: Sie war der Meinung, sie wäre zu dick. Ich habe mich jeglicher Meinung enthalten – sie war zwar sehr füllig, aber trotzdem hatte ich den Eindruck, dass es ihr stand. Sie hatte, so wie sie war, eine sehr authentische Ausstrahlung. Provozierend sagte ich, dass sie dafür ja jetzt an und für sich keinen Termin mit mir bräuchte, denn es gäbe ja sehr viele Sportmöglichkeiten und Diäten, die man machen könne, um abzunehmen. Wie erwartet, hat sie mir dann bekundet, dass sie in den letzten zehn Jahren unzählige Diäten und auch entsprechende Kuren gemacht hatte, die alle mit dem sogenannten Jo-Jo-Effekt endeten. „*Da das alles offensichtlich nichts gebracht hat*", sagte sie zu mir, „*sind Sie wohl jetzt meine letzte Hoffnung.*" Sie erzählte mir, dass man ihr gesagt hatte, dass ich meistens eine Lösung für alle möglichen Probleme finden würde, woraufhin ich mich bei ihr bedankte für den Druck, den sie mir machte.

Ich erklärte ihr zunächst einmal die Lebensgesetze, also dass sie in ihrem Leben immer genau das ernten wird, was sie sät, und dass in ihrem Leben immer genau das wachsen wird, was ihre Aufmerksamkeit bekommt, also das, wo sie ihre Energie hinlenkt. Und ich sah während des Erläuterns schon an ihrem Gesicht, dass ihr langsam klar wurde, worum es ging. Ich erklärte ihr auch noch das andere Lebensgesetz, das besagt, dass sie immer das bekommt, was sie wirklich glaubt, und nicht das, was sie will. Auch hier merkte ich schon beim Erläutern, dass ihr allmählich klar wurde, wo bei ihr das Problem lag.

Es war natürlich klar, dass sie nicht nur glaubte, dass sie zu dick war, sondern dass sie diesen Glauben auch noch bewiesen hatte, indem sie diesen Glauben verstärkte durch regelmäßiges Dokumentieren des Gewichtes, regelmäßiges Wiegen und durch das Beschäftigen mit Diäten und anderen Abnehmmöglichkeiten. All dies hatte ja in Wahrheit in der letzten Konsequenz ihren Glauben, dass sie zu dick war, sogar noch bestärkt. Und durch diese Handlungen wurde nicht nur der Glaube bestärkt, sondern es wurde ja zusätzlich auch noch Energie – quasi als universales Düngemittel – auf die Problematik des Gewichtes gelenkt. Und genau das war dann auch ihre Realität.

Als wir anfingen, haben wir uns dann zuerst einmal betrachtet, wie es denn optimalerweise sein sollte, also wie sie sich am liebsten sehen und auch, wie sie sich am liebsten kleiden würde. Dann wollte ich von ihr wissen, was sie machen würde, wenn sie ihr Ziel irgendwann erreicht und wie sie sich dann fühlt und was sie dann sagen würde, und auch, wie die Reaktion anderer Menschen dann wäre.

Ich fragte sie, ob sie in der Lage wäre zu glauben, dass sie ihr Ziel erreichen kann, woraufhin sie sagte: *„Nach so vielen Versuchen, sorry, das kann ich nicht glauben. Aber ich würde es sehr gerne glauben."* Wir haben uns dann betrachtet, was sie aktuell glaubte: *„Ich schaffe das nie. Ich bin wirklich zu dick. Niemand mag mich."* Sie fühlte sich mies und schwach, und sie hatte deswegen sogar auch schon einmal über Selbstmord nachgedacht.

Ich fragte sie, was denn diese tolle Person, die sie gerne sein und an die sie gerne glauben würde, gegen die Person hat, die sie jetzt lebt und die so viel Raum in ihrem Leben eingenommen hat, die so viel Energie hat, die so viele Gedankenstrukturen und -netzwerke einschaltet. Daraufhin sagte sie, dass sie wegen dieser Person abgrundtief traurig war. Sie fing an zu verstehen, dass sie traurig war über etwas von sich selbst und dass sie diesen Teil von sich komplett abgelehnt hatte, noch nicht einmal mehr gehasst hat, sondern einfach nur noch tiefschwarze Traurigkeit empfand.

In diesem Fall habe ich einige Register ziehen müssen (meditative Betrachtung, Visualisierung, in den Körper hineinfühlen), um diese tiefe Traurigkeit, die sie gegenüber sich selbst empfand, aufzulösen. Nach einer Weile konnte sie diesen Teil von sich auch komplett annehmen.

Das ist das Schönste an meinem Job: Wenn so etwas passiert und ich dann die Veränderung sehe, die da mit einem Menschen geschieht, diese parasympathische Reaktion, wenn ein Mensch von der Anspannung in die Entspannung kommt, wenn sich seine Gesichtszüge verändern. Ihr Lächeln kam wieder, und die Tränen, die da vorher waren, wichen einem strahlenden Lächeln in ihrem Gesicht. Sie konnte sich komplett annehmen und war nun frei zu agieren. Nun konnte sie endlich täglich das leben, was sie leben wollte.

Und sie hat sich dann auch am nächsten Tag schon gleich ein Kleid bestellt, das ihr dann passen wird, wenn sie das entsprechende Wunschgewicht erreicht hat. Sie hat sofort angefangen, diesen neuen Glauben auch mit Handlungen zu untermalen und ihren neuen Glauben zu beweisen. Sie ist auch wieder unter die Leute gegangen und hatte wieder Spaß am Leben.

Es hat zwar ein paar Monate gedauert, aber das Ergebnis war, dass sie tatsächlich ihr Wunschgewicht erreicht hat und vor allen Dingen auch ihr Lebensglück und ihr Lebensgefühl wiederfand.

14.9 – Stornoquote

Bei diesem Beispiel geht es um einen Online-Coaching-Termin, den ich hatte, während ich dieses Buch schrieb. Die Dame hatte mir im Vorfeld per E-Mail mitgeteilt, worum es ging. Sie war in der Versicherungswirtschaft tätig und hatte eine panische Angst vor Stornos. Sie hatte schon Angst und bekam Stress, wenn sie nur den Briefbogen sah, und wenn auch noch das Logo von der Versicherung selbst zu sehen war, für die sie die Abschlüsse tätigte, dann hatte sie schon regelrecht ein Zittern und sehr starken Stress. Dieser Stress war derartig stark, dass er sie lähmte und davon abhielt, überhaupt neue Abschlüsse zu machen, weil diese Angst vor Stornos Überhand genommen hatte.

Sie hatte sehr schnell verstanden, dass diese Angst irgendwo in ihrer Vergangenheit eine Ursache haben musste. Nachdem ich ihr erläutert hatte, dass ihre Angst wahrscheinlich eine Form der Befürchtung war, dass etwas, was ihr schon einmal geschah, noch einmal geschehen könnte, konnte sie das auch bestätigen. Vor etwa drei Jahren musste sie einen unglaublichen Storno erleben, der bei ihr auch zu starken finanziellen Einbußen führte. Aber nicht nur das – dieser Storno führte zusätzlich auch noch dazu, dass sie von ihren Arbeitskollegen ausgelacht wurde. Sie fühlte sich deswegen ganz mies und war sehr gekränkt. Im Laufe der letzten drei Jahre hatte sie diese Angst dann auch noch wunderbar kultiviert, sodass sie zu einem Selbstläufer geworden war. Angst lähmt. Sie war fast unfähig, ihren Job zu machen.

In einem einzigen kurzen Online-Termin konnten wir die Angelegenheit klären. Sie konnte wunderbar beschreiben, wie die Situation optimal wäre, wenn sie völlig frei wäre. Sie konnte beschreiben, wie sie vollkommen selbstbewusst zum Kunden geht, wie sie wunderbare Abschlüsse macht, wie sie die Anerkennung von den Kollegen bekommt und wie sie sieht, dass der Postbote kommt und sie sich darüber freut und ganz gelassen die Post entgegennimmt. Und sie konnte auch die Situation beschreiben, wie sie jetzt gerade war mit all ihren Ängsten und Verkrampfungen. Sie fühlte sich dieser unerwünschten Situation ohnmächtig ausgeliefert. Dieses Ausgeliefertsein, gegen das sie überhaupt nichts tun konnte, führte wiederum zu einem starken Groll auf sich selbst.

Wir führten die Übung mit den zwei Stühlen durch. Sie konnte genau beschreiben, wie sie auf dem einen Stuhl saß als wunderbare Person, bei der alles gut ist. Dann nahm sie einen zweiten Stuhl, setzte sich auf diesen Stuhl und konnte sich auch sehr gut in diese katastrophale Person einfühlen. Nachdem sie wieder auf dem ersten Stuhl saß, beschrieb sie einen riesigen Felsbrocken, der sich zwischen der ersten und der zweiten Person befand. Dieser Felsbrocken symbolisierte ihren Groll. Und dieser Felsbrocken-Groll hielt sie davon ab, dorthin zu gehen, um diesen zweiten Teil von sich anzunehmen.

Durch eine kleine Energie-Arbeit und meditative Betrachtung konnten wir den Felsbrocken innerhalb von fünfzehn Minuten verschwinden lassen, sodass sie sich komplett und widerstandslos vereinen konnte. Sie wurde wieder stärker, sie lachte, sie wurde frei und war geheilt. Ich weiß nicht, wie die gesamte Angelegenheit weitergegangen ist, aber etwa zwei Wochen später kam jedenfalls eine E-Mail von ihr, in der sie sich bedankte und schrieb, dass sich ihre Realität komplett ins Positive verändert hat.

14.10 – Der Mentalprofi

Dieses Beispiel möchte ich auf jeden Fall auch noch erwähnen, da ich mir gut vorstellen kann, dass es sich bei vielen Lesern dieses Buches ebenfalls um Mentalprofis handelt. Ein Klient bat um einen Termin, wollte aber im Vorfeld nicht so richtig damit herausrücken, worum es ging. Bei dem Termin sagte er dann, er wolle halt noch mal abchecken, ob ich vielleicht noch irgendeine Kleinigkeit wüsste, durch die es bei ihm besser laufen könnte im Leben. Ich fragte ihn, wo es klemmt, und er antwortete: „*Eigentlich gar nicht, aber ich habe noch nicht die richtigen Ergebnisse. Seit Jahren besuche ich Seminare, ich lese Erfolgs-Bücher, ich schaue Youtube-Erfolgstrainer an, ich höre mir diese Podcasts an. Ich weiß das alles schon. Und ich mache das auch sicherlich alles richtig.*“ Ich bräuchte ihm nichts zu erzählen von den Lebensgesetzen, die würde er alle kennen. Er würde sie auch alle anwenden. Er wäre auch zielklar, absolut.

Er konnte mir auch definitiv sein Ziel beschreiben, sodass es glaubhaft war. Auch hatte er eine recht gute Routine. Er verstand auch etwas von den mentalen Prozessen, um den Tag zu manifestieren, sodass ich sagen konnte: „*Er macht alles richtig. Fast!*“ Selbst die letzte kritische Frage, die ich schon mal gerne stelle, war bei ihm kein Thema. Als ich die Frage stellte: „*Bist Du es wirklich wert? Glaubst Du, dass Du es wert bist, Dein Ziel zu erreichen?*“, konnte er auch da mit einem klaren Ja antworten. Kurzum: Er machte alles richtig – alles, was erzählt wird und in all diesen Büchern steht –, es stellte sich jedoch kein Erfolg ein.

In diesem Fall ging es nicht darum, Wissen zu vermitteln, sondern darum, konsequent zu sein. Er machte definitiv alles richtig. Und er hoffte, durch all das, was er getan hat, gemäß dem „Gesetz der Anziehung“ den Erfolg in sein Leben zu ziehen. Es müsse sich doch jetzt einmal bald zeigen. Und wenn es sich noch nicht gleich zeigte, dann waren diese Misserfolge – er war ja ein Positivdenker – eben lediglich Verbesserungshinweise. Dann musste er eben noch ein bisschen warten.

Und genau hier lag das Problem. Er verstand nicht, dass es sich bei diesen Gesetzen um geistige Gesetze handelt. Und geistige Gesetze sind Gesetze, die sich auf Dinge und Umstände beziehen, die bereits existieren. Geistige Gesetze beziehen sich auf den Glauben. Und der Glaube bezieht sich auf vollendete Tatsachen, die sich wiederum auf eine Wahl aus dem Feld der Superpositionen beziehen. Wenn er also diese geistigen Gesetze anwendet und wirklich an sein Ziel glaubt, dann bedeutet der Beweis für seinen Glauben, dass er ab sofort auch so lebt und sich täglich beweist, dass er an sein Ziel glaubt und dass alles schon klar ist. Er muss seinen kontinuierlichen Fokus täglich auf das richten, was er glaubt, was er erwartet, und weg von dem, was er sieht und über seine fünf Sinne wahrnimmt. Das bedeutet in der letzten Konsequenz, es fertigzubringen, in einer Welt zu leben, die manchmal anders ist als die Welt, die über unsere fünf Sinne geliefert wird, und dies auch klar zu leben und täglich durch konsequente Entscheidungen und Handlungen zu beweisen, dass man auch wirklich daran glaubt.

Er sagte, er wolle sich belohnen, wenn er das Ziel erreicht hat, wenn er die Dinge ins Leben zieht, und er hatte auch einen konkreten Plan. Daraufhin sagte ich ihm: „*Wenn alles klar ist, dann können Sie doch jetzt schon mal diesen Porsche bestellen und endlich die Bestellung unterschreiben. Wenn alles klar ist, dann können Sie doch schon jetzt nach der entsprechenden Immobilie schauen. Wenn alles klar ist, dann können Sie ja jetzt konkret diese Dinge anschieben.*" Er sagte: „*Ich habe schon mit Porsche gesprochen, aber ich traue mich nicht, den Vertrag zu unterschreiben.*" Ich habe ihn dann ermuntert, dass er das tun soll, dass er diesen Zweifel loslassen und das jetzt einfach konsequent leben möge, weil er ansonsten absolut alles richtig macht. Da er sehr willensstark war, ging er auch direkt darauf ein. Er hat es getan. Bereits sechs Wochen später berichtete er mir, wie seine Projekte anfingen, sich zu entfalten.

Er hatte so viel richtig gemacht und hatte es dann selbst gebremst mit der letzten Kleinigkeit, nämlich dem Glauben, den wir wirklich beweisen müssen. Was wir nicht glauben, verschwindet. Bitte halten Sie Ihren Fokus immer auf das, was Sie wirklich glauben, und nicht auf das, was Sie mit Ihren fünf Sinnen wahrnehmen. Das ist Glaube. Das ist Zielmanifestation!

Kapitel 15 – Wie geht es weiter?

Nachdem wir nun wissen, dass der Mensch nicht das bekommt, was er will, sondern das, was er glaubt, sollte nun auch jedem klar sein, wie ausgesprochen wichtig es ist, unsere „Glaubensblase" mit größter Sorgfalt zu hegen und zu pflegen. Nun, genau darum geht es in diesem Buch. Sie haben die Gesetze des Lebens kennengelernt und Sie wissen, wie Sie sich Ziele setzen, wie Sie diese Ziele manifestieren und wie Sie gegebenenfalls Ihren Glauben verändern können. Das Ganze dann auch wirklich im normalen Alltag umzusetzen, ist da noch eine andere Sache.

Erinnern wir uns noch einmal an das Gesetz, dass nichts ohne Ihre Zustimmung und Akzeptanz geschieht. Das passt direkt zu dem Gesetz des Glaubens: **Glaube ist das, was ich als Wahrheit akzeptiere.** Wenn ich etwas nicht akzeptiere, dann glaube ich es auch nicht, und dann erlebe ich diese Realität auch nicht. Und das kann schon relativ weit gehen. Hierzu fallen mir drei Beispiele ein. Das erste Beispiel habe ich selbst erlebt, und das zweite Beispiel ist von einem meiner Klienten. Von dem dritten Beispiel hat eine Freundin mir erzählt.

Vor einigen Jahren bin ich mit meinem Büro umgezogen. Ich hatte einen kleinen Transporter mit Kofferaufbau gemietet und entsprechend beladen – leider etwas zu viel. Eine Polizeistreife hat das wohl geahnt und das Fahrzeug entsprechend gewogen. Anstelle des zulässigen Gesamtgewichtes von 3.500 kg wog das Fahrzeug nach Abzug aller Toleranzen 4.750 kg. Einer der Polizisten sagte zu mir: „*Wir untersagen Ihnen hiermit die Weiterfahrt. Sie können hier auf diesem Gelände stehen bleiben, Hilfe und ein anderes Fahrzeug organisieren, aber Sie dürfen derart überladen nicht weiterfahren!*" Ich habe den beiden Polizeibeamten direkt ins Gesicht gesagt, dass das auf keinen Fall geht und dass ich das nicht akzeptieren kann. Ich hätte keine terminliche Alternative, bekäme so schnell kein Ersatzfahrzeug und hätte am Zielort bereits entsprechend Hilfe organisiert.

Daraufhin haben sich die Beamten beraten und beschlossen, mir ein wenig entgegenzukommen: *„Wir erlauben Ihnen, hinter uns her bis zur Autobahn zu fahren, dann auf die Autobahn Richtung Osten und auf der Autobahn bis zum nächsten Autohof (ca. 3 km) weiterzufahren. Dort können Sie alles organisieren. Wir fahren dann auf der Autobahn Richtung Westen wieder zurück.“* Ich hatte verstanden. Niemand hatte sein Gesicht verloren. Und so bin ich Richtung Osten auf die Autobahn gefahren... Alles hatte an diesem Tag wunderbar funktioniert.

Einer meiner Klienten hat das Gesetz, dass nichts ohne seine Zustimmung erfolgt, noch cooler angewandt: Bei einem Kundengespräch wollte sein Kunde einige Verträge stornieren. Er hat ihm direkt ins Gesicht gesagt, dass er das nicht akzeptiert. Er würde eine bessere Lösung für ihn finden. Auf wundersame Weise war das Thema Storno dann auf einmal kein Thema mehr… Andere Klienten von mir haben ähnliche Erfolge mit diesem Gesetz erzielt, indem sie sich selbst bei einem Verkaufsgespräch gesagt haben, dass sie das, was der Kunde will (zum Beispiel preislich), nicht akzeptieren. Auch das funktioniert.

Von einer Freundin stammt folgender Bericht:

„Ich war 12 oder 13 Jahre alt, als mein Hausarzt mir erzählte, dass ich etwas habe, was man ‚Knorpelschwund‘ nennt. Der Knorpel an meinen Gelenken würde immer weniger und eines Tages würden dann die Knochen direkt aufeinander reiben und ich würde in spätestens zehn Jahren nicht mehr laufen können.

Das habe ich nicht eine Sekunde lang geglaubt. Es war für mich ganz klar, dass das totaler Schwachsinn ist und auf gar keinen Fall eintreffen wird. Im Großen und Ganzen habe ich da einfach nie wieder drüber nachgedacht. Das ist jetzt über dreißig Jahre her...

Ich hatte zwar manchmal Gelenkschmerzen, aber ich habe das immer auf Kälte zurückgeführt. In meiner Familie hatten viele Frauen mit Rheuma zu tun, was mir auch als Kind mal diagnostiziert wurde. Seit ich nun seit etwa zehn Jahren in einem warmen Klima lebe, hatte ich auch nie wieder Gelenkschmerzen. Allerdings bin ich nun auch seit 27

Jahren Vegetarier und habe einen sehr gesunden und fettarmen Speiseplan. Bis zum Abendessen lebe ich ausschließlich von Früchten. Bei mir gibt es zum Frühstück Wassermelone und zum Mittagessen Bananen. Zusätzlich mache ich regelmäßig Dehnübungen. Das hat auf jeden Fall auch dazu beigetragen, dass mein Körper im Ganzen gesünder ist als in meiner Jugendzeit. Damals musste ich ständig wegen irgendwas zum Arzt. In den letzten zehn Jahren habe ich nur ein einziges Mal einen Arzt aufgesucht."

Wie weit können wir gehen? Wo sind die Grenzen? Können wir Berge versetzen? Können wir über das Wasser gehen? Können wir einem Arzt, der uns eine schlimme Diagnose stellt, direkt ins Gesicht sagen, dass wir das nicht akzeptieren und dass das so in unserem Leben nicht geschehen wird?

Ich persönlich bin zu einhundert Prozent davon überzeugt, dass die Grenze unser eigener Glaube ist. Ich kann das genauso wenig beweisen, wie jemand das Gegenteil davon beweisen kann. Beide können immer noch sagen, dass der Glaube doch nicht stark genug gewesen sei. Ich kann nur jedem empfehlen, gemäß seinem Glauben zu leben und alle Konsequenzen, die sich daraus ergeben, anzunehmen.

Betrachten Sie alle Herausforderungen als Training. Als Kampfsportler weiß ich: Hartes Training, leichter Kampf! Unser Glaube wächst an seinen Aufgaben. Natürlich ist es hilfreich, wenn man sich fernhält von Informationen, die einem das Glauben schwer machen. Man kommt auch gut ohne die täglichen Abendnachrichten aus.

Wie gehen wir nun durch den Alltag?

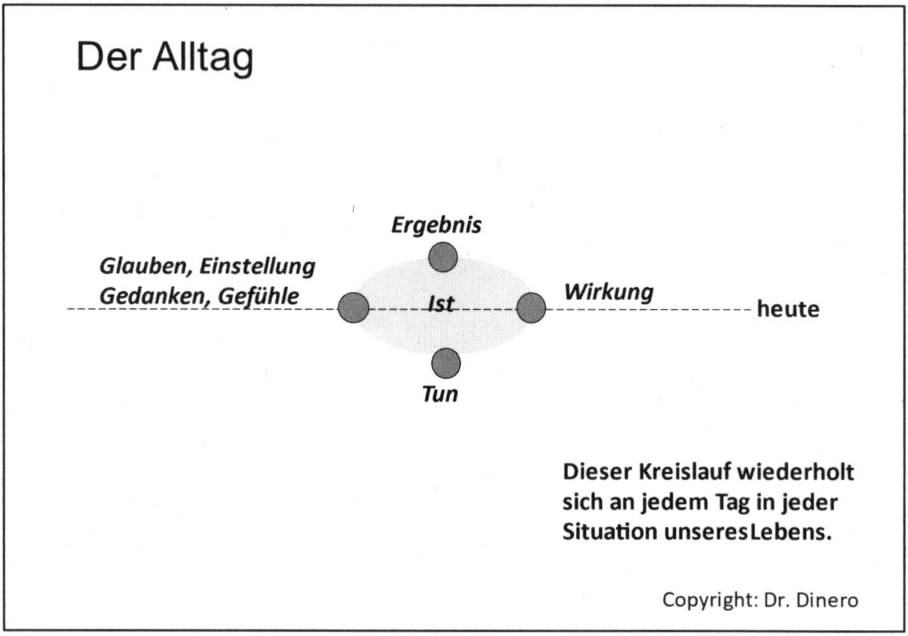

Abb. 12: Der Alltag

Alles beginnt mit unserem Glauben. Der wiederum beeinflusst unsere Einstellung, unsere Gedanken und unsere Gefühle. Diese Gefühle sind eine Aufforderung zum Handeln und führen zu einer Tat. Diese Tat generiert eine Wirkung im Außen und in unserem Inneren. Diese Wirkung führt zu einem Ergebnis, welches wiederum unseren Glauben beeinflusst. Und so beginnt der Kreislauf von vorne.

Im Alltag haben wir also folgende Aufgabe: **Zunächst einmal sollten wir uns fragen, woher denn die Wünsche, die wir haben, überhaupt kommen.** Kamen Sie über die Sinne? Sind wir von einem guten oder einem bösen Geist inspiriert worden? Haben wir den Segen Gottes für das, was wir wollen? Danach können wir festlegen, was wir in unserer Glaubensblase behalten und kultivieren wollen und was nicht. Dann gehen wir über zum Alltag.

In unserem Alltag kommen unentwegt Menschen, Dinge, Orte und Ereignisse auf uns zu, die eine Reaktion, die eine kleine Entscheidung von uns abverlangen. Und auch hier beginnt wiederum alles mit unserem Glauben. Die erste Reaktion von uns sollte eine bewusste und kraftvolle Entscheidung sein: *Zustimmung = Akzeptanz = Glaube* oder *radikale Ablehnung = Nichtakzeptanz = Nichtglaube*. Hier entscheidet sich, welchen Einfluss diese Geschehnisse auf unser Leben haben, denn in beiden Fällen starten wir einen Kreislauf. Wir entscheiden, ob dieser Glaube lebensförderlich oder hinderlich ist. Auf diese Weise bewegen wir uns in einer spiralförmigen Bewegung aufwärts (erfolgsförderlich) oder abwärts (erfolgshinderlich).

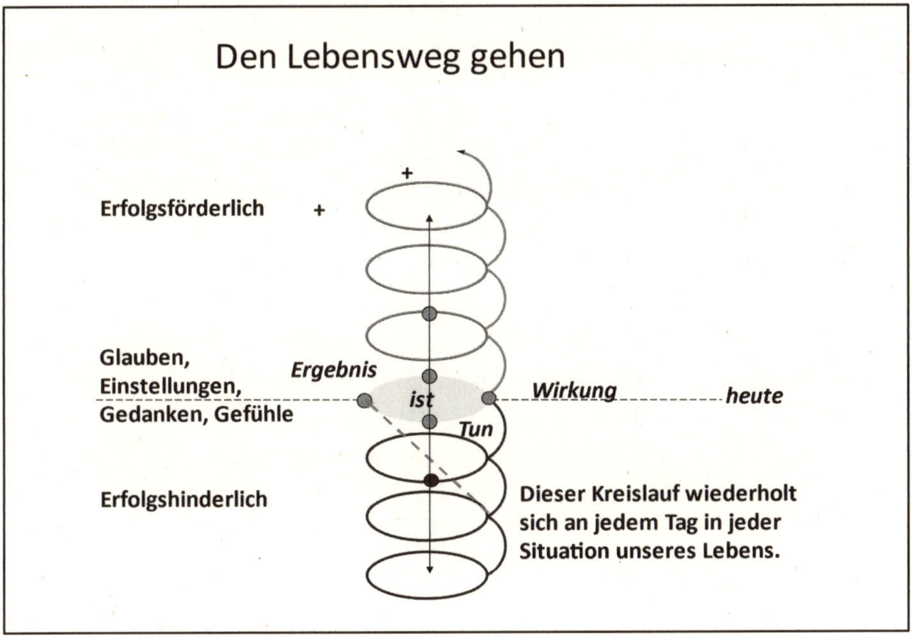

Abb. 13: Den Lebensweg gehen

Zu guter Letzt möchte ich Sie einladen, gedanklich das „Was wäre, wenn'-Spiel" mit mir zu spielen. Was wäre, wenn Sie all die Aussagen in diesem Buch als Wahrheit akzeptieren? Wenn Sie all das Wissen, das in diesem Buch steckt, begriffen haben, was bedeutet das für Sie und Ihr Leben?

- *Dann brauche ich mir keine Sorgen mehr zu machen.*
- *Dann brauche ich keine Nachrichten mehr zu schauen.*
- *Dann brauche ich keine Angst mehr zu haben.*
- *Dann habe ich Zuversicht.*
- *Dann bin ich nicht mehr so leicht zu manipulieren.*
- *Dann lebe und entfalte ich mein Leben.*
- *Dann glaube ich, dass meine gesundheitlichen, finanziellen und partnerschaftlichen Schwierigkeiten leicht zu meistern sind.*
- *Dann hat niemand mehr Macht über mich.*
- *Dann bin ich mächtig.*
- *Dann…*

Wenn Sie all dies verinnerlicht haben, wie fühlen Sie sich dann?

- *Endlich fühle ich mich gut.*
- *Endlich bin ich entspannt.*
- *Endlich habe ich wieder Freuden- und Glücksgefühle.*
- *Ich fühle mich leicht, beschwingt und unbeschwert.*
- *Endlich fühle ich mich so, wie die Schöpfung es für mich vorgesehen hat.*
- …

Wenn Sie all dies verstanden haben, was wollen Sie als Nächstes tun? Welche Ideen kommen Ihnen in den Sinn?

- *Jetzt wage ich endlich das Abenteuer, das ich schon immer einmal wagen wollte.*
- *Jetzt ziehe ich einfach um an den Ort, an dem ich schon immer leben wollte.*
- *Jetzt mache ich einfach die Ausbildung zum…*
- *Jetzt lebe ich endlich mein Leben in Freiheit.*

- *Jetzt mache ich mich auf, um diese eine Erfahrung, die ich schon immer einmal machen wollte, endlich zu machen.*
- *Jetzt tanze, hüpfe und lache ich jeden Tag.*
- *Jetzt…*

Nachdem Sie dieses Buch nun gelesen haben, gehe ich davon aus, dass Sie Ihre ureigene Macht inzwischen erkannt und auch angenommen haben und Sie sich nun hoffentlich fleißig darin üben, diese Macht ganz bewusst und zielorientiert anzuwenden. Sie werden erkannt haben, dass Sie nichts hinzufügen mussten und dass Sie niemanden brauchten, der Ihnen helfen musste, irgendwelche dubiosen Teile von sich selbst zu finden oder zu entwickeln, um endlich komplett zu werden. Sie brauchten keinen Erfolgstrainer, keinen Guru, keinen Schamanen, keinen Magier und auch keinen geistigen Führer. Bitte werden Sie jetzt nicht irgendwie größenwahnsinnig, sondern seien Sie dankbar – dankbar Ihrem Schöpfer gegenüber, der Sie wunderbar gemacht hat.

Ich möchte dieses Buch beenden mit einem wunderschönen Gebet aus Psalm 139:1-14:

„HERR, Du hast mich erforscht und erkannt!
Du kennst mein Sitzen und mein Aufstehen, Du verstehst meine Gedanken von fern. Du sichtest mein Wandeln und mein Liegen und bist vertraut mit allen meinen Wegen.
Denn das Wort ist noch nicht auf meiner Zunge, siehe, HERR, Du weißt es ganz. Von hinten und von vorn hast Du mich eingeengt und Deine Hand auf mich gelegt.
Kenntnis, zu wunderbar für mich, zu hoch: Ich vermag sie nicht zu erfassen!
Wohin sollte ich gehen vor Deinem Geist und wohin fliehen vor Deinem Angesicht?
Führe ich auf zum Himmel: Du bist da; und bettete ich mir im Scheol: Siehe, Du bist da. Nähme ich Flügel der Morgenröte, ließe ich mich

nieder am äußersten Ende des Meeres, auch dort würde Deine Hand mich leiten und Deine Rechte mich fassen.
Und spräche ich: ‚Nur Finsternis möge mich umhüllen, und Nacht werde das Licht um mich her.' – auch Finsternis würde vor Dir nicht verfinstern, und die Nacht würde leuchten wie der Tag, die Finsternis wäre wie das Licht. Denn Du besaßest meine Nieren; Du wobst mich im Leib meiner Mutter.
Ich preise Dich dafür, dass ich auf eine erstaunliche, ausgezeichnete Weise gemacht bin. Wunderbar sind Deine Werke, und meine Seele weiß es sehr wohl."

Bleiben Sie dankbar Ihrem Schöpfer gegenüber. Bleiben Sie auch demütig, denn Sie wissen selbst, wie oft Sie gestrauchelt haben. Bleiben Sie aber auch stolz und stark all denen gegenüber, die Sie in irgendeiner Form kleinmachen wollen oder Sie glauben machen wollen, Sie wären nicht komplett.

Ich setze mich unermüdlich dafür ein, den Menschen ihre wahre Macht bewusst zu machen, damit mehr und mehr Menschen sich aus ihrer mentalen Versklavung befreien können, sodass jeder Einzelne von uns ein gesundes, glückliches und sinnerfülltes Leben leben kann. Jeder einzelne Mensch, der sich seiner wirklichen Macht bewusst wird und diese bewusst und verantwortungsvoll einsetzt, hilft alleine schon durch seine eigene Befreiung automatisch dabei mit, auch die Befreiung der restlichen Menschheit voranzutreiben. Seien Sie dabei und helfen Sie mit, unsere Mitmenschen und die gesamte Menschheit durch Wissen, Liebe und verständnisvolle Geduld aus ihren Fesseln zu befreien.

Ihr *Dr. Dinero*

Interview mit Jan van Helsing

Dr. Dinero arbeitet seit über dreißig Jahren im Bereich der Persönlichkeitsentwicklung und seit siebzehn Jahren als Coach. Das macht er in großen Unternehmen. Er gibt Seminare und Vorträge dazu sowie Trainings und coached auch Einzelpersonen, wobei es ihm darum geht, den Menschen dabei zu helfen, wieder in die eigene Kraft zu kommen und sich selbst ganz anzunehmen und wieder in die gottgegebene Schöpfungskraft hineinzukommen.

Lieber Dr. Dinero, wir haben ja vor dreizehn Jahren das »Eine Million Euro Buch« herausgegeben. Nun, in einer der wohl spannendsten Zeiten auf unserem Planeten, kommt das Buch »Wissen ist Macht – Wie viel Macht kannst Du ertragen«. Wie es dazu kam und was Sie dazu bewogen hat, darüber sprechen wir gleich. Zunächst kurz zu Ihrer Arbeit: Es geht Ihnen darum, den Kunden bzw. Klienten dabei zu unterstützen, in seine Kraft zu kommen und sein Leben selbst zu bewältigen. Das bieten weltweit vermutlich tausende Therapeuten und Coaches an. Ihr Erfolg wiederum – vor allem auch während der Corona-Zeit – spricht für Sie. Kurz noch zu der Art Ihrer Tätigkeit – es geht letzten Endes um Erfolg bzw. Erfolgsoptimierung, ist das richtig?

Nun ja, generell begann ich mit Kommunikationstrainings, es gibt aber ein zweites Thema, das heißt Persönlichkeitsentwicklung. Das könnte man als Erfolgstraining bezeichnen, das gefällt mir aber nicht so, denn dann bin ich in dieser Kategorie der sogenannten Erfolgs- oder Motivationstrainer einsortiert, was es jedoch nicht wirklich trifft. Es geht mir darum, dem Menschen wirklich zu helfen, eine starke Persönlichkeit zu werden oder zu sein. Es geht darum, den Menschen stark zu machen.

Da stellt sich mir gleich die erste Frage: Wenn Sie in ein Unternehmen eingeladen werden und den einzelnen Mitarbeiter, den Unter-

gebenen, stark machen, kann das nicht kontraproduktiv sein? Wenn der Chef beispielsweise zu Ihnen sagt: „*Coachen Sie meine Mitarbeiter.*", und Sie bringen den Mann an der Drehbank oder am Computer in seine eigentliche Kraft...

Da haben wir ja das Problem: Im Allgemeinen ist eine wahre Persönlichkeitsentwicklung in den Unternehmen gar nicht so gewünscht. Was die Unternehmen wünschen, das sind Werkzeuge, mit denen sie kalkulieren: „*Ich gebe so viel aus für die Weiterbildungsmaßnahme und das Coaching und habe nachher mehr davon.*" Was ein Unternehmen auch gerne macht, ist, einem Mitarbeiter, der wirklich in einem Loch hängt, diese Hilfe zu bezahlen, damit er mehr Leistung bringt. Da hat das Unternehmen auch etwas davon. Was Unternehmen allgemein gar nicht so gerne sehen, ist die direkte Persönlichkeitsstärkung des Menschen, denn eine starke Persönlichkeit ist nachher auch nicht mehr ganz so leicht zu führen. Eine starke Persönlichkeit sagt auch mal: „*Nein.*" Eine starke Persönlichkeit sagt auch mal: „*Moment, was hat das mit meinem individuellen Leben zu tun?*" Und deswegen ist das Wort „Persönlichkeitsstärkung" selbst in den Unternehmen nicht wirklich so gerne gesehen, obwohl viele Firmen einiges investieren in Persönlichkeitsentwicklung, aber das ist nicht die wahre Stärkung des Menschen, sondern das sind andere Dinge, die man unter den Begriff packt.

Gibt es ein Beispiel aus Ihrer Praxis, dass der Auftraggeber Ihnen vorgeworfen hat: „*Sie haben meinem Mitarbeiter Flausen in den Kopf gesetzt...*"

Ja, es ist mir natürlich schon passiert, dass man mir gesagt hat: „*Herr Dinero, so geht das nicht, wie Sie das machen, Sie machen mir die Leute verrückt. Wir wollen, dass die Mitarbeiter hier im Unternehmen funktionieren und nicht eigenständig mit komischen Gedanken kommen.*" Also da habe ich schon hier und da auch mal wirklich entsprechende Rückmeldungen bekommen.

Das ist eine wunderbare Überleitung zu meiner ersten Frage. Im Buch haben Sie im ersten Kapitel ja geschrieben, dass die Menschheit versklavt wird. Wie kann man sich das vorstellen? Was meinen Sie genau damit?

Ja gut, theoretisch muss man ja sagen: „*Der Mensch ist ja frei geboren.*“, und wenn man sich mal überlegt: „*Was heißt denn eigentlich Persönlichkeit?*“ – das ist schwer zu definieren, und ich zitiere mal eine ganz alte Definition aus der Antike, die besagt: „*Eine Persönlichkeit ist ein Mensch, der frei individuell entscheiden kann, wie er lebt, und das auch tut, im Gegensatz zu Personen, die das nicht dürfen.*“ Das war einfach. Früher gab es die Persönlichkeiten, und das andere waren die Sklaven. Heute – wie ist es denn heute? Auch heute wird ein Mensch frei geboren. Der ist ein Riese, ein Löwe, der kann alles – vergessen wir mal den Einfluss, der vielleicht durch Chemie oder Frequenzen während der Schwangerschaft auf das Baby eingewirkt hat, aber theoretisch ist er zunächst einmal frei, hat volles Potential. Und kaum ist er zwanzig bis dreißig Jahre alt geworden, glaubt er, er könne Dieses oder Jenes nicht, er müsse Dieses oder Jenes. Er fühlt sich nicht mehr stark und souverän und denkt, dass er das nicht wert ist. Er hat keine Perspektive mehr, er hat keinen Sinn mehr, er hat keine Motivation mehr. Er glaubt an nichts mehr. Er glaubt nicht mehr ans Klima, er glaubt nicht mehr an die Rente, er glaubt nicht mehr an Gott, er glaubt nicht mehr an die Zukunft. Er ist es nicht wert, er ist dessen nicht würdig, er kann es nicht. Er ist versklavt, und zwar in einem Gefängnis – und zwar in einem Gedankengefängnis – gefangen wie ein Sklave oder in einem Schuldengefängnis oder in einem Glaubensgefängnis. Das ist das, was spätestens innerhalb der ersten zwanzig, dreißig Lebensjahre mit sehr vielen Menschen passiert.

Also das ist Ihr Antrieb, eben auch da einzuwirken. Was hat das mit der Persönlichkeit zu tun?

Eine ganze Menge, denn das ist ja das Gegenteil vom Sklaventum. Um jetzt hier keinen Riesenvortrag daraus zu machen, greife ich einfach nur drei Begriffe heraus, dann sollte das klar sein. Eine Persönlichkeit ist ein Individuum. Das deutsche Wort heißt „unteilbar", das heißt: Der Klient, der Mensch, muss sich zunächst einmal annehmen als *„Ich bin nicht geteilt, sondern ich bin wirklich ganz. Da ist nichts weggeschnitten von mir."* Und wenn er das wirklich erkennt – was ein Riesenakt ist, *dass* er das erkennt –, dass er wirklich komplett ist, dass er kein höheres Selbst, niederes Selbst, kein „Es" suchen muss, kein „Inneres Kind" suchen muss, kein „Was-weiß-ich-was-alles" tun muss, um endlich einmal ganz zu sein, sondern aufgrund des Erkennens und Annehmens dieser Ganzheit dann Dinge tut, die ihn weiter nach vorne bringen, das ist ein ganz wichtiger erster Punkt. Der zweite Punkt ist: Eine Persönlichkeit ist individuell. Und das bedeutet ja logischerweise: Er ist „unvergleichlich". In dem Moment, in dem ich anfange, mich zu vergleichen, werfe ich logischerweise meine Individualität weg, denn die ist nicht vergleichbar, das ist eine Einmaligkeit. Und das ist eine große Versklavung. Und es ist ein Fakt, dass es inzwischen modern ist, sich über Facebook zu vergleichen – es gibt Leute, die schauen bei Facebook rein und sind hinterher unglücklich, weil sie jemanden sehen, der schöner ist und ein größeres Auto hat (Photoshop macht's möglich) usw. Das rührt nur daher, dass sie sich mit jemand anderem vergleichen...

Die ganze Werbung ist ja auch so aufgebaut...

Die ganze Werbung ist so aufgebaut, aber das Allerbeste ist ja, wenn wir jetzt beispielsweise das Thema „Klima" aufgreifen: Dieses Thema „Klima" hat eine tolle Sache hervorgebracht, oder das war wahrscheinlich der Grund. Es gibt in der Technik oder in der Chemie eine Messgröße, die man auf alles anwenden kann, und das ist dieses CO_2. Das CO_2 kann man wirklich auf alles umrechnen. Und wenn ich das mache, dann bin ich vergleichbar. Das heißt: Das ist die letzte Stufe, um alles mit allem zu vergleichen – aber auch die letzte Stu-

fe, um jegliche Individualität zu brechen. Das ist also noch sehr viel mehr, als wenn ich sage: *„Ich lasse die Leute alle den gleichen Haarschnitt haben oder alle eine Uniform tragen oder alle das Gleiche essen."* Nein, das ist noch viel tiefgehender. Und das ist das, was wir gerade so sehen – eine Versklavung.
Und der dritte Punkt ist das Thema „Eigenverantwortung". Eine Persönlichkeit hat Eigenverantwortung, sonst geht es nicht. Dieses Narrativ der Eigenverantwortung wird ja mittlerweile schon in die Richtung von Egoismus geschoben: *„Wenn Du eigenverantwortlich bist, dann bist Du ein Egoist. Du kannst nicht selbst entscheiden, was Du tust."* Wenn ich aber nicht selbst *ent*-scheide, dann bin ich in der *Scheidung* in mir selbst. Was ist daran so schlimm? Wir Menschen, wir suchen alle Frieden, und das Gegenteil von Frieden ist nicht Krieg, sondern Trennung, und ganz abstrakt gibt es davon drei Varianten: **Trennung von Gott** – das ist der Grund für die Religionen, re-li-gio, also Zurückbindung, diese Bindung wieder zu schaffen –, **Trennung von emotional verbundenen Menschen** – da gibt es Studien, die zeigen, was passiert, wenn es eine Scheidung gibt, wie es finanziell und psychisch oder sonstwie bergab geht –, und die dritte Trennung ist die schlimmste: **Trennung von sich selbst**. Und wenn ich diese Scheidung beim Menschen herbeiführe, also zum Beispiel, wenn ein junger Mensch nicht weiß, ob er Mann oder Frau ist usw., wie soll er denn da in sich Kraft finden? Infolgedessen hat er diese Trennung in sich. Und die schwächt immer. Und wenn wir geschwächt sind, dann sind wir noch mehr versklavt, nicht wahr?

Absolut! Gerade dieses Thema Selbstverantwortung, das ist ja heute überall präsent, allerdings in der anderen Richtung. Da gab es diesen Slogan der Hypovereinsbank: *„Sie leben. Wir kümmern uns um die Details."* – und die Versicherung: *„Wir kümmern uns um Ihr Haus!"* Du musst gar nichts machen. Und wir werden ja heute im Endeffekt so erzogen. Man nimmt uns die Verantwortung ab, man nimmt uns die Entscheidung ab, man nimmt uns das Denken ab – siehe die Co-

rona- und Impfpolitik. Ein Widerspruch ist nicht erwünscht, wir sollen nicht nachdenken, sondern ohne zu hinterfragen das tun, was uns die Politik vorgibt. Das ist ja auch die Geschichte mit den Kindern heute. Die Eltern nehmen den Kindern vieles ab. Ich auch. Ob zuhause oder beim Fußball – aufgrund von was auch immer nehmen wir anderen etwas ab. Es ist gut gemeint, aber ist es das wirklich? Hilft es der Persönlichkeit, dem Menschen auf seinem Weg zur Vervollkommnung? Ich denke nicht.

So ist es! Man tut alles, damit *wir* nicht selbst entscheiden. Aber die Tiefe oder das Schlimme, was wirklich damit verbunden ist: Jegliches Nicht-Entscheiden ist Scheiden. Jegliches Nicht-Entscheiden ist Stress. Jegliches Nicht-Entscheiden ist Spannung. Deswegen brauchen wir Entscheidung, Entstressung, Entspannung, was alles damit zusammenhängt. Und wenn ich das nicht schaffe, bleibe ich da hängen. Das ist das Grundmotiv, wieso Leute zum Coaching kommen. Die sind innerlich zerrissen und wissen nicht, wie sie sich entscheiden können. Ich gebe Ihnen ein einfaches Beispiel: Es ist noch nicht lange her, als fünf Minuten vor einer Veranstaltung eine Dame zu mir kam und sagte: *„Ach, Herr Dinero, ich habe gehört, Sie haben manchmal auch diverse Hilfen, auch wenn es körperlich irgendwo ein bisschen klemmt.“* Ich fragte: *„Was haben Sie denn?“*, und sie antwortete: *„Ich habe seit Monaten Magenprobleme und schlafe schlecht. Haben Sie da eine Idee?“* Ich sagte: *„Gute Frau, ich muss gleich ein Seminar beginnen. Lassen Sie uns bitte in der Pause weiterreden, aber Sie denken bitte einmal darüber nach, ob Sie mir in der Pause eine Antwort geben können zu folgender Frage: In welcher wichtigen Angelegenheit in Ihrem Leben sind Sie aktuell nicht entschieden?“* Da biss sie sich auf die Unterlippe und sagte: *„Bingo!“*, und ich sagte: *„Genau da ist die Ursache zu finden.“* Wenn ich nicht entscheiden kann, zerreiße ich mich. Und das hat direkt mit Eigenverantwortung zu tun, denn ein anderes Wort wäre wirklich „entscheiden“.

Was war bei der Frau der Fall gewesen, was war ihr Problem?

Es war bei ihr der Fall, dass sie sich nicht entscheiden konnte, ob sie jetzt mit dem Mann, mit dem sie zusammen war, zusammen bleiben wollte oder eben nicht. Ein Klassiker-Problem!

Also tatsächlich ging es auch um Scheidung.

Ja, es ging wahrhaftig in dem Fall auch um Scheidung.

Da wir eben beim Thema „Werbung" waren. Die geht ja jetzt gezielt darauf hin, um uns zu sagen: *„Du brauchst neue Klamotten von Dior oder Parfum von Lagerfeld oder die Schuhe von Adidas."*, oder: *„Als Mann brauchst Du jetzt die neueste Hose mit der Seitennaht."* Wir werden gezielt manipuliert, und wenn Du's nicht hast, bist Du nicht „in". *„Was, Du hast kein neues Auto? Fährst mit so ner alten Möhre rum?"* Einen Oldtimer, zum Beispiel einen Mercedes Strich-Acht zu fahren, war früher Kult. Heute zählt das nicht mehr, heute musst Du immer das Neuste haben, immer das Beste. Vor allem beim Smartphone. Besonders unter den Jugendlichen ist der Druck immens groß. Da meint der Junior: *„Papa, die haben jetzt alle das neue I-Phone X, ich aber nicht."* Dann kommt auch die Frage: *„Kannst Du mir bitte etwas Geld mit beisteuern, damit ich mir das Handy kaufen kann, weil sonst bin ich ja nicht akzeptiert…?"*

Das ist natürlich eine gezielte weitere Versklavung – zum einen kostet es Geld, zum anderen bin ich ja schon wieder im Vergleichen. Und solange ich mich vergleiche, weil andere diese Handys haben oder diese Kleidung, werfe ich schon wieder meine Persönlichkeit über Bord, denn die ist individuell. Und an dieser Stelle sollte ich vielleicht sagen: Individuell zu sein heißt nicht, dass wir jetzt mit grünen Haaren herumlaufen oder irgendwie sonst was, man kann schon noch ganz gepflegt unter den Menschen sein, individuell ist etwas Inneres.

Mit seinem eigenen Stil...

Wer sich selbst gefunden hat und annimmt, der braucht sich im Außen nicht mehr zu suchen. Und derjenige, der sich nur im Außen suchen muss in diesen Dingen, der hat sich innen nicht selbst gefunden. Also wir drehen uns wieder im Kreis. Wir müssen uns selbst annehmen, worum es im ganzen Buch auch geht, uns ganz anzunehmen, und dann sind die Dinge im Außen – ich will nicht sagen, dass sie nicht wichtig sind, aber sie sind dann nicht mehr *sooo* wichtig. Ich kann mal dazu ein Beispiel schildern: Mit dem, was ich tue, bin ich ja nicht der Einzige auf der Welt, weswegen ich häufig darauf angesprochen werde, warum ich kein Facebook habe oder TikTok oder WhatsApp – Dinge, die ich alle wirklich nicht habe, auch betreibe ich keinen Blog –, der Kollege X oder Y hätte doch dieses. Dann unterstellen die mir, ich würde mich mit dem Kollegen X oder Y vergleichen, was ich jedoch nicht tue. Ich antworte dann: *„Wenn der Kollege X oder Y das tut, dann tut er das offensichtlich, weil er der Meinung ist, das wäre gut für sein Ziel, das ich ja nicht kenne und deswegen nicht kommentieren kann. Ich kenne nur mein Ziel, und ich kenne mich."* Und damit ist die Frage beantwortet. Ich mache das nicht. Ich brauche das nicht. Ich vergleiche mich da auch gar nicht. Die können erfolgreich sein oder eben nicht. Das ist mir ehrlich gesagt nicht wichtig.

Sie sind das ganze Jahr über ausgebucht – auch während der Corona-Zeit war das so. Nachdem Sie sozial nicht vernetzt sind, liegt es wohl an Ihrem Ruf. Sie werden weiterempfohlen...

Genau. Und wenn wir gerade schon beim Thema sind, nicht zu vergleichen: Das bedeutet ja auch, als Persönlichkeit stark zu sein, als Persönlichkeit sich selbst anzunehmen. Es kam beispielsweise bei einem Seminar eine Frau zu mir, die recht „füllig" war, und fragte mich, ob ich etwas wüsste, das sie tun könnte, um endlich abzunehmen. Ich habe dann zunächst einmal abgewunken und erklärt: *„Ich* *bin ja kein Ernährungsberater und ich habe keine Ahnung, was man da so macht, aber ich schätze, dass Sie das wahrscheinlich alles schon durch hatten, wie meine Nase mir sagt.*“ Sie erwiderte, dass sie so ziemlich alle Diäten, die es so gibt, mal ausprobiert hätte. Das hätte nicht funktioniert und es wäre immer wieder bei dem typischen Jo-Jo-Effekt geblieben. Auch bei ihr war das Thema, dass sie sich zunächst einmal verglichen hat mit anderen, die natürlich schlank und gut aussehen. Das bedeutet: Ich lehne einen Teil von mir ab, vergleiche mich, mache mich schwach. Wenn ich so ein Thema stemmen will wie „Abnehmen“, dann muss ich stark sein in mir, dann muss ich in mir die Kraft haben, und sie hat sich natürlich gesehen, sehr dick und füllig, und sie hätte sich gerne rank und schlank gesehen. Als ich sie dann in die Rolle dessen schlüpfen ließ, was sie gerne wäre – rank und schlank –, und dann den Blick auf die füllige Person legte, die sie ja in Wahrheit war, sagte sie: *„Ich empfinde für diese Person nur Ekel und Verachtung.*“ Da sie aber in Wahrheit ein und dieselbe Person ist, hat sie Ekel und Verachtung gegen etwas von sich selbst empfunden. Und solange das der Fall ist, kann sie Diäten machen bis zum Sankt-Nimmerleins-Tag, wenn sie nicht in der Lage ist, das zu heilen, auch diese Teile von sich anzunehmen, wieder stark zu werden. Das hat dann einen tieferen Effekt, der dazu führt, dass diese Gedankenstrukturen gar nicht mehr eingeschaltet werden und sie gleichzeitig auch die Kraft hat, in diesem Moment selbst zu entscheiden: *„Esse ich das? Esse ich nichts?*“. Nach diesem Prozess konnte sie die kraftvolle Entscheidung treffen, und dann lag es an ihr, und sie hat es geschafft. Das war dann auch gar nicht mehr so wild.

Hatten Sie mit ihr irgendwas gemacht, irgendeine Übung, oder haben Sie irgendeine Technik angewandt, irgendeine Frage mitgegeben?

Ja, eine Technik, die ich bei meinen Seminaren immer wieder anwende. Es geht ums Annehmen dessen, was man in Wahrheit ist, und ich sag jetzt mal an der Stelle – das habe ich im Buch nicht beschrieben: Das geht so weit, dass dann auch unglaublich viele körperliche Leiden verschwinden, seien es Kopfschmerzen, Hauterkrankungen, Magen-Darm-Beschwerden, aber auch Schmerzen nach Unfällen, Hörsturz oder einzelne Gliedmaßen, die nicht mehr beweglich sind. Immer haben wir das Problem, dass wir das natürlich nicht wollen, was nachvollziehbar ist, man ist ja kein Masochist. Und dann lehnen wir das ab, weil wir so sind. Wir lehnen also das ab, was wir sind, und sehen uns vielleicht gerne als eine Person, die das nicht hat, und in dieser inneren Zerrissenheit, in diesem Zwiespalt, leben wir dann. Selbstverständlich gibt es Techniken, die man anwenden kann, um das Abgelehnte anzunehmen. In Wahrheit läuft es darauf hinaus zu erkennen: *„Das gehört zu mir, auch das bin ich.“*, und auch das in Liebe anzunehmen. Das kann man mit ein paar einfachen Tricks relativ gut und schnell erreichen. Das sind Kniffe, die dabei helfen, etwas anzunehmen, was wir ablehnen – kleine körperliche Hilfen, wie z.B. die Klopftherapie.

Mich würde interessieren, was Sie bei dieser Dame zum Einsatz brachten.

Nachdem ich der Frau klargemacht hatte, dass die Gewichtszunahme mit ihrer Abscheu gegen sich selbst zusammenhing, haben wir diese Ablehnung dann wirklich in ihre Vorstellungskraft bekommen.

Das heißt, sie hat dann einen Satz formuliert? Oder wie muss ich das verstehen?

Es gibt eine Übung, bei der sich die Frau ihre Abscheu als eine Wand oder als einen Felsen vorstellt, der zwischen ihr und dem Teil von sich steht, den sie ablehnt. Durch diese kleine Übung, die wir dann praktiziert haben, verschwand dann dieser Felsen. Damit verschwand auch die Abscheu gegen sich selbst. Und dann konnte sie sich selbst annehmen. Dieser verabscheute Teil, der mit „viel Essen“ müssen zu tun hatte, brauchte dann nicht mehr aktiv zu werden.

Dann wurde der auch nicht mehr aktiv, und sie konnte frei ihren Weg gehen.

Das ist natürlich jetzt die Frage desjenigen, den das betrifft: Welche Tricks und Techniken haben Sie angewandt?

Einen Teil haben wir im Buch beschrieben. Also das, was jeder gut nachmachen kann, ist im Buch aufgeführt. (Seite 140ff)
Wenn ich mit Tricks arbeite, wenn ich jetzt beispielsweise eine Flugangst wegmache oder Höhenangst oder irgendwelche Phobien oder solche Geschichten, kann das manchmal innerhalb von 5 Minuten beseitigt werden. Im Buch habe ich einen Prozess beschrieben, den jeder nachmachen kann. Das geht vielleicht nicht in fünf Minuten, aber in fünfzehn oder zwanzig.

Vielleicht machen wir einmal eine Übung mit mir – jetzt gleich am besten. Ich habe beispielsweise ein Problem, vor größeren Menschengruppen zu sprechen. Ich mache es zwar, wenn es sein muss, aber mir geht es schon Tage vorher, und dann just vor dem Beginn, richtig elend.

Gut. Wenn ich jetzt sage: *„Das ist ja völlig normal.“*, nützt es Ihnen auch nichts. Zudem fällt kein fertiger Redner vom Himmel.

Ich versuche immer, das mit einem Witz einzuleiten…

Mit Techniken versucht man, damit zu leben, aber in Wahrheit ist es ja so: Sie würden da ja gerne strahlend und lachend da stehen, völlig frei, selbstbewusst, so wie wir beide jetzt hier sitzen. Können Sie sich das mal vorstellen? Was würden Sie sagen, wenn es so wäre? Machen wir das doch gleich einmal praktisch…

Gut. Machen wir das…

Stellen Sie sich vor, wie Sie vor dem Publikum stehen, sich gut fühlen, wie Sie das mit Bravour machen, wie Sie dabei lächeln. Können Sie das schon mal so denken?

Ja, ja, absolut.

Okay, also jetzt versetzen Sie sich mal in die zweite Person. Diese zweite Person ist die, die das wirklich nicht kann. Wie fühlt die sich? Beschreiben Sie das einmal!

Schwach.

Schwach! Klein?

Unsicher. Angst. Ich glaube, es geht um die Angst...

Nicht analysieren bitte! Angst, natürlich Angst, ausgelacht zu werden, ist klar.

...den Text vielleicht auch zu vergessen und so was...

Wie fühlt sich das an? Schwach, klein, hässlich, mies? Will am liebsten weg? Wo ist das Problem? Diese große Person, diese tolle, die mag die andere nicht. Was haben Sie denn gegen diesen Teil von sich? Was haben Sie dagegen? Verachten Sie den? Sind Sie wütend auf den?

Nee, eigentlich nicht.

Sind Sie traurig wegen dem?

Ich glaube, es ist eher das Ego, das nachher denkt: „*Wenn ich irgendwas falsch mache...*“

Sind Sie traurig, weil es diesen Teil gibt?

Ich verstehe ja, dass es ihn gibt.

Nein, was es mit Ihnen macht, will ich wissen. Was macht das mit Ihnen? Welche Emotion ruft das bei Ihnen hervor?

Ist das Traurigkeit? Ich weiß es nicht.

Sie können auch wütend sein oder zornig.

Nee, das tut mir irgendwie leid.

Tut Ihnen leid? Das tut Ihnen leid, dass Sie so einen erbärmlichen Teil haben?

Ja. Dass ich ihn noch nicht entwickelt habe.

Ja, das ist eher Verachtung...

Nee, Verachtung würde ich nicht sagen.

Das tut Ihnen leid.

Ja. Ich fühle mich wie unvollständig.

Unvollständig! Ah, das ist minderwertig, nicht wertig genug. Unvollständig, nicht komplett!

Weil viele eben auch sagen: *„Mensch Jan, warum machst Du eben keine Videos und keine Vorträge?“* Weil das vermutlich im Chaos endet. Denn – das ist das andere Problem –, wenn mich jemand blöd anredet oder aus dem Publikum heraus angreift, dann werde ich schnell ausfällig. Also wenn mich einer falsch anredet, dann scheppert's.

Dann werden Sie aggressiv.

Allerdings. Und es kann sehr gut sein, dass ich mir den packe und ihm eine aufs Maul gebe. Ich weiß, das ist nicht sehr meisterlich,

aber ich zucke dann einfach aus. Zudem ist es so, dass ich vielleicht im Eifer des Gefechts etwas sage – etwas Politisches vielleicht –, was strafrechtlich relevant werden könnte. Und nachdem heute jeder sein Handy mitlaufen lassen kann, könnte das für mich juristische Folgen haben.

Also gut. Stellen Sie sich nun vor, da wo Sie sitzen, da ist der tolle Jan, der frei spricht. Alles ist gut. Und da hinten auf dem Stuhl, da ist dieser, der Minderwertigkeitskomplexe hat, der Angst hat, ausgelacht zu werden, wenn er den Text nicht sagt, und der klein und schwach ist. Und es ist ja klar, dass Sie den eigentlich in den Arm nehmen sollten, aber das tun Sie nicht, weil dazwischen ist ja jetzt – und das ist die Frage, das können Sie ja mal machen – wie eine Wand dazwischen, und diese Wand ist dann diese Emotion, diese Verachtung, dieses Traurigsein deswegen – wie sieht die Wand aus? Wie hoch ist sie?

Die ist weiß und hoch.

Wie hoch?

Zwei Meter, nee, nee, ich kann fast drüberschauen.

Also 1,50 Meter. Wie breit?

Vielleicht zwei Meter und weit also…

Dicke?

Tiefe, Stärke...

Farbe?

Weiß.

Weiß! Jetzt könnte ich verschiedene Methoden anwenden. Wollen Sie das jetzt mal machen, wie es im Buch beschrieben ist?

Klar!

Okay. Machen Sie es sich jetzt auf dem Stuhl vor mir bequem und setzen Sie beide Füße auf den Boden. Betrachten Sie sich jetzt zunächst einmal im Geiste die Wand, 1,50 Meter hoch zirka und zirka zwei Meter breit. Konzentrieren Sie sich auf die rechte Fußsohle. Sie können diese einmal ein bisschen anspannen, dann fühlen Sie die Fußsohle besser. Können Sie die jetzt fühlen? Okay, *nur* die rechte Fußsohle, sonst nichts. Nur die rechte, Ihre Achtsamkeit ist voll auf die rechte Fußsohle fokussiert. Und jetzt mal bitte nur die linke Fußsohle. Nur die linke, sonst nichts. Nur die linke, die linke, die linke, die linke Fußsohle. Spüren Sie die?

Ja.

Okay, jetzt mal bitte beide gleichzeitig, okay? Jetzt fühlen Sie beide Fußsohlen gleichzeitig. Sie können diese auch visualisieren, als wären die verbunden, wie mit einer Leuchtverbindung, energetisch. Und bevor wir weitermachen, erkläre ich noch schnell etwas: Wir haben fünf Energieaustrittsöffnungen. Zwei sind bei den Füßen. Und die nutzen wir jetzt. Bleiben Sie bei Ihren Fußsohlen, spüren Sie die! Dann kann es jetzt schon sein, wenn Sie jetzt noch mal zu der Wand hingucken... Wie groß ist die jetzt?

Die ist etwas geschrumpft.

Ah, die schrumpft schon jetzt, nur bei den Füßen. Wird schon kleiner. Gut. Wie ist die Wand jetzt? Wie groß?

Einen Meter.

Wie breit?

Etwas schmaler. Auch nicht mehr so dick.

Okay, weiter geht's. Rechte Fußsohle! *Nur* die rechte Fußsohle! Fühlen! Jetzt *nur* die linke, *nur* die linke Fußsohle fühlen. Beide

gleichzeitig jetzt. Jetzt legen Sie den rechten Zeigefinger auf den Oberschenkel und konzentrieren Sie sich nur auf die Kontaktstelle und darauf, wie sich diese anfühlt. Ist die fest, weich, rau, glatt, riffelig? Ist da eine Wärme zu spüren? Das bekommen Sie hin, oder? Genau diesen Punkt. Ist da Energie? Jetzt machen Sie das Gleiche mal nur mit dem linken Zeigefinger auf dem linken Oberschenkel. Lassen Sie den anderen da liegen. Nur links! Achtsamkeit nur links! Sehr gut! Jetzt beide gleichzeitig! Jetzt gehen Sie noch mal zu beiden Füßen mit der Achtsamkeit. Sie können beide Füße fühlen. Sie können beide Zeigefinger fühlen. Vielleicht können Sie alle vier Punkte fühlen und miteinander verbinden mit dem Licht. Sehr gut! Dann können Sie warten. Von alleine wird sich auf der Brust ein weiteres Gefühl einstellen, ohne dass Sie irgendetwas tun. Das Gefühl erscheint auf der Brust. Es kann ein Gefühl sein wie Wärme oder ein Gefühl wie Druck vielleicht – es kommt von alleine. Dann aktivieren Sie jetzt automatisch damit den Sitz der Liebe, das Sternum mitten auf der Brust, und das Problem, das Sie vorher hatten, tauchen Sie wie einen Eiswürfel in die heiße Badewanne. Er löst sich darin auf, und so tut es auch das Problem.
Sie können mal die Augen geschlossen lassen und schauen jetzt einmal rüber zu dieser Wand. Wie groß ist sie jetzt?

Dreißig Zentimeter.

Dreißig Zentimeter! Wie breit?

Noch nicht mal einen Meter.

Farbe, Dicke?

Ist doch erheblich geschrumpft.

Sie könnten theoretisch über die Wand drübersteigen. Das machen wir aber nicht. Konzentrieren Sie sich wieder auf den rechten Zeigefinger, *nur* auf den rechten Zeigefinger. Dann *nur* auf den linken, *nur* links. Jetzt beide gleichzeitig, *nur* beide Zeigefinger. Und jetzt wieder warten, bis dieses Gefühl auf der Brust kommt. Wenn auch das zu fühlen ist, im Bereich des Sternums – das kommt von alleine, das wird nicht erzeugt –, dann können Sie auch das wie eine Dreiecksverbindung im Bewusstsein halten. Was praktisch passiert, ist Folgendes: Das Problem, das Sie vorher hatten, lösen Sie jetzt. Das hat ja immer mit Angst zu tun. Das Gegenteil von Angst ist Liebe, und das lösen Sie jetzt in dieser Liebe auf. Das ist das, was gerade live passiert. Sie können jetzt mal zu der Wand hingucken. Da ist nichts mehr, oder?

Da ist so gut wie nichts mehr.

So gut wie nichts mehr. Zack, das war's! So ist es im Buch beschrieben. Das dauert ein bisschen länger, aber das kann jeder nachmachen. Und das bei jedem beliebigen Thema... Wenn ich jetzt ein Coaching durchführe, dann sage ich: *„Jetzt gehen Sie dahin und nehmen Sie den imaginären Teil von Ihnen wirklich in den Arm, dann sind Sie komplett, und dann passiert das nicht von alleine.“* Dann kommt zum Schluss noch der Tipp mit diesen Ankerbändchen. Wenn da noch mal so eine Angst käme – STOPP! –, dann halten wir dagegen, mit Willen, und dann ist das weg.

Sie sagen, Sie machen das bei allen möglichen Problemen – seien sie körperlich oder psychisch?

Ja, das funktioniert normalerweise immer. Mit dieser und ein, zwei anderen Übungen, bei denen ich auch etwas Hypnose einsetze, überliste ich das Bewusstsein. In Wahrheit ist es doch so, dass Sie etwas dagegen haben. Sie sind ja kein Masochist, der das gerne hat. So, und jetzt bitte ich Sie ja nicht, sich woandershin zu konzentrieren, sondern genau auf das Problem, auf diesen Problemteil in Ihnen. Wo ist das? Wie sieht das aus? Jetzt erhöhe ich das Tempo der Befragung. Dann baue ich diese Geschichte noch aus, lenke Sie hier ab, lenke Sie da ab, beschäftige Ihren Verstand, reize diesen sukzessive aus – der Verstand kann nämlich nicht viel –, sodass Sie jetzt – aufpassen! – keine Kapazität mehr haben, Widerstand dagegen zu leisten. Und in dem Moment, in dem Sie sich etwas anschauen, ohne Widerstand zu leisten, haben Sie es indirekt angenommen, weil Sie ja keinen Widerstand mehr geleistet haben. Das war jetzt der Trick dazu, und dann (Dr. Dinero schnipst mit den Fingern) ist das in der Regel – zack – weg!

Nun, ich werde das beobachten. Wenn Sie demnächst in der Zeitung lesen, dass ich einem Kritiker eine zentriert habe, dann hat es wohl nicht funktioniert. ☺ Vielen Dank auf jeden Fall.
Kommen wir nun zu den verschiedenen Fragen, die ich vorbereitet habe: Sie schreiben in Ihrem Buch, dass die Herrschenden uns schon bereits zuvor über verschiedene Kanäle erkennen lassen, was passieren wird und dass das einen, aus ihrer Sicht, guten Grund hat. Wie kann ich das verstehen?

Ja, es gibt ja immer wieder Leute, die behaupten, die Herrschenden müssten uns das vorher mitteilen, bevor etwas gemacht wird. Und ich habe herausgefunden, dass sie das machen *müssen*. Vorsicht! Die müssen es machen, *damit* es funktioniert. Damit wir das verstehen, ein ganz kurzer Exkurs, was das Thema „Identifikation" mit uns macht. Identifikation heißt u.a., dass ich etwas wiedererkenne. Wiedererkennen heißt: Ich habe es zuvor erkannt. Ich drücke es lieber so aus: wiederholendes Erkennen. Durch wiederholendes Erkennen wird es mir immer weniger fremd. Wenn es mir weniger fremd ist, bekomme ich das ins Limbische System. Im Limbischen System befindet sich mein Selbst – also ich, ich bin, mir, mich, mein, und das Selbst ist selbstverteidigend. Das heißt: Alles Fremde wird abgelehnt. Das ist unser gesamtes Migrationsproblem, das geht auch bis auf die Körperzelle, die fremde Zellen ablehnt, oder fremde Organe werden bei Organverpflanzungen abgelehnt usw. Nun ist Folgendes wichtig zu verstehen: Damit ich etwas *nicht* ablehne, muss ich es in die Identifikation bekommen. Und das konnten wir wunderbar am Beispiel Corona sehen. Da hieß es ja immer wieder in verschieden großen Abständen: „*Dann und dann tagt die Ministerpräsidentenkonferenz, um irgendwelche neuen Maßnahmen zu beschließen.*" Und ein oder zwei Wochen vor der Verabschiedung hat man uns mehrmals wiederholend erkennen lassen, was da beschlossen wird – „*Beschlussvorlage liegt schon vor!*" Dabei geschah in unserem Verstand Folgendes: Durch das wiederholende Erkennen wurde es uns immer weniger fremd, wir mussten es immer weniger ablehnen, sodass wir dann, als es entschieden wurde, innerlich gesagt haben: „*War ja klar! War ja eh klar! Kennen wir schon!*" Kein Widerstand mehr! Damit wir also keinen Widerstand leisten, praktiziert man es stets auf diese Weise. Und nicht nur bei den Corona-Maßnahmen, das macht man beispielsweise auch über Kinofilme. Wenn man sich die Rankings der erfolgreichsten Kinofilme der letzten zwanzig Jahre betrachtet, dann sieht man unheimlich viel über UFOs und Außerirdische, sehr viel mit Pandemien, mit irgendwelchen Seuchen usw., wodurch wir also auch dann wieder „vorgeprimt" werden. Sie lassen uns über Filme wissen, was sie mit uns vorhaben. Dann sind wir vorbereitet. Wir leisten keinen Widerstand mehr. Wir sind wie die Lemminge. Das ist das, was gemacht wird, und deswegen ist es natürlich, dass die es machen müssen, denn genau auf diese Weise funktionieren unser Bewusstsein, unser Unterbewusstsein und unser Verstand. Wenn ich mir als jemand, der die Mechanismen kennt, betrachte, welche Themen in der Werbung, im Mainstream sowie in den Kinofilmen subtil platziert werden – und das ohne Unterlass –, dann weiß ich, wohin man will. Auf der anderen Seite kann ich dann als „Wissender" auch Rückschlüsse darüber ziehen, wer es ist, der das praktiziert und was deren Endziel ist. Das ist ja vor allem Ihr Spezialgebiet, das Terrain des Jan van Helsing.

So ist es. Man muss eigentlich blind sein, wenn man nicht sieht, wer was wieso und auf welche Weise plant, um ein ganz bestimmtes Ziel zu erreichen. Und wie Sie schon sagen: Wenn ich die Mechanismen erkenne, dann kann ich auch sehen, wer es ist, der all das plant.

Ja. Es geht aber noch weiter. Man lässt auf diese Art und Weise auch gerne mal konträre Meinungen in den Markt hineinfließen. Das führt dazu, dass die Leute gar nicht mehr wissen *„Stimmt jetzt das Linke oder das Rechte?"* Das ist eine wunderbare Methode – ich bin ausgebildeter Hypnotiseur –, wie man zum Beispiel eine Hypnose einleiten kann. Das könnte jeder machen. Man sagt einem Menschen ins linke Ohr eine Story und gleichzeitig parallel ins rechte Ohr eine andere Story. Jetzt weiß der Verstand gar nicht mehr, was er damit anfangen kann, fällt in Trance, denn er schafft es nicht. Und die Leute sagen dann nachher: *„Ja, man hört so viel. Man weiß ja gar nicht mehr, was man glauben soll. Das kam im Fernsehen. Das muss ja wohl wahr sein."* Und wie die Lemminge – weil sie das wiederholend erkannt haben – machen die Leute alles, was die Mächtigen über genau diese Methode vorbereitet haben. Das klappt ja mit allem. Es gibt ja kein Thema, wo das nicht auf diese Weise praktiziert wird und wo das nicht klappt. Deswegen sage ich, dass es wirklich einen guten Grund gibt, es so zu tun, denn sonst würde es ja gar nicht funktionieren.

Das heißt: Die haben ein ganz klares Ziel und wollen, dass wir mitmachen. Die wollen nicht hören, was *wir* gerne machen wollten. Die sagen einfach: *„Das ist, wo wir hinwollen. Wir müssen die Masse dahin bringen."* – und nutzen eben Techniken, die Sie genannt haben, von Hypnose bis über das Unterbewusstsein, uns an den neuen Gedanken zu gewöhnen, weil sie uns in ihre Richtung lenken wollen. Sie vertreten nicht *unsere* Meinung, sondern die wollen, dass wir *ihre* Meinung akzeptieren.

So ist das, und das hat erstaunlich gut funktioniert, wie wir am letzten Beispiel sehen konnten. Ich war hell erschrocken, denn ich weiß ja, was und wie es gemacht wird. Ich war vor allem darüber entsetzt, wie gut es geklappt hat, intelligente, scheinbar selbst denkende und scheinbar selbst entscheidende Menschen über einen Zeitraum von wenigen Monaten komplett in eine bestimmte Richtung zu lenken.

Gehirnwäsche nennt man das…

Genau, so kann man das sagen.

Dr. Dinero, bei unserem letzten Treffen sagten Sie: „*Die Mächtigen haben Angst.*" Wovor haben sie denn Angst?

Ja, ganz einfach, die haben Angst davor, dass wir keine Angst mehr haben. Es ist für sie das Schlimmste, wenn wir keine Angst mehr haben, denn dann haben sie überhaupt keine Chance und keine Macht mehr über uns. Die haben Angst davor, dass wir unsere Macht erkennen. Und jetzt kommt noch etwas Wichtiges hinzu: Ein Mensch, der Angst hat, der in Angst und Schrecken versetzt wird – und das ist ja das, was über alle Medien ausgestrahlt wird –, der rutscht vom sog. Erschaffensmodus, in dem wir wirklich kreativ sind, in den Überlebensmodus. Das heißt: Der Mensch schaltet sein Reptiliengehirn, sein Stammhirn ein. Und dieses Reptiliengehirn reagiert, und zwar blitzschnell. Sie haben mir ja gesagt, dass Sie regelmäßig joggen. Sie laufen morgens durch den Wald irgendwo beim Joggen, und dann springen Sie auf einmal auf die Seite, und kurz nachdem Sie auf die Seite gesprungen sind, stellen Sie fest: Es war gar keine Schlange, es war nur ein Ast, der da so komisch lag. Dieses Auf-die-Seite-Springen macht Ihr Reptiliengehirn, um Sie zu schützen. Das bedeutet: Leute, die das Reptiliengehirn anderer bedienen, die drücken bei denen auf die Play-Taste. Und wenn die auf die Play-Taste drücken, dann wird das Programm ausgeführt. Damit das klappt, damit die bei uns auf die Play-Taste drücken können, muss man uns unentwegt in Angst und Schrecken versetzen. Und je mehr das passiert, desto mehr rutschen wir in den Überlebensmodus und können gar nicht mehr eigenständig denken. Und dann können diese Mächtigen die Play-Taste drücken. Also: Sie haben Angst davor, dass wir das Spiel durchschauen, dass wir immer noch eigenständig denken. Sie haben Angst davor, dass wir keine Angst haben bzw. nicht mehr im Überlebensmodus oder im Reptiliengehirn sind, dass wir nicht einfach durch jeden brennenden Reifen springen, den man uns vorhält. Das ist wie beim Beispiel mit der Schlange beim Joggen, man hält uns irgendeinen brennenden Reifen hin und wir – zack – springen da durch. Sie haben Angst davor, dass wir darauf nicht mehr reagieren, weil sie ganz genau wissen, dass sie in Wahrheit keine Macht über uns haben, dass sie nur mit solchen Psycho-Mätzchen arbeiten können.

Was kann der Einzelne tun, wenn er sagt: *„Mensch, ich möchte dem nicht ausgeliefert sein.“*? Außer generell eine kritischere Lebenshaltung…

Natürlich dieses Buch lesen. ☺ Hier findet er die komplette Anleitung mit Erklärung, um sich selbst mächtig und stark zu machen. Aber ganz wichtig ist es zunächst einmal, das anzunehmen, dass er es wert ist, ein Leben in der Freude zu leben, ein Leben in der Fülle zu leben. Da hängt es ja schon bei vielen, die der Überzeugung sind: *„Ich bin das gar nicht wert.“* Dies gilt es als Erstes anzunehmen. Dann gilt es, sich entschieden dagegen zu wehren, wenn ihm jemand einreden will, dass er das nicht haben kann, er es nicht wert sei, erst noch dieses oder jenes machen muss, dass er sich zunächst einmal würdig zu erweisen hat, um irgendwie weiterzukommen usw. Das ist natürlich Käse. Der Mensch muss sich selbst beweisen, dass er das wert ist, indem er mit sich umgeht, wie man mit etwas Wertvollem umgeht. Wie gehe ich denn mit etwas Wertvollem um? Das pflege ich. Doch viele pflegen ihr Auto oder ihr Pferd besser als sich selbst. Wertschätzung bedeutet Körperpflege, Psychopflege und Geistespflege. Der Körper benötigt für sich gute Nahrung und Work-Life-

Balance, die Psyche braucht mal einen schönen Sonnenuntergang und auch mal was zu lachen, und der Geist benötigt gute geistige Nahrung und nicht so einen Schrott, wie er im Fernsehen kommt. Und wenn ich mich permanent körperlich zumülle mit dem letzten Dreck, den ich esse, wenn ich die schaurigsten Horrorfilme gucke und Pornographie, wenn ich meinen Geist zumülle mit irgendwelchem geistigen Schwachsinn, dann beweise ich mir, dass ich mir einen Dreck wert bin. Und das werde ich dann auch ernten. Wir beweisen immer das, was wir glauben. Was kann der Einzelne noch tun? Er kann sich täglich bewusst etwas Gutes antun. Damit beweist er sich: Ich bin es wert. Dann wächst der Glaube an sich selbst. Er kann proaktiv anderen täglich etwas Gutes tun, er kann dankbar sein, ein Dankbarkeits-Buch schreiben – man kann durchaus eine ganze Menge tun, um sich aus dem Überlebensmodus herauszuholen. Der Mensch lacht wieder und hat wieder Freude. Und Leute, die lachen und Freude haben...

...ziehen andere Menschen an, die ebenfalls lachen.

So ist es. Kein Zufall, sondern Resonanz!

Und ich finde es ganz, ganz wichtig, jetzt mal vom eigenen Ehepartner abgesehen und der Familie, dass man sich von bestimmten Leuten trennt, bei denen man einfach irgendwann feststellt: Der schaut nur Horrorfilme oder Tagesschau. Worüber unterhalte ich mich mit dem überhaupt? Bringt mich das weiter? Ich habe da so ein Beispiel parat, das jeder Mensch kennt. Wenn ich abends Besuch hatte und dieser muss gehen, wie reagiere ich beim Abschied? Denke ich *„Boah, ist der endlich weg!“* oder denke ich *„Magst nicht noch a bisserl bleiben?“*? Daran erkenne ich: War das ein bereichernder Abend, der mich erfüllt hat, oder hat er mir etwas genommen, hat der Besuch Energie von mir mitgenommen? Hier sollten wir aufräumen, denn Menschen, die uns Energie rauben, rauben auch Lebens-Zeit – Zeit, die man sinnvoller nutzen könnte.

Das ist ganz wichtig. Wir selbst können hier Entscheidungen treffen – jeden Tag! Wir können uns diesem negativen Einfluss entziehen, wenn es um einzelne Personen geht. Goethe sagte: *„Sage mir, mit wem Du Dich umgibst, und ich sag Dir, wer Du bist."* Da ist was dran. Man sagt so salopp: *„Das färbt ab."*, und natürlich tut es das. So wichtig wie Körperpflege ist für mich auch diese Psychopflege – die gehört dazu.

Ja, sehr gut. Kommen wir nochmals auf die Mechanismen der Angst zu sprechen.

Die Herrschenden wollen, dass wir ohnmächtig sind. Das geht natürlich noch einen Schritt weiter dieses Angst-Reptiliengehirn, wo ja, wie wir wissen, die Play-Taste gedrückt wird und wir eben durch den Reifen springen, den sie für uns vorbereitet haben. Ohnmacht – ein anderes Wort dafür ist Bewusstlosigkeit. Also könnte ich auch sagen: Die wollen, dass wir bewusstlos sind. Ohnmacht oder auch Bewusstlosigkeit ist die Vorstufe zum Tod. Sie wollen, dass wir fast tot sind, dass wir in Angst und Schulden leben – also Reptiliengehirn –, aber das geht noch weiter. Es gibt interessante Experimente, zum Beispiel das Libet-Experiment. Ich weiß nicht, ob Sie schon einmal davon gehört haben. Dabei ging es um Folgendes: Es wurden Probanden verdrahtet am Kopf sowie am Finger, und dann sollten die Probanden mit dem Finger zucken. Sie sollten sagen *„Jetzt"* und dann mit dem Finger zucken. Als sie sagten *„Jetzt"*, und zuckten dann mit dem Finger, gingen zirka 0,1 bis maximal 0,2 Sekunden über die Nervenbahnen vom Kommando, bis der Finger wirklich zuckt, verloren. Interessant war, dass zwischen 0,3 und 0,8 Sekunden vorher ein Bereitschaftspotential im Gehirn gemessen wurde, bevor der Proband sich überhaupt entschieden hatte, *„Jetzt"* zu sagen. Das warf dann die Frage auf: *„Wer hat denn diese Entscheidung getroffen? Haben wir überhaupt einen freien Willen?"* Diese Argumentation nutzen viele, die sagen: *„Das Bewusstsein, da wird man auch mit Frequenzen gesteuert und downgeloaded."* Selbst wenn dem so wäre, haben wir noch eine Chance. Und da will ich jetzt wieder drauf hinaus. Egal, was jemand will, Benjamin Libets Experiment war damals sehr umstritten. Es hieß, wir hätten keinen freien Willen, aber wir Menschen sind doch das höchstentwickelte Wesen, und dieser Entwicklungsstatus zeigt sich wiederum in unserer Fähigkeit– jetzt haben wir wieder den Punkt! –, Entscheidungen zu treffen. Die treffen wir mit dem Stirnlappen, also mit dem Frontallappen. Das ist der größte Teil vom Neokortex, der auch am meisten Sauerstoff verbraucht, und je höher ein Mensch entwickelt ist, desto mehr kann er diesen einsetzen. Hierzu ein Beispiel: Angenommen, man tischt uns unser Lieblingsessen auf. Wir sehen das, riechen das vielleicht auch, dann entwickeln wir Speichelfluss, Magensäure usw. – wir haben Lust, das zu essen! Das Gleiche passiert, wenn wir das mit unserem Hund machen. Was ist der Unterschied zwischen uns und dem Hund? Der Hund frisst. Der hat Lust und führt das auch aus. Auch wir sehen das, riechen das, wir haben Lust zu essen, aber wir können sagen: *„Nein, ich führe die Handlung nicht aus. Ich esse erst später oder ich verzichte ganz darauf.“* So war das auch bei Libets Experiment. Er hat immer darauf geachtet, wenn der Finger nicht gezuckt hat. Und das ist wichtig. Wenn die Reize kommen, dann kann ein hochentwickelter Mensch sagen: *„Stopp, ich tue das nicht.“* Ein niederentwickelter Mensch wird sich verhalten wie ein Tier, und er fällt ins tierische Verhalten hinein. Genau das sehen wir, wenn Sie sich mal umgucken, wenn Menschen sich wie die Tiere verhalten, übereinander herfallen. Ich sehe in meinen Veranstaltungen viele Frauen, ich spreche mal ganz offen, bei denen ich denke: *„Mein lieber Scholli, die ist aber attraktiv…!“*, wo der Körper darauf reagiert und ich dennoch sage: *„Nein, das tue ich nicht!“* Ein niederentwickelter Mensch hingegen, der macht's wie ein Tier. Und das ist unsere Chance, nämlich *„Nein“* zu sagen. Das geht aber nur, wenn wir bewusst sind – bewusst über uns und darüber, was um uns herum geschieht. Genau deswegen wollen die Mächtigen, dass wir ohnmächtig sind, nämlich dass dieser Frontallappen geschwächt wird. Und dieser Frontallappen, wie schwächt man den? Den schwächt man, indem man ihm die Energie entzieht. Und die Energie zu entziehen heißt, Sauerstoff zu entziehen. Ich könnte die Menschen dazu zwingen, sich einen Stofffetzen vors Gesicht zu halten – und schon kommt nicht mehr so viel Sauerstoff durch. Ich könnte die Leute depressiv machen, sodass sie ihren Kopf nach unten hängen lassen. Ich könnte jetzt wieder den Frontallappen schwächen durch Chemie, durch Fluorid usw. oder durch Frequenzen. Es gibt zahlreiche Wege, um uns davon abzuhalten, klare Entscheidungen zu treffen. Eigenverantwortung ist hier der Weg. Und wenn wir die Eigenverantwortung schwächen durch künstlich erzeugte Angst, reagiert das Reptiliengehirn, dann sind wir ohnmächtig und agieren wie die Tiere.

Wir werden ja inzwischen auch in zunehmendem Maße darauf hingeschult, Künstliche Intelligenz (KI) als etwas Normales anzunehmen. Im Endeffekt wollen sie ja – da sind wir wieder beim Thema Sklaven –, dass wir nur noch gefügig sind.

Ja, man kann beobachten, dass unheimlich viele Informationen kommen, die uns letztendlich klein und dumm erscheinen lassen. – Und das ist natürlich. – So manch einer denkt sich: „*Wenn alle meinen, die KI macht alles besser, dann bin ich ja mit meinem bisschen Denken nichts mehr.*“ Dann fühle ich mich schon wieder ohnmächtig – ohne Macht. Dann springe ich schon wieder durch einen brennenden Reifen. Ich persönlich lehne alles ab, was mir suggeriert, dass ich nicht alles, also auch Erkenntnis, in mir selbst habe. Erkenntnis ist unmittelbares Erkennen ohne Verstand, ohne Vergangenheitskonditionierungen, ohne Gefühlsduseleien. Wenn ich dann höre „*Ich fühle das einfach.*“ oder man konditioniert ja Menschen und sagt: „*Wenn Dein Gefühl Dir sagt, Du bist ein Junge oder ein Mädchen, Dein Gefühl hat recht.*“ Das ist natürlich völliger Quatsch! Wie wir uns gerade fühlen, das ist abhängig davon, ob wir aufs Klo gehen oder nicht, ob wir am Morgen guten oder schlechten oder gar keinen Sex hatten, ob die Sonne scheint oder nicht, ob wir eben eine gute oder schlechte Nachricht gehört oder gesehen haben, ob man uns ein Kompliment gemacht hat oder nicht, ob wir ein Eis gegessen haben oder nicht. All das beeinflusst die Chemie mit vielen weiteren Faktoren auch. Und dann zu sagen: *„Das, was ich jetzt gerade empfinde, das ist wahr.“*, das ist Käse. Aber das wird uns suggeriert, dass die KI alles besser macht. Ich „erkenne“, und das lasse ich mir nicht wegnehmen. Der Geist erkennt, der Verstand versteht das dann, und die KI versucht, mir diese Fähigkeit wegzunehmen und den Glauben daran, dass ich in mir alles Wissen habe, dass ich in mir alle Erkenntnis habe. KI wird von Menschen programmiert. Sicherlich ist diese Rechnerleistung enorm und sie hat auch keine menschlichen Schwächen, das stimmt schon. Wir haben aber auch keine menschlichen Schwächen, wenn wir uns aus der Angst befreien. Wir finden, wenn wir aus dem Reptiliengehirn herauskommen, alle Weisheit in uns. Und der Glaube an die KI zerstört genau diese Wahrheit und macht uns klein, deswegen lehne ich das ab – aus! Ich lasse mich nicht klein machen.

Da sind wir gleich beim nächsten Punkt. Sie haben ja im persönlichen Gespräch schon gesagt, dass Sie mit der klassischen Esoterik oder den Seminaren, bei denen es heißt: „Hol Dir Dein inneres Kind zurück“ oder „Werde hier vollkommen“ Ihre Schwierigkeiten haben. Sie sind davon überzeugt, dass uns nichts fehlt, sondern alles bereits in uns vorhanden ist.

So ist es! Also, Esoterik heißt ja „von innen“ und Exoterik „von außen“. Vielleicht noch ein Beispiel zum Erkennen, zur Erkenntnis: Ein fünfjähriger Junge sieht einen Mann und sagt: *„Oh, das ist ein Böser!“* Er hat nichts Schlimmes erlebt, sein Verstand kann das nicht bewerten, man sieht ihm nichts an, und drei Jahre später stellt man fest: Das war wirklich ein Böser. Das ist Erkenntnis. Der Junge hat das einfach erkannt. Das ist nicht Verstehen. Das ist nicht Intellekt.

Wahrgenommen!

Das ist Wahrheit. Ich erkenne das. Man kann auch sagen „Intuition“. Wahres Wissen ist Intuition, die braucht nichts weiter. Und jetzt kommt's: Methoden, die dahin führen, das zu können, die werden manchmal als „Esoterik“ bezeichnet. Das ist natürlich Quatsch. Das kommt nicht von innen. Das *ist* einfach. Man kann nicht behaupten, dass diese Methoden, die in den Seminaren angeboten werden, „Esoterik“ wären, sondern das sind Hilfsmittel, um zu lernen, wie man einen Zustand herbeiführt, wie man beispielsweise in sich geht. Und über all diese Techniken oder Therapien kann man Menschen auch ganz schön abhängig machen. Deswegen: Esoterik IST, das Wissen IST, Erkenntnis IST. Wenn ich Methoden anwende, kann das helfen, aber ich kann die Menschen auch abhängig machen, sodass sie wieder klein sind: *„Ohne den Master-Guru, ohne den Seminarleiter, ohne das Medium kann ich hier gar nichts.“* Das lehne ich entschieden ab.

Also meinen Sie, dass wir alles in uns haben, wie Sie das ja anhand Ihrer Beispiele darlegen, wir müssen nur diesen Teil in uns, der vielleicht unvollkommen ist, oder von dem wir glauben, dass er unvollkommen wäre, integrieren und dann das Leben ändern und dann ziehen wir auch das Entsprechende an.

Integrieren, Leben ändern, und jetzt kommt's: auch die Eier in der Hose haben, danach zu handeln, egal was die anderen sagen. Das ist dann auch der wichtigste Schritt.

Was ist gemeint mit *„Liebe Deinen Nächsten wie Dich selbst“*? Sie erwähnten, dass das ein maßgeblicher Schlüssel ist.

Das ist im Prinzip mit wenigen Worten gesagt. Liebe Dich selbst und auch den anderen. *„Liebe Dich selbst“* heißt jetzt nicht nur: *„Ich gönne mir mal was. Ich tue mir mal was Gutes.“* Das gehört sicherlich dazu, und wir haben auch über Körperpflege, Geistespflege, Psychopflege usw. gesprochen. Das ist wichtig, aber im Wesentlichen heißt das, sich selbst mit all seinen Stärken und Schwächen, Ecken und Kanten, Bäuchlein, Frisur, Eltern, Herkunft und allem, was da ist, Intellekt und Dialekt, anzunehmen, „*Ja*" dazu zu sagen, also sich selbst komplett in Liebe anzunehmen. Und die anderen, die auch ihre Stärken und Schwächen und Ecken und Kanten und Schrulligkeiten haben, die nehmen wir auch in Gänze an. Das ist damit gemeint. Wenn wir das alle praktizieren, haben wir wirklich kein Problem mehr auf der Erde.

Ja, meistens nehmen wir die anderen so an, wie sie sind, den einen mit seinem Bäuchlein oder fehlendem Haar oder was auch immer, und dann sagt man: „*Mensch, der ist ein Pfundstyp.*", weil er Humor hat, weil er ein guter Kamerad oder ein hervorragender Handwerker ist. Da achtet man nicht auf Äußerlichkeiten, aber bei sich selbst, da geht man ins Vergleichen: „*Ja, aber bei mir gefällt mir eigentlich das nicht und jenes auch nicht...*"

Da haben wir wieder die ganze Vergangenheitskonditionierung: „*Du bist das nicht wert.*"

Genau.

Wenn ich das wert bin, bin ich das wert, mit oder ohne Bäuchlein.

An unseren Freunden und Bekannten, an denen nörgeln wir ja nicht rum, das ist meist nur an uns selbst.

Gut, es kommt natürlich noch hinzu: Wir sind genetische Pessimisten. Das ist so. Das hat mit Überleben zu tun, was zur Folge hat, dass wir gerade bei uns selbst super kritisch sind und immer das Negative wahrnehmen. Nehmen wir wieder ein Beispiel: Es ist elf Uhr und wir sind im Überlebensmodus. Dein Handy klingelt jetzt und es ist Dein allerallerallerallerwichtigster Kunde, oder Du hast eine WhatsApp-Nachricht oder SMS: „*Bitte dringend umgehend Deinen allerallerwichtigsten Kunden XY zurückrufen.*" Dann springt Dein

Reptiliengehirn an, und der Rest wird uns sagen: *„Die Welt geht unter, da ist etwas Schlimmes passiert."* Das heißt: Genetisch springst Du, wenn Du nicht auf Dich aufpasst, in den Angst- und Überlebens-Schreckensmodus, drückst auf „Play" und machst irgendeinen Käse. Wenn Du das weißt, also bewusst bist, kannst Du sagen: *„Moment, ruhig."*, und betrachtest die Dinge mit etwas Abstand von oben: *„Vielleicht hat er gar kein Problem, sondern einen super Auftrag für mich."* oder sonst irgendwas. Da gehst Du souverän mit um, bewegst Dich da raus, und das ist auch der Grund, wieso wir mit uns selbst so kritisch umgehen.

Also, man denkt erstmal das Schlimmste...

Es ist so.

Was ist aus Ihrer Sicht „Glaube"? Welche Auswirkung hat der Glaube auf unser Leben?

Alles! Er wirkt sich auf alles aus! Glaube ist das, was ich als Wahrheit akzeptiere! Du bist, was Du glaubst! Das, was Du glaubst, verändert Deine Wahrnehmung. Was Du als wahr annimmst, verändert Deine chemische Reaktion im Körper, also Deinen Hypocampus, die innere Apotheke, die die Hormonausschüttung managed. Die wird gemanaged aufgrund Deines Glaubens. Dein Immunsystem wird gemanaged aufgrund Deines Glaubens. Dein Zentrales Nervensystem, ob Du im sympathischen oder im parasympathischen Bereich bist, wird gemanaged aufgrund Deines Glaubens. Jetzt bist Du aber nicht nur Körper, sondern Du bist ja auch Psyche, wir sind ja alle psychosomatisch. Das heißt: Je nachdem, was Du glaubst, wirkt sich das auf alle Ebenen aus. Änderst Du Deinen Glauben und Deine Glaubenssätze, hast Du einen anderen Körper, dann hast Du auch eine andere Motivation, andere Laune, anderes Lachen, anderen Schmackes. Und wir sind ja nicht nur Körper, wir sind auch nicht nur Seele, wir sind auch Geist. Das heißt: Ich habe auch andere Gedanken. Halten wir kurz fest: Der Mensch ist nicht mehr derselbe, je nachdem, was er glaubt, was sich auf Körper, Geist und Psyche auswirkt. Das, was er ist, strahlt er aus auf andere, und zwar in zweierlei Hinsicht: einerseits rein kommunikativ mit unserem Umfeld. Doch wir geben diese Informationen auch in das unsichtbare Feld weiter, das sog. „vierte Feld", auch „morphogenetisches Feld" genannt, das auch wieder auf andere Menschen einwirkt, weil wir alle damit verbunden sind. Das, was ich lese, was ich erlerne, was ich denke und ausspreche, geht in dieses unsichtbare Feld über, beeinflusst es, und so beeinflusse ich indirekt auch andere Lebewesen dadurch, dass ich mich und mein Leben ändere.

Und wie geschieht das? Indem die Menschen in meinem Umfeld so reagieren, dass sie genau das bestätigen im Leben, was ich wirklich glaube. Daher: Was Du säst, erntest Du. Du erntest die Reaktion. Und deswegen ist es so wichtig zu wissen, was ich glaube. Wenn ich frage: „*Glaubst Du, dass Du das kannst? Glaubst Du an den Erfolg?*" usw., sagen viele: „*Ja, ich glaube das.*" Und dann frage ich: „*Woher weißt Du das, dass Du's glaubst? Vielleicht glaubst Du ja nur, dass Du's glaubst.*" Ich kenne so viele ungläubige Gläubige, die sagen: „*Ich glaube.*", aber sie glauben gar nicht. Warum glauben sie nicht? Weil sie nicht danach handeln! Wenn ich glaube, dann handle ich auch entsprechend. Das heißt: Wenn ich etwas wirklich glaube, dann lasse ich es auch darauf ankommen und lebe sofort danach, ich werde sofort aktiv und warte nicht auf irgendetwas. Viele Menschen sagen: „*Ich verändere meinen Glauben, um dann irgendwann soundso zu leben.*" Das wird nie etwas. Deswegen braucht mir auch keiner zu erzählen, was er glaubt. Das sieht man. Man sieht es dem Menschen einfach an. Er lebt gemäß seines Glaubens. Du bist, was Du glaubst. Und wenn Du etwas anderes sein willst, dann musst Du etwas anderes glauben. Deswegen ist ja mein Lieblingsspruch, dass ich ganz einfach sage: „*Wenn Dir Dein Leben nicht passt, dann glaub doch was anderes!*" Wie das geht, steht im Buch.

Danke, das war jetzt klar verständlich. Dr. Dinero, Sie arbeiten seit Jahren als Coach. Gibt es irgendwelche persönlichen Erkenntnisse oder Lebensweisheiten, wo Sie sagen: *„Mensch, heute nach 30 Jahren im Coaching-Business, meine ich...“*

Wenn Sie fragen: *„Was würden Sie heute anders machen?“* Nun, ich hatte mal meine Mutter, als sie zirka achtzig war, gefragt: *„Wenn Du noch mal dreißig wärst, was hättest Du anders gemacht?“* Da sagte sie: *„Ich hätte nicht mehr so viel gefragt, was der Nachbar oder generell andere Leute dazu sagen würden, sondern hätte das gemacht, was ich gerne gewollt hätte.“* Das ist interessant. Dieselbe Frage habe ich dann auch anderen älteren Menschen gestellt, und es zog sich wie ein roter Faden durch: *„Ich hätte nicht so viel auf die Plappermäuler in meinem Kopf gehört.“* Das ist etwas, was ich gelernt habe, und ich habe das auf mich übertragen und mir gesagt: *„Ich guck da auch gar nicht mehr so lange rechts und links, ich mache einfach, was ich für richtig halte.“*

Was ich noch gelernt habe: Auch alte Sprüche stimmen – also alte Lebensweisheiten, die ältere Leute so von sich geben. Zum Beispiel: *„Die Sau, die am Trog ist, die frisst auch.“* Das ist so. Ob es jetzt Firmenbosse sind oder Politiker, wer einmal am Trog sitzt, der frisst auch. Oder ein anderes Beispiel: *„Angst und Kapitalismus sind Zwillinge.“* Auch dieser Spruch trifft den Nagel auf den Kopf. Wenn man einmal schaut – Wo ist denn Kapital? Was passiert damit? –, dann werden wir immer sehen, dass es immer mit Angst einhergeht. Das Geschäft mit der Angst ist das Geschäft. Oder ein Spruch, den ich auch mal früher gehört habe, der viel Lebensweisheit enthält: *„Stehle eine Kuh und man erhängt Dich. Stehle eine ganze Herde und man verhandelt mit Dir.“* Auch das kann man einfach so stehen lassen.

Vielleicht hier noch ein anderer, ganz wichtiger Punkt: Ich hab ja einmal ein Modell entwickelt, das auch im Buch enthalten ist, welches zeigt, wie wir als Persönlichkeit strukturiert sind. Was ich dabei gelernt habe und was mein Leben radikal verändert hat, ist: Es gibt im Leben nur Ereignisse, vergiss die Ergebnisse. Normalerweise streben wir nach Ergebnissen, wollen diese unbedingt haben und sind vorher im Mangel. Dann haben wir das Ergebnis vor uns, und dann switchen wir um ins Festhalten, das Ergebnis unbedingt festhalten zu müssen. Wenn ich im Fluss des Lebens bin, dann gehe ich von Ereignis zu Ereignis. Und wenn ich feststelle, dass alles immer nur jetzt gerade ein Ereignis ist, dann kann ich die Anhaftung, die mich ja wiederum in den Überlebensmodus bringt, weil ich Angst habe, es wieder zu verlieren, loslassen. Fakt ist, dass Menschen, die Angst haben, etwas zu verlieren, das dann auch verlieren. Sehe ich das Leben als eine Abfolge von Ereignissen, so bleibe ich im Fluss. Ich bleibe in der inneren Führung, wenn ich von Ereignis zu Ereignis gehe, und das Schöne ist: Wenn ich mich dabei noch spüre, also das, was ich tue, ganz bewusst tue, dann bin ich im Jetzt. Also: Leben wir ohne Anhaftung, leben wir ein Leben, in dem wir loslassen können. Ein Leben ohne Überlebensmodus ist ein Leben weg von Ergebnissen.

Was ich noch wichtig finde, ist, dass wir die Trennungen aufheben – die Trennung von uns selbst, von emotional verbundenen Menschen und von Gott. Wir suchen ja alle Frieden. Und derjenige, der weiß, was er will, wer sich in Gänze annimmt, wer daran glaubt, dass es ihm gelingt, wer ein wenig Willen und Disziplin einsetzt, der kann alles im Leben erreichen. Davon bin ich felsenfest überzeugt. Wir sind, was wir glauben, auf allen Ebenen und in allen Bereichen. Und deswegen: Wenn wir irgendetwas anderes wollen, dann ist die Frage: Wie kann ich meinen Glauben verändern? Und das ist ja die Hauptaufgabe, dass dann Menschen sagen: *„Ja, ich würde es ja gerne glauben, aber ich kann es nicht."* Da gibt es etwas, was uns hindert, das zu glauben, und das ist auch genau im Buch beschrieben, wie wir das ändern können, wie das zusammenhängt. Theoretisch sind das die einfachen Weisheiten, die mir einfallen, aber sie sind wesentlich.

Wenn Sie als Coach betrachten, weshalb Sie von Firmen eingeladen werden, was sind die Hauptprobleme der Mitarbeiter, aber auch der Geschäftsleitungen? Oder auch bei Seminaren. Gibt es da Muster?

Das Muster ist eigentlich einheitlich, da es letztendlich darum geht, sich nicht entscheiden zu können, nicht in der Lage zu sein, klare Entscheidungen zu treffen. Bei Firmen kommt erschwerend hinzu, dass sich keiner traut, eine Entscheidung zu treffen, weil man Angst hat, dass man eins auf den Deckel bekommt, was letztendlich das Unternehmen viel Geld kostet. Aber der Schlüssel ist sowohl privat als auch bei Firmen, Mut zur Entscheidung zu haben. Ein chinesisches Sprichwort sagt: *„Einen Fehler zu begehen und ihn nicht zu korrigieren, erst das bedeutet, einen Fehler zu machen.“* Und das tue ich dann auch in Unternehmen und sage zu den Führungskräften: *„Ermuntert die Leute, eine Entscheidung zu treffen.“* Es gibt keine Fehlentscheidung, zumindest keine hundertprozentige. Das kommt immer nur auf die Sichtweise an. Vielleicht sprachen 51 Prozent scheinbar dagegen, aber die haben vergessen: Es sprachen 49 Prozent dafür. Und in vielen Fällen reicht eine kleine Korrektur und dann geht's vorwärts. Es gibt in der Bundesrepublik Deutschland erwiesenermaßen mehr betriebswirtschaftlichen Schaden durch Nichtentscheidungen als durch Fehlentscheidungen, also auch eine Kultur zu installieren, die Entscheidungsfreude wirklich fördert und natürlich auch zu schauen: Was sind die praktischen Hindernisse, die da im Weg stehen? Das können Strukturen sein, das können persönliche Dinge sein, die zwischen den Menschen stehen, oder schlechte Erfahrungen, weil man gesehen hat: Es wurde einer kassiert, weil er eine Fehlentscheidung getroffen hat. Und man selbst will nicht auch kassiert werden. Das ist gut zu reparieren. Und im persönlichen Bereich läuft es letztendlich auch darauf hinaus, denn unser Leben ist das Ergebnis der vielen, vielen, vielen kleinen Entscheidungen, die wir jemals getroffen haben. Und manchmal hängt ein Mensch nicht nur minutenlang, nicht nur tagelang, nicht nur monatelang, nicht nur jahrelang, sondern sogar zehn, zwanzig Jahre zwischen den Stühlen und kann sich nicht entscheiden und ist zerrissen. Und irgendwann kann es sein – auch ohne Coaching –, dass der Leidensdruck so hoch wird oder derjenige am Boden liegt, dass er irgendwann sagt: *„Das war's. Jetzt reicht's. Es ist mir jetzt scheißegal, was X oder Y dazu sagt und wie schwer das wird und wie lang das dauert, das mache ich jetzt!"* Und in diesem Augenblick ändert sich sein gesamtes Leben, weil er nicht mehr denselben Körper hat, nicht mehr dieselbe Psyche hat, nicht mehr dieselbe geistige Ausstrahlung hat. Die kommunikative Ausstrahlung, die Reaktion der anderen Menschen, alles wird anders – jetzt geht's vorwärts. Das heißt, noch mal: Die Lösung bei allen Problemen – privat oder im Unternehmen – ist der Mut zur schnellen, festen Entscheidung. Das war jetzt so...

...das Wort zum Sonntag.

Ja!

Wie kamen Sie auf die Idee, ein Buch zu schreiben – damals das »Eine Million Euro Buch« und jetzt dieses?

Wie kam ich auf die Idee? Ja gut, damals ging's ja auf jeden Fall um das Thema „Materielles", wie der Buchtitel schon heißt »Das Eine Million Euro Buch«. Wieso jetzt dieses Buch? Im Prinzip: Mir reicht's! Mir tun die Menschen leid, die alles können, die so viel Potential haben und unnützerweise in Angst und Schrecken sind. Ich mache manchmal Coachings, dann habe ich Leute vor mir, das ist irre, denn die sind jung, schön, intelligent, kommunikativ, fleißig, die haben alles, was ich nicht hatte in dem Alter. Die sitzen vor mir und ich denke: *„Unglaublich! Wenn Du die Welt nicht beherrschst, wer dann?"* Und trotz der Anlagen, die diese jungen, talentierten Menschen haben, trauen sie sich nicht. Sie fühlen sich klein und ohnmächtig – das reicht mir. Die haben so viel Potential! Ich sehe meine Aufgabe darin, die Stellschrauben bloßzustellen, also wirklich diese

Mechanismen bloßzustellen, mit denen die Menschen aus der Macht geholt werden, abhängig gemacht werden, und aufzuzeigen, wie die Menschen wieder in die eigene Macht kommen. Und im Wesentlichen habe ich ja in den Coachings erkannt, dass meine Hilfe wirklich daraus besteht, Menschen in dem Glauben an sich selbst und daran, dass sie bereits komplett sind, Hilfestellung zu geben. Und darum geht es auch hier wieder, um die Macht. Es ist ein Jammerspiel, und wenn da nicht ein paar Leute – so wie wir – dagegenwirken und dabei helfen, etwas zu ändern, dann sieht es sehr düster aus. Wenn wir es nicht tun, sind wir verloren.

War ein Auslöser nicht auch das ganze Geschehen um die Corona-Situation? Bei unserem Telefonat im Mai 2022 sagten Sie, dass sie ziemlich geladen sind…

Also diese Situation hat es noch mal potenziert und dabei erschreckend deutlich gemacht, wobei ich mich zum Thema Corona ja selbst gar nicht äußern wollte.

Das müssen wir auch gar nicht...

...es gibt da einfach unglaublich viele Autoren, die das sehr gut behandelt haben. Mir ging und geht es um den Menschen und sein Verhalten. Dass das überhaupt möglich war, das hat mich erschreckt und hat mich andererseits auch noch motiviert. Ich dachte: *„Das kann nicht wahr sein! Ja, die springen durch jeden Reifen. Die lassen sich von XY auf Play drücken.“* Fakt ist, und da werden nicht nur Sie mir beipflichten, sondern auch jeder Leser dieses Buches, dass es mit den „Mainstream-Menschen“ nichts mehr zu diskutieren gibt. Man merkt: Da ist nichts mehr zu reden. Was ist denn da passiert? Was ist mit den Menschen geschehen, was ist IN den Menschen geschehen? Und es ist erschreckend, ja erschreckend, was da abläuft. Das hat mich noch mal zusätzlich motiviert zu sagen: *„Mensch, wenn die Leute das wüssten, wenn die das vorher gewusst hätten, hätten sie sich möglicherweise anders entschieden.“*

Können Sie noch etwas zum Thema „Heilung“ sagen? Wie ist eine Heilung mit dem Glauben verbunden?

Nun, in der Bibel gibt es viele Heilungs-Geschichten, die mit dem Glauben zu tun haben. Es gibt heutzutage Berichte von amerikanischen Christen, die sich absichtlich von giftigen Schlangen beißen lassen, und wenn der Glaube stark genug ist, macht es ihnen nichts. Und diejenigen, bei denen der Glaube zu schwach ist, die sterben. Setzt man sich diesbezüglich auch mit anderen Kulturen auseinander, findet man in den meisten Fällen unheimlich viel Tamtam und Getanze, also Rituale um das Heilungsgeschehen. Das ist aber erforderlich. Warum? Um den Glauben an die Heilung zu stärken. Durch meine Arbeit als Coach und die vielen „Behandlungen“, wie ich sie an ein paar Beispielen geschildert habe, ist mir klar geworden, dass Heilung in starker Verbindung zu Macht und Glauben steht. Und ich kann bestätigen, dass mit den Ansätzen unglaublich viele Krankheiten nachweislich verschwunden sind – nachweislich! Die ältesten Fälle sind jetzt 17 Jahre her. Auf wundersame Weise waren plötzlich die Beschwerden weg. Manchmal treffe ich die Leute, die mir dann erklären: *„Das ist unglaublich. Das ist immer noch weg.“* Natürlich darf ich nicht heilen oder so etwas bewerben, aber Fakt ist, dass Menschen, die seit Jahren an etwas gelitten hatten, nach kurzem Arbeiten mit ihnen beschwerdefrei waren, und zwar nachhaltig. Das Spannende daran ist, dass sie gar nicht wegen der Krankheit zu mir kamen, sondern wegen Beziehungsproblemen oder Ärger im Berufsleben. Das Verschwinden der körperlichen Krankheit war eigentlich so eine Art Nebeneffekt. Ich machte mit den Klienten die kleinen Übungen, wie ich es mit Ihnen vorhin getan habe, und nebenbei verschwanden ein Hörsturz, Hautkrankheiten, Beweglichkeitsstörungen, Magen-Darm-Beschwerden, Schwellungen, Dauerschmerzen nach einem Unfall, Rücken-, Nackenschmerzen oder Flugängste. Interessant, nicht wahr? Es hat immer zu tun mit der Annahme von sich selbst und seiner eigenen Größe – und mit Glauben.

Kann man solche Kniffe auch mit sich selbst machen?

Ja. Das kann man auch mit sich selbst durchführen. Ich hatte vor 21 Jahren eine Erkrankung – wobei es während einer Operation auch zu einem Nahtoderlebnis kam. Anschließend unterzog man mich einer Dauermedikation. Diese Dauermedikation ging mir mit der Zeit auf den Geist, und bei jedem Gespräch mit dem Arzt – *„Kann man das nicht lassen? Ich brauch das doch nicht mehr.“* – bekam ich irgendwelche Studien um die Ohren gehauen, dass das wichtig sei und dass ich das machen müsse.

Jedenfalls gab es einen Kampf in mir, weil ich dieses chemische Zeugs nicht auf Dauer einnehmen wollte. Es war der Kampf: Bring ich es fertig, etwas anderes zu glauben? Kann ich es glauben, dass ich ohne Medikamente heil und gesund bin, dass ich das nicht mehr benötige, dass ich voller Vitalität und stark bin, oder glaube ich das, was die Ärzte mir erzählen? Dass das ein Kampf war, das ist logisch, es geht immer um den Kampf des Glaubens. Jedenfalls habe ich irgendwann den Kampf gewonnen, weil ich es so entschieden hatte, und ich habe nicht eine einzige Tablette mehr genommen – null! Ich veränderte meinen Glauben, und das Körperliche folgte dem nach.

Wenn die Entscheidung erst einmal getroffen ist, dann geschieht es oft, dass so ein Magengeschwür einfach verschwindet, ebenso wie Magenprobleme, weil man sich ja dann nicht mehr täglich über die Frau oder die Oma oder die Schwiegermutter oder den Chef oder den Nachbarn ärgert. Wenn das gelöst ist, wenn der Ärger beseitigt ist, verschwindet das Symptom auch, weil es...

Damit sprechen Sie das Endresultat an. Wie ändern wir denn in Wahrheit den Glauben? Mit einer klaren Entscheidung. Kommen wir wieder auf den Punkt. Viele machen nach einer Entscheidung – das bestätigen mir unglaublich viele Menschen – sofort einen richtig tiefen Seufzer. Sie atmen zum ersten Mal wieder richtig durch, und in der Folge schlafen sie dann auch zum ersten Mal wieder durch.

Jetzt verschwinden die Nackenverspannungen, die Kopfschmerzen, die körperlichen Leiden. Alles verschwindet schlagartig in dem Augenblick, in dem sie die Entscheidung treffen. Der Schlüssel zum Glück ist eine klare Entscheidung! Das ist nicht leicht, das ist klar. Es ist genauer gesagt das Schwierigste überhaupt. Aber es ist der Schlüssel zu allem. Manche Menschen benötigen viel Hilfe dabei, aber es ändert nichts an der Sache. Wenn ich mich entscheide – (Tiefer, lauter Seufzer!): *„Alles gut!“*, dann ist das auch gut!

Sie haben hier im Buch Ihr System erklärt, mit dem Sie seit Jahrzehnten arbeiten, ein System, das vielleicht auf den ersten Blick nicht ganz einfach zu verstehen ist. Kann der Einzelne mit Ihrem System selbstständig arbeiten oder benötigt er einen Therapeuten oder Coach so wie Sie jetzt beispielsweise?

Wenn er einen Coach braucht, funktioniert der Ansatz nicht, denn „brauchen“ steht ja immer für „nicht haben“, steht also immer für Mangel. Es ist ja im Leben so: Besser man hat etwas, was man nicht braucht, als dass man etwas braucht, was man nicht hat. Ein guter Coach kann Prozesse unterstützen und begleiten. Das tue ich auch, doch definitiv mit dem Ziel, dass der Klient so schnell wie möglich ohne mich zurechtkommt. Ich habe überhaupt kein Motiv, Coaching-Klienten zu binden – im Gegenteil –, ich habe Wartelisten. Deswegen gibt es manchmal auch nur ein oder zwei Termine, und die kleinen Stellschrauben sind nachjustiert. Anders ist es bei denjenigen, die eine Erweiterung wollen bzw. eine konkrete Zielerreichung mit regelmäßigen Terminen. Solche Klienten möchten gerne Aufgaben haben, Hausaufgaben und Kontrolle und den Tritt in den Hintern – das ist etwas anderes. Aber normalerweise mache ich so ein, zwei, maximal drei Termine pro Klient. Dann sollte das klar sein. Wenn die Leute abhängig gemacht werden, hat das keinen Sinn.

Sie sind ja Vollprofi in diesem Sektor. Was können Sie über die allgemeinen Coachings, die angeboten werden, berichten? Was würden Sie anders machen? Wo üben Sie Kritik?

Ich übe überhaupt keine allgemeine Kritik an Coachings, denn Coaching hilft! Solange es eine Hilfe zur Selbsthilfe ist und es den Menschen hinterher stärker als vor dem Coaching zurücklässt, ist alles gut, dann bin ich glücklich. Wenn ein Coach sich als größer und schlauer hinstellt oder, was gerne gemacht wird, Einzeltrainings mit irgendwelchen Tools mit Coachen verwechselt, dann bin ich etwas kritisch, wobei sich die Kritik im Wesentlichen auf die Bezeichnung bezieht, denn ein Einzeltraining ist ein Einzeltraining. Wichtig ist: Bei der Coach-Auswahl sollte man seiner inneren Führung folgen und den nehmen, dem man absolut vertraut. Das ist ganz wichtig!

Die Weltherrscher versuchen, den Menschen glauben zu machen, dass es keinen Gott bzw. keine schöpferische Intelligenz benötigt. Was sagen Sie dazu?

Also, wenn ich Weltherrscher sein wollte, dann würde ich das auch sagen. (Beide lachen herzlich.) Wenn ich selbst sein will wie Gott und die Welt beherrschen möchte, dann muss ich natürlich sagen: *„Es gibt nichts anderes."* Das ist also logisch. Tatsächlich ist die Evolutionstheorie längst widerlegt, sie ist auch nicht haltbar, und ich bin kein mutierter Affe. Ich bin kein Zufallsprodukt eines winzigen Staubkörnchens der Milchstraße, welches hier zufällig leben darf. Und am Ende ist auch nicht alles aus... Also wer nur ein wenig in sich geht – ein ganz klein bisschen –, der wird auch erkennen, dass das nicht stimmt. Ich bin ein Geschöpf Gottes, ich bin geliebt, die Schöpfung meint es gut mit mir und führt mich durch die Ereignisse. Und ich habe in mir die Erkenntnis. Der Geist erkennt, der Verstand versteht. Punkt.

Sie hatten selbst ja ein Nahtoderlebnis. Möchten Sie darüber berichten?

Ja, gerne, allerdings ist es jetzt nicht so spektakulär. Es war während einer Operation, bei der etwas schiefging. Es war sehr schmerzhaft und – blubbs – sah ich mich von oben und habe aus dieser Perspektive den Ärzten zugeschaut, sehr interessiert und ganz ohne Schmerz, ohne irgendwelches Leiden. Es hat ein bisschen gedauert, dass ich überhaupt realisiert habe: *„Ach, da liege ja ich. Das darf ja wohl nicht wahr sein. Was machen die da alle in Hektik?"*. Ich habe das sehr distanziert beobachtet, verwundert, bis zu dem Augenblick, als es einen Schlag tat und ich sehr schmerzhaft wieder in meinem Körper gelandet war. Das war im Prinzip schon alles. Ich kann jetzt nicht sagen, dass das wirklich der Tod war, es sich um ein Nahtoderlebnis gehandelt hatte. Man sagt ja, dass die Seele über die Silberschnur noch mit dem physischen Körper verbunden ist…

Eine außerkörperliche Erfahrung...

Außerkörperliche Erfahrung auf jeden Fall, die kann man aber auch mit ein bisschen Training üben. Das geht auch so. Aber auch da bleibt die Verbundenheit ja da. Die Silberschnur ist nicht zerrissen, sie ist nicht wirklich kaputt. Aber da die Ärzte um mein Leben gekämpft hatten, war ich wohl dem Tod schon näher gekommen, dann ist es wohl schon eine Art Nahtoderlebnis gewesen.

Hatten Sie in diesem Zustand irgendwas gesehen, etwas wahrgenommen, ist Ihnen etwas gezeigt worden, hatten Sie eine Stimme gehört, etwas gerochen, war ein bestimmtes Gefühl spürbar?

Es war ein Gefühl der Freiheit und Weite, von Größe, es war schön, sehr schön. Ansonsten ist mir nichts Spezielles gezeigt worden, zumindest kann ich mich nicht daran erinnern. Ist Ihre Frage, ob ich einen Blick in andere Welten gehabt habe?

Ja, oder in die eigene Vergangenheit. Also ich hatte mit 19 Jahren bei einem schweren Autounfall ein Nahtoderlebnis, bei dem nicht nur mein Schutzengel mit mir sprach, sondern ich sah auch meinen Lebensfilm rückwärts vor meinem geistigen Auge ablaufen...

Ach so, nein, das hatte ich nicht. Diese Sache mit der Rückschau auf das eigene Leben usw., ich habe dazu ein kritische Meinung. Ich habe mich damit intensiv auseinandergesetzt und gefragt, ob es die Reinkarnation tatsächlich gibt und ob sie beweisbar ist. Sie ist natürlich in der Weise beweisbar, dass Leute Fakten und Informationen vorlegen, die sie eigentlich nicht haben können. Was Erinnerungen an die eigene Vergangenheit aus diesem Leben angeht, erhält man diese Informationen durch die Ausschaltung des Frontallappens, den wir auch als einen Wächter der Informationen betrachten können. Durch Hypnose oder tranceartiges Tanzen oder durch diverse Drogen ist es möglich, hier zuzugreifen, und dann sieht man ein Bild, ganz klar. Das sind abgespeicherte Erinnerungen. Ich selbst hatte erlebt, dass ich – ich habe ja viel experimentiert – in diesem Zustand Dinge bzw. Informationen erhalten hatte, die ich keinesfalls wissen konnte. Die konnten nicht aus meinem eigenen Datenspeicher kommen, aus meinem Gehirn, das kam woanders her, und ich dachte: *„Das gibt es nicht. Du warst nie an diesem Ort."*

Solche Erfahrungen lassen sich übrigens auch ohne Unfall oder missglückte Operation erschaffen, man kann durchaus in diese Welten vordringen, allerdings kann das auch sehr gefährlich sein, denn diese unsichtbaren Welten sind bewohnt – und nicht nur von den „Guten". Da gibt es Dämonen und Gaukler, die uns etwas vormachen, um uns zu verwirren und von unserem eigentlichen Weg abzubringen. Ich könnte jetzt eine Menge dazu erzählen, da ich einiges dabei erlebt habe. Ich rate auf jeden Fall zur Vorsicht!

Am besten ist es jedenfalls, wenn jemand diese Information ohne die Einwirkung von Drogen oder sonst welchen Substanzen erfährt, also nüchtern. Bei Unfällen, also bei traumatischen Erlebnissen, könnte auch ein fremder Einfluss dabei sein. Ich kann nur warnen: Es gibt Kräfte, die uns etwas einflüstern, was zwar auf den ersten Blick stimmt und nachweisbar ist, wobei aber dennoch auch eine Falschinformation mit hinzugegaukelt sein könnte. Insofern bin ich da immer noch ganz vorsichtig in dieser Hinsicht.

Ja, da stimme ich Ihnen zu. Besser ist man diesbezüglich etwas skeptischer, als sich da in irgendwas zu verlieren. Für mich sind deshalb die Kinder am interessantesten, vor allem wegen der Authentizität. In meinem Buch „Die Kinder des neuen Jahrtausends" berichte ich ja von medialen Kindern, die ich selbst getroffen habe und auch von den Forschungen des israelischen Arztes Dr. Eli Lasch, der vor allem in der Türkei eine Reihe an wirklich herausragenden Episoden von Kindern schildern konnte, die sich an ihr vorheriges Leben erinnern konnten. Dabei war z.B. auch ein Kind, das meinte: *„Ich möchte zu meiner Frau, die wohnt im Nachbardorf. Ich habe zwei Kinder. Ich kam bei einem Motorradunfall ums Leben."* Der Dorfälteste ging dann mit der Familie ins Nachbardorf, und es stellte sich alles als korrekt heraus. Der Bub konnte alles aus der Familie schildern, bis ins letzte Detail. Ein anderer Junge konnte seinen Mörder aus dem letzten Leben überführen – und das unter einer Reihe von Zeugen. Er fand sogar die Tatwaffe, die der Mörder vergraben hatte. Das sind für mich tatsächlich Erlebnisse mit Fakten und Beweisen.

Absolut, keine Frage. Die Frage ist immer: Woher stammen diese Informationen? Ich sag nicht, dass es nicht stimmt. Es könnte aber auch eine Einflüsterung sein, die zwar nachweislich stimmt, damit ich etwas glaube und dann meine, ich wäre im letzten Leben Person XY gewesen. Man muss einfach sehr vorsichtig sein. Wichtig ist, dass man bei solchen Erlebnissen nüchtern ist. Die meisten Menschen werden ja unter Hypnose in frühere Leben zurückgeführt, was ja gar kein Problem ist.

Da bin ich auch immer vorsichtig. Bei mir war es eben auch dieses Nahtoderlebnis, wobei ich ja diese Stimme hörte, die sagte: *„Jan, Du bist von Deinem Weg abgekommen, besinne Dich, sonst holen wir Dich wieder ab.“*, und dann habe ich diesen Lebensfilm gesehen. Dann wurde mir eine Situation gezeigt, als ich vor der runden Erde im All schwebte, und es wurden mir drei Familien gezeigt mit der Information: *„Da sind drei Elternpaare, Du kannst Dir aussuchen, wo Du geboren sein möchtest. Egal welche Eltern, Du wirst in Deinem Leben dieselben Menschen treffen und dieselben Aufgaben haben.“* Ausführlich habe ich dieses Erlebnis im »Handbuch für Götter« geschildert. Jedoch gebe ich Ihnen bezüglich der Einflüsterungen recht. Darauf wies auch Gerhard Konstantin in seinem Buch »Corona aus Sicht eines Okkultisten« hin: *„Es gibt so viele Dämonen, die dann Sachen einflüstern…“*

Sie hatten in unserem Vorgespräch etwas zur Homöopathie gesagt, und dass deren Funktion beweisbar wäre.

Bei der Homöopathie – ich bin nicht der Profi – handelt es sich um eine Übertragung von Information, mehr nicht. Da gibt es beispielsweise die D-Potenzen. Bei D23 ist nichts mehr physisch nachweisbar. Das ist so hoch potenziert, das wäre vergleichbar mit einem Tropfen Wasser, den man in den Bodensee träufelt. Und dennoch werden die Informationen übertragen. Es gibt da das interessante Experiment von Dr. Bernd Kröplin, das ich im Buch geschildert habe (Seite 183), der mit seinen Studenten nachweisen konnte, dass Wasser Informationen aufnehmen und speichern kann. Zudem konnte er belegen, dass durch die Konzentration auf den Vorgang, durch die Konzentration auf den Akt des Tuns, durch diese Resonanz, das Wasser von den Studenten informiert wurde. Und nichts anderes ist Homöopathie.

Hierbei wollen wir es belassen, werter Dr. Dinero. Zweck dieses Interviews war es, dass die Leser einen persönlicheren Eindruck von

Ihnen bekommen, erfahren, wie Sie denken und handeln, aber auch noch den einen oder anderen Tipp bekommen. Ich denke, die spontane praktische Übung mit mir ist nicht nur für mich interessant gewesen. Es ist schon faszinierend, wie unser Verstand arbeitet und wie das einerseits die Mächtigen nutzen, um Menschenmassen in eine bestimmte Richtung zu manipulieren, Sie andererseits aber auch gezeigt haben, wie man mit ein paar einfachen Techniken sehr wohlwollend und konstruktiv eingreifen kann, um den Menschen stark, souverän und bestenfalls auch gesund zu machen.
Nun, es gibt noch allerhand zu tun auf unserem Planeten. Mein Wunsch ist es, dass sich so viele Menschen wie möglich ihrer selbst bewusst werden und Zugriff auf ihr wahres Potential haben, denn dann können wir wahrlich etwas zum Guten ändern. Vielen Dank, Dr. Dinero!

Kontakt zu Dr. Dinero

dinero@amadeus-verlag.com

Bildquellen

Alle Abbildungen sind von Dr. Dinero und unterliegen dem Copyright.

Ausnahmen:
Abb. 6: Shutterstock: shutterstock_1830416786
Abb. 8: https://de.wikipedia.org/wiki/Doppelspaltexperiment#/media/Datei:Double-slit_de.svg
Abb. 9: www.amazon.de/Die-Geheimnisse-Wassers-erstaunliche-Wasserforschung/dp/3038009032

MASSENMORD ODER NATÜRLICHE AUSLESE

Valentino Bonsanto

Obwohl die allermeisten Ängste und Befürchtungen niemals eintreffen werden, sind überraschend viele Menschen regelrecht in Panik. Angeheizt durch die immer wieder neu aufbereiteten Schreckensmeldungen der Mainstream-Medien läuft ein großer Teil der Bevölkerung wie aufgeschreckte Hühner durch die Landschaft. Covid-19, weltweite Konflikte und der Krieg in der Ukraine stellen die Welt, so wie wir sie einmal kannten und liebten, auf den Kopf. Doch warum ist das so? Warum steckt die Menschheit in einer Sackgasse und steuert schnurstracks auf den Dritten Weltkrieg zu? Welche Verantwortung tragen die Massenmedien und die Politiker an diesem Dilemma? Gibt es doch einen Plan für die Versklavung und Reduzierung der Menschheit? Valentino Bonsanto hat aufgrund des „politisch unkorrekten" Inhalts seines ersten Buches „Corona – Der große Intelligenztest" seine Arbeitsstelle an einer deutschen Universität verloren. Dennoch hat er sich nicht davon abhalten lassen, seine Recherchen fortzusetzen, um mit diesem Buch weitere brisante sowie unbequeme Tatsachen ans Licht zu bringen.

ISBN 978-3-938656-79-2 • 24,00 Euro

KREBS UND ANDERE SCHWERE KRANKHEITEN...

Chris Patron

Mit den Informationen in diesem Buch halten Sie den Schlüssel für eine dauerhafte Gesundheit in Ihren Händen! Sie werden verstehen, warum Sie erkrankt sind und wie Sie ein für alle Mal wieder vollständig gesunden und gesund bleiben, gleich wie schwer Sie auch erkrankt sein mögen. Sie werden verstehen lernen, was die wirklichen Ursachen für Krankheit sind und dass Krankheit nicht Gott gegeben ist, sondern einzig und allein durch Sie, durch Ihr Verhalten oder Ihre Lebensumstände entsteht, begünstigt oder verursacht wird, mit der Ausnahme angeborener Schäden. Sie müssen verinnerlichen und akzeptieren, dass SIE allein die Ursache Ihres körperlichen Zustandes sind, niemand sonst!

Doch so brutal und direkt diese Feststellung auch sein mag, so POSITIV ist sie im Umkehrschluss, denn was nicht Gott gegeben ist (Gott kennt keine Krankheiten), sondern allein durch Sie verursacht ist, können auch SIE wieder korrigieren!!! Am Ende dieses Buches werden Sie erleichtert durchatmen, und ein befreiendes Glücksgefühl wird sich einstellen, denn aus der Hoffnung wird Gewissheit geworden sein, Sie haben wieder eine Zukunft. Jede auch noch so schwere Krankheit ist heilbar!

ISBN 978-398562-000-5 • 44,00 Euro

ES IST KRIEG

Michael Morris

Die Superreichen gegen den Rest der Welt!

Wir befinden uns in jener Zeit, die künftig vielleicht als die Endschlacht um das Überleben der Menschheit in die Geschichtsbücher eingehen wird, und der Ausgang dieses Krieges ist ungewiss. • Die vermeintliche „Corona-Impfung" zerstört das Immunsystem der Geimpften und führt dazu, dass jeder Betroffene an seiner ganz individuellen Schwachstelle erkrankt oder daran verstirbt. • Die Regisseure dieser künstlich geschaffenen Krise kommen vorwiegend aus dem Bereich der IT, der Pharmaindustrie, des militärisch-industriellen Komplexes und der Geheimdienste. • Im Rahmen der Corona-Inszenierung sollen wir Menschen auf eine digitale Identität (QR-Code) reduziert werden, um uns uneingeschränkt kontrollieren zu können (Social Ranking System). • Die Lüge vom menschengemachten Klimawandel dient dem Zweck, die Bevölkerung in Angst zu halten und immer neue Steuern zu erheben und Verbote auszusprechen. • Die grassierende gewollte Inflation könnte schon bald zu einer Hyperinflation ausarten und in einer Währungsreform enden, um eine neue, rein digitale Weltwährung zu etablieren. All diese Themen sind eng miteinander verflochten und verfolgen dasselbe Ziel: den klassischen Menschen abzuschaffen und durch einen digital gesteuerten Sklaven zu ersetzen.

ISBN 978-3-938656-96-9 • 24,00 Euro

CORONA AUS SICHT EINES OKKULTISTEN

Jan van Helsing   Gerhard Konstantin

Wollen Sie verstehen, wieso Ihr Lebenspartner, Ihr Nachbar oder Ihr Kind plötzlich in einer anderen Realität lebt? Sie selbst sind kritisch bzgl. Masseneinwanderung, Klimawandel, Corona-Maßnahmen oder zum Ukraine-Krieg eingestellt, doch Menschen in Ihrem nächsten Umfeld sind exakt auf der anderen Seite. Diese übernehmen völlig kritiklos alles, was die Pharmaindustrie, die Politiker oder der Mainstream vorgeben. Wie kann das sein? Wo ist deren gesunder Menschenverstand geblieben? Hier wirken okkulte, verborgene Kräfte, denen sich der normale Mensch nicht bewusst ist. Wir sprechen hier nicht von den Illuminaten, sondern von unsichtbaren, feinstofflichen Wesen, z.B. Dämonen und diejenigen, die diese Dämonen befehligen. Die links-liberalen obrigkeitshörigen Gutmenschen belächeln uns, die Kritischen, als Verschwörungstheoretiker. Doch das Lachen würde ihnen schnell vergehen, wenn sie sehen könnten, welche Dämonen sich an sie geheftet haben.

ISBN 978-398562-001-2 • 21,00 Euro

CORONA – DER GROSSE INTELLIGENZTEST

Valentino Bonsanto

SIND WIR ALLE VERRÜCKT GEWORDEN? Alles begann im Winter 2019/20 mit einem völlig „neuartigen" Virus. Die Welt, wie wir sie kannten, war mit einem Schlag auf den Kopf gestellt. Die Menschheit befand sich in kürzester Zeit in einer Pandemie, die so schrecklich eingestuft wurde, dass sie Millionen von Menschen ins Grab bringen sollte. Doch entspricht das wirklich der Wahrheit? Ist das Virus tatsächlich so tödlich, oder könnte es sein, dass all die Veränderungen schon viel früher begannen, von uns unbemerkt und von einer Elite von langer Hand geplant? Valentino Bonsanto hat in den tiefsten Tiefen gegraben, recherchiert und Informationen zusammengetragen, die selbst ihn an manchen Tagen an ein Limit brachten. Direkt und mit einer ordentlichen Prise Sarkasmus spricht er in diesem Buch Klartext: „Wenn wir heute nicht für unsere Freiheit einstehen, dann werden wir und die nächsten Generationen für lange Zeit keine mehr haben. Es wird kein Morgen mehr geben, so wie wir es uns wünschen und wie wir es einst geliebt haben, denn sie werden versuchen, uns alles zu nehmen." Es ist höchste Zeit, die Augen mutig zu öffnen und der Wahrheit ins Gesicht zu schauen. Denn es liegt an uns – den Menschen, dem Volk, den Bürgern –, wie unsere zukünftige Welt aussehen wird.

ISBN 978-3-938656-78-5 • 21,00 Euro

MEIN VATER WAR EIN MiB – Band 5

Jason Mason

Wir nähern uns dem Kern der größten Mysterien unserer Zeit! Band 5 der MiB-Reihe reiht sich nahtlos in die Serie ein und es gibt eine Unmenge an neuen Informationen zu entdecken. Jason Mason berichtet wieder von den Bucegi-Bergen in Rumänien und die dortigen Tunnelsysteme, die ins Zentrum der Erde führen. Die Botschafter innerirdischer Zivilisationen hüten Aufzeichnungen der wahren historischen Geschichte der Menschheit. Wieso versucht die Weltelite, das zu verhindern? Erfahren Sie die aufregendsten Geheimnisse deutscher Wissenschaftler, die für das frühe amerikanische Weltraumprogramm aktiv waren. Wer steuert die unbekannten Flugobjekte, und wird die Welt gerade auf die Bekanntgabe von UFOs und Außerirdischen auf der Erde vorbereitet? Jason Mason präsentiert neue Whistleblower, die weitere Details über die Alien-Präsenz auf der Erde enthüllen. Weitere Themen: Enthüllungen von militärischen Whistleblowern über UFOs, unheimliche Begegnungen mit Reptiloiden, geheime Untergrundbasen und das Geheime Weltraumprogramm sowie die Rückkehr der Anunnaki.

ISBN 978-3938656860 • 33,00 Euro

WENN DAS DIE PATIENTEN WÜSSTEN

Jan van Helsing

Geld oder Gesundheit? Mensch oder Fallpauschale? Worum geht es in unserem Gesundheits-System? Warum sterben immer noch unendlich viele Menschen elend an Krebs, der Krankheit, deren konventionelle Behandlung horrende Summen verschlingt? Weil die wahren Ursachen das medizinische Establishment nur selten interessieren. Weil es bei der konventionellen Krebstherapie nicht um Heilung, sondern ums Geld geht, das ist die perfide Regel, nach der dieses System funktioniert. Bestimmte Dinge laufen nach dem immer gleichen Prinzip ab: Jemand entdeckt eine Krankheitsursache oder entwickelt eine vielversprechende Heilmethode, das Wissenschafts-Establishment will nichts davon wissen. Den Patienten bleibt nichts anderes übrig, als sich selbst auf die Suche zu machen nach wahren Ursachen und wahren Heilern. Sie finden sie oft in einer Welt jenseits des medizinischen Mainstreams, einer Welt, in der von Schulmedizinern aufgegebene Patienten die Chance auf ein zweites Leben bekommen.

Jan van Helsing: *„Es ist an der Zeit, dass wir die Macht über unseren Körper zurückerobern – vor allem, was die Impfthematik angeht. Ich bin alt genug, selbst zu entscheiden, was in meinen Körper reinkommt und was nicht. Und die Anordnungen der Regierung interessieren mich nicht, denn ich habe diese Regierung nicht gewählt."*

ISBN 978-3-938656-75-4 • 25,00 Euro

DIE RÜCKKEHR DER DRITTEN MACHT

Gilbert Sternhoff

Seit dem Ende des Zweiten Weltkrieges mehren sich die Anzeichen dafür, dass auf der Erde im Verborgenen eine Dritte Macht existiert. Entstanden in den letzten Tagen des großen Völkerringens hat sie sich in den folgenden Jahrzehnten mittels einer Absetzbewegung und fortschrittlicher Technologien, die den unseren weit überlegen sind, etabliert. Ihr Ziel besteht unverhüllt in der Übernahme der Welt. Der Zeitpunkt scheint nicht mehr fern, da für ihr „Projekt Zeitenwende" die letzte Phase eingeleitet wird. Seit dem Jahr 2017 ist auch das UFO-Phänomen aus seinem Schattendasein getreten und hat sich vor allem in den USA durch veröffentlichte und vom Militär für echt erklärte Sichtungen offizielle Anerkennung verschafft. Sogar eine UFO-Task-Force wurde von der US-Regierung eingerichtet. Die alles entscheidende Frage ist: Wer sind SIE? Der im Juni 2021 von den US-Geheimdiensten vorgelegte Bericht verschweigt der Öffentlichkeit die schockierende Wahrheit.

ISBN 978-3938656716 • 21,00 Euro

HANDBUCH FÜR GÖTTER

Jan van Helsing

Egal, was die Illuminaten vorhaben, was ist DEIN Plan?

In diesem Buch spricht Jan van Helsing, der bereits im August 2019 über den Corona-Plan informiert war, mit Johannes, einem Hellsichtigen, der sozusagen einen guten „Draht nach oben" hat. Beide gehen der Frage nach, wieso die Mächtigen dieser Welt – die Illuminaten –, die hinter all diesen Szenarien stecken, eine solche Angst haben, dass ihre Machenschaften auffliegen, dass sie deswegen Videos, Bücher sowie Menschen auf dem gesamten Globus zensieren. Wovor haben sie Angst? Die Illuminaten kennen ein Geheimnis, das sie ganz schnell ihrer eigenen Macht berauben würde – hätten die Menschen Kenntnis davon. Es ist etwas, das in jedem von uns verborgen ist, weshalb man uns durch eine gigantische Ablenkungsindustrie davon abhält, uns auf die Suche nach diesem Geheimnis zu machen. Das „Handbuch für Götter" zeigt Möglichkeiten auf, wie jeder Einzelne diese Kraft entdecken und im täglichen Leben zum Einsatz bringen kann.

ISBN 978-3-938656-64-8 • 21,00 Euro

WIR TÖTEN DIE HALBE MENSCHHEIT

Eileen DeRolf   Jan van Helsing

„China wird eine Erkältung bekommen.' Diese Epidemie soll sich dann über die ganze Welt ausbreiten – entweder als Rache der Chinesen oder weil das Virus mutiert ist – und die Menschen generell dezimieren, um zirka 50 Prozent!" Das sagte ein britischer Hochgradfreimaurer im Gespräch mit Bill Ryan (Project Camelot) im Jahr 2010.

Über die Jahrzehnte haben verschiedene Autoren über die kommende Neue Weltordnung geschrieben und darüber, dass eine kleine Elite die Welt an sich reißen und alles privatisieren will. Die Corona-Epidemie ist ein geschickt genutztes Werkzeug, einen Finanzcrash zu tarnen, Bargeld zu entziehen, Zwangsimpfungen und möglicherweise auch ein Chippen von Menschen zu erwirken. Und es gibt einen Plan: Zum einen gibt es den für die Menschheit der Zukunft, die auf mindestens die Hälfte reduziert werden soll. Wie sie das machen werden und wen sie als erstes im Visier haben, erfahren Sie in diesem Buch. Die Neue Weltordnung selbst wird u.a. über die Agenda 21 und Agenda 2030 im links-grünen Gewand eingeführt. Dies schildert die Aktivistin Eileen DeRolf am Beispiel der USA in aller Ausführlichkeit. Um die 'Privatisierung der Welt' und die historischen Hintergründe derselben besser verstehen zu können, hat Jan van Helsing mit dem Insider Hannes Berger und dem Climate-Engineering-Spezialisten Andreas Ungerer ein langes Interview geführt.

ISBN 978-3-938656-53-2 • 21,00 Euro

KAMPF GEGEN GOTT

Alexander Kohlhaas

Mehr als ein Aussteigerbuch für Sekten- und Religionsgeplagte

Dieses Buch richtet sich nicht nur an Aussteiger aus Sekten oder Religionen, sondern auch an Angehörige von Menschen, die sich in sektenähnlichen Strukturen befinden. Es richtet den Spot auf den blinden Fleck der Gesellschaft, der sie nicht wahrhaben lässt, wie sehr Menschen durch die Beschneidung, als auch durch langanhaltende Religions- und Sektenzugehörigkeit geschädigt. Es zeigt auf:

- Wie Sekten und Religionen die Psyche der Menschen nachhaltig beschädigen.
- Weshalb Aussteiger oft Jahre nach dem Ausstieg noch den Mechanismen der Sekte ausgesetzt sind und weshalb sie das dort antrainierte Verhalten nicht überwinden können.
- Weshalb die Zeugen Jehovas in Russland verboten sind.
- Wie führende Politiker weltweit auf die Erfüllung der Prophezeiungen des AT hinarbeiten.

ISBN 978-3-938656-63-1 • 21,00 Euro

LÜGENMÄULER

Renato Stiefenhofer

Es wird Zeit, die Mäuler zu stopfen!

Der Schweizer Jumbo-Kapitän Renato Stiefenhofer fliegt seit Jahrzehnten überwiegend für asiatische Airlines. Als ehemaliger Airforce-One-Pilot der Vereinigten Arabischen Emirate und Privatjet-Chauffeur für europäische Milliardäre tanzt er auf verschiedenen Hochzeiten und auf verschiedenen Kontinenten. Die ihm anvertraute Informationsvielfalt – vom Scheich Sultan über David Beckham bis hin zum UNO-Generalsekretär – versucht er in diesem Buch einzuordnen.

Im Laufe der Zeit erkannte er, dass es mindestens zwei Parallelwelten geben muss: Die eine kennen wir alle, die andere ist ein sehr gefährliches Pflaster. Spätestens seit einem intensiven, privaten Gespräch mit einem US-Vier-Sterne-General in der First Class weiß er: Die brutale Realität und die Meinung, welche durch die tendenziöse Berichterstattung unserer Mainstream-Medien verbreitet wird, klaffen weit auseinander. Der US-General stellte infrage, ob 9/11 so passiert ist, wie es uns die Geschichtsbücher und die Politik vorbeten. Dieses Gespräch wurde zum Beginn einer Odyssee, die Captain Stiefenhofer ein gigantisches Lügengebilde von Politik und Presse offenbarte. Gleichzeitig werden die EU, der deutsche Staat und die verwirrenden Covid-19-Maßnahmen akribisch untersucht und entlarvt.

ISBN 978-3-938656-68-6 • 21,00 Euro

ISS RICHTIG ODER STIRB!

Vera Wagner

Von der Wiege bis zum Pflegebett, von der Babymilch bis zum Menü im Heim: Big Food konditioniert unseren Geschmack. Macht uns krank mit Zucker, Salz und Fett. Vergiftet uns mit toxischen Zusätzen und in High-Tech-Laboren zusammengebrauten Aromen. Und bringt damit viele Menschen ins Grab. Die Nahrung ist für die meisten Todesopfer weltweit verantwortlich, sagt die WHO – und kollaboriert hinter den Kulissen mit den Food-Konzernen. Diejenigen, die Ernährung kontrollieren müssten, haben die Kontrolle abgegeben. Früher wäre es strafbar gewesen, Erdbeergeschmack aus Sägespänen herzustellen. Heute ist es legal.

Die Zeit des Umbruchs ist gekommen, auch beim Thema Ernährung. Ernährungswissenschaftler fordern: Der Grad der industriellen Verarbeitung sollte auf Produkten angegeben werden. Doch wie lange wird es dauern, bis das umgesetzt ist? Sie haben nur eine Chance: Sie müssen die Sache selbst in die Hand nehmen!

ISBN 978-3-938656-57-3 • 24,00 Euro

LOCKDOWN

Michael Morris

Der Ausnahmezustand ist die neue Norm!

- Wie kann man den längst überfälligen systemischen Crash der Weltwirtschaft organisieren, ohne dass es einen Schuldigen gibt?
- Wie kann man die Nutzung von Bargeld abschaffen, ohne Widerstand aus der Bevölkerung zu erzeugen?
- Wie kann man problemlos die flächendeckende und lückenlose Überwachung aller Menschen etablieren?
- Wie kann man Versammlungs- und Demonstrationsverbote ohne Widerstand durchsetzen?
- Wie kann man die Menschen dazu bewegen, sich freiwillig impfen und chippen zu lassen?
- Wie kann man die Weltbevölkerung reduzieren, ohne dass irgendjemand Verdacht schöpft?

Dafür bräuchte es ein Ereignis, das so einschüchternd wirkt, dass die Menschen freiwillig auf ihre verfassungsmäßig garantierten Rechte verzichten und alle bisherigen Überzeugungen, Gewohnheiten und Ideale aufgeben. Dafür bräuchte es einen unsichtbaren Feind, der nie besiegt werden kann, weil er sich immer wieder verändert und immer wieder hinterhältig und erbarmungslos zuschlägt. Es bräuchte etwas, das uns alle betrifft, das niemand versteht, und das dennoch alle Menschen in Angst und Schrecken versetzt. Und genau das erleben wir jetzt!

ISBN 978-3-938656-19-8 • 21,00 Euro

WELTVERSCHWÖRUNG

Thomas A. Anderson

Wer sind die wahren Herrscher der Erde?

Immer mehr Menschen stellen fest, dass sie von den Regierenden belogen und betrogen werden und dass die Volksvertreter nicht das Volk vertreten, sondern die Interessen von Großkonzernen, von Militär und Wirtschaft. Große, weltumspannende Firmen und Organisationen leiten unsere Welt. Diese Familienclans nennen die Rohstoffe auf Erden ihr Eigen, bestimmen den Goldpreis und verleihen astronomische Summen an kriegführende Länder. Aber geht es diesen wirklich nur um wirtschaftliche Interessen, oder steckt etwas ganz anderes dahinter?

ISBN 978-3-938656-35-8 • 23,30 Euro

WHISTLEBLOWER

Jan van Helsing

Insider aus Politik, Wirtschaft, Medizin und Geheimdienst packen aus!

Der Whistleblower Edward Snowden und der Sprecher der Whistleblower-Plattform *Wikileaks*, Julian Assange, haben im Ausland Asyl beantragt, weil sie geheime Regierungsdokumente veröffentlicht hatte. Man will sie jedoch nicht bestrafen, weil sie Unwahrheiten oder Lügen verbreitet haben – nein: Man will sie bestrafen, weil sie den Menschen die Wahrheit gesagt haben, die Wahrheit darüber, dass wir alle von unseren Regierungen und deren Geheimdiensten überwacht und ausspioniert werden. Ist es das, wofür wir unsere Volksvertreter gewählt haben? Ist es nicht viel eher so, dass sie inzwischen ganz anderen Interessen dienen? Für dieses Buch haben *Jan van Helsing* und *Stefan Erdmann* 16 Whistleblower interviewt, die u.a. zu folgenden Themen auspacken:

- Wie geht es in deutschen Asylantenheimen wirklich zu?
- Ist Deutschland souverän? Ist die BRD ein Staat oder eine Firma?
- Was ist *Geomantische Kriegsführung*?
- Es werden viele alternative sowie schulmedizinische Therapieformen unterdrückt!
- Gibt es das „Geheime Bankentrading" wirklich? Wie sparen Großunternehmen und soziale Einrichtungen über Stiftungen Steuern?
- Der Ruanda-Kongo-Krieg war wegen Rohstoffen angezettelt worden!
- Warum es bei Film und Radio nur „Linke" geben darf...
- Ein Schottenritus-Hochgradfreimaurer spricht über UFOs und Zeitreisen.

ISBN: 978-3-938656-90-7 • 23,30 Euro

ILLUMINATENBLUT

Nikolas Pravda

Die Täuschung und Menschenverachtung der Eliten enttarnt!

Angeblich leben wir in einer aufgeklärten, humanistischen und christlichen Gesellschaft, der sog. westlichen Wertegemeinschaft. Doch unsere Werte werden allzu oft mit Füßen getreten und zwar nicht nur von Kriminellen, Hochstaplern und Terroristen, sondern auf besonders drastische Weise gerade auch von der Oberschicht, den Eliten und den sog. Illuminaten. Die Eliten werden in den Medien häufig als selbstlos, humanistisch und religiös dargestellt, als Menschenfreunde, Helden oder Heilige. Doch hinter der freundlichen Maske des Gutmenschen verbirgt sich nicht selten die hässliche Fratze des rücksichtslosen Ausbeuters. Nikolas Pravda widmet sich diesen dunkelsten Schattenseiten unserer Gesellschaft und ihren mächtigsten Akteuren, wobei er schonungslos aufdeckt, wie sehr die scheinbar transparenten Strukturen unserer Gesellschaft von okkulten Ritualen durchdrungen sind, der Rechtsstaat von elitären Geheimgesellschaften im Würgegriff gehalten wird und das Machtgefüge von immergleichen Blutlinien durchzogen ist, die für eine kontinuierliche Verdummung des Rests der Bevölkerung sorgen.

ISBN 978-3-938656-49-5 • 19,00 Euro

GIFTDEPONIE MENSCH

Katja Kutza

Der ungewöhnliche Heilungsweg einer Amalgamvergiftung,
die Hintergründe moderner Volkskrankheiten und
die wundervolle Hilfe aus der geistigen Welt!

„Sie sind austherapiert. Wir können keine körperlichen Erkrankungen bei Ihnen feststellen und vermuten eine psychische Störung." Das waren die Worte, mit denen Katja Kutza aus den meisten schulmedizinischen Praxen entlassen wurde. Am Ende eines langen Leidensweges stand die Autorin mit einem nicht mehr funktionieren wollenden Körper und allein gelassen von Ärzten vor den Trümmern ihres einst glücklichen Lebens. Völlig verzweifelt an diesem Punkt angekommen, bekam ihr Leben endlich eine glückliche Wende. Durch innige Gebete gab es für Katja Kutza plötzlich außergewöhnliche Fügungen des Schicksals – meist in Form von alternativen und spirituellen Heilmethoden. Nicht nur ihre Grunderkrankung – eine Amalgamvergiftung – wurde aufgedeckt, auch spirituelle, geistige und energetische Heilsysteme ebneten ihr den Heilungsweg.

ISBN 978-3-938656-47-1 • 21,00 Euro

DAS EINE MILLION EURO BUCH

Jan van Helsing & Dr. Dinero

Erkennen Sie die Zeichen?

Glauben Sie an Zufälle? Denken Sie, es ist reiner Zufall, dass ein paar hundert Familien mehr besitzen als der Rest der gesamten Menschheit? Was wissen diese über Geld, was der Rest der Menschheit nicht weiß? Glauben Sie, dass Glück, Reichtum, Geld und Besitz ganz zufällig bei bestimmten Personen landet?

Es ist kein Zufall, sondern es gibt ein besonderes Wissen über den Umgang mit Geld und Erfolg, das man der Masse vorenthält. Jeder kennt den Begriff ‚Erfolgsrezept'. Gibt es denn so etwas wirklich, ein Rezept für Erfolg? Ja, das gibt es tatsächlich! Es gibt für alles einen 'richtigen Zeitpunkt' und einen 'richtigen Ort', den man erkennen muss. Dies gibt es auch im Bereich des Geldes.

ISBN 978-3-938656-99-0 • 21,00 Euro

BANKSTER

Hanno Vollenweider

Ein junger Mann, Anfang 20, frisch von der Uni und voller Energie und Willen, geht nach Zürich mit nur einem Ziel: Banker zu werden und das große Geld zu verdienen. Was er jedoch nicht ahnt: Schon von Be-ginn an haben ihn seine Chefs und Mentoren für etwas Höheres vor-gesehen und so führen sie ihn Stück für Stück in die internationalen Kreise der Bankster ein. Dies ist das Buch eines heute Anfang 30-jährigen Mannes, der, getrieben von der Gier nach Geld und Macht, Dinge sah, die andere in seinem Alter höchstens aus Hollywood-Fil-men kennen. Mit seiner jungen und frechen Art berichtet er aus den Hinterzimmern der Hochfinanz, wie er zusammen mit einem Freund eine Vermögensverwaltung in Zürich gründete und mit Hilfe dieser Firma eine knappe Milliarde Euro deutsche und andere Schwarzgelder gewinnbringend anlegte, und berichtet dabei auch von seinen Meetings mit bekannten öffentlichkeitsscheuen Privatbanken. Er schildert seine Treffen mit Mitgliedern des *Clubs zum Rennweg*, *Entrepreneurs' Round Table*, der Brüsseler Finanzlobbyorganisationen *Swiss Finance Council* und *European Financial Service Round Table* und wie er im Auftrag seiner Mentoren den Rest der bis heute verschwunden geglaubten D-Mark-Millionen aus den West-Geschäften der DDR flüssig machte. Ferner deckt er die Tricks der Steuervermeidungsindustrie auf, berichtet über ihre Kunden und nennt ihre Namen und die ihrer Helfer aus den höchsten Kreisen der Politik.

ISBN 978-3938656-37-2 • 19,00 Euro

WAS SIE NICHT WISSEN SOLLEN!

Michael Morris

Einigen wenigen Familien gehört die gesamte westliche Welt – und nun wollen sie den Rest!

Eine kleine Gruppe von Privatbankiers regiert im Geheimen unsere Welt. Das Ziel dieser Geldelite ist kein Geringeres als die Weltherrschaft, genannt die *Neue Weltordnung*!
Michael Morris erklärt über die Zukunft der Finanz- und Wirtschaftswelt: *„Die Ländergrenzen werden bleiben, aber die Währungsgrenzen fallen! Ich habe in diesem Buch den Fokus auf die Wirtschaft, auf Geld und das Bankwesen gelegt, denn die Mechanismen des Geldes sind der Schlüssel zur Macht dieser Bankier-Clans. Seit fast zweihundert Jahren sind wir immer wieder auf dieselben Tricks hereingefallen... Jeder Börsencrash war geplant und so ist es auch der nächste – und der kommt sehr bald!"*

ISBN 978-3-938656-13-6 • 21,00 Euro

WENN DAS DIE DEUTSCHEN WÜSSTEN...

Daniel Prinz

...dann hätten wir morgen eine (R)evolution!

Wussten Sie, dass Ihr Personalausweis oder Ihr Reisepass nicht Ihre deutsche Staatsangehörigkeit bestätigt und fast alle Deutschen in ihrem eigenen Land staatenlos sind? Nein? Es gibt tatsächlich ein Dokument, welches die rechtmäßige Staatsangehörigkeit bescheinigt, aber es ist keines der beiden zuvor genannten. Nur wenige Deutsche sind im Besitz dieser speziellen Urkunde, z.B. viele Staatsanwälte, Notare, Bundespolizisten oder Politiker. Wussten Sie zudem, dass Gerichtsvollzieher in der BRD seit 2012 keine Beamten mehr sind oder dass die BRD selbst gar kein Staat ist – und auch nie war –, sondern eine von den Alliierten installierte Verwaltung, die großteils innerhalb einer „Firmenstruktur" operiert? War Ihnen geläufig, dass wir bald in die „Vereinigten Staaten von Europa" übergehen und die Menschen in „handelbare Waren" umfunktioniert werden? Haben Sie sich nicht auch schon gewundert, wieso aus dem Arbeitsamt eine „Agentur für Arbeit" geworden ist oder warum Sie vor Gericht als „Sache" behandelt werden und nicht als Mann oder Frau? Der Autor beantwortet nicht nur diese Fragen ausführlich, sondern zeigt zudem auf, welche höchst raffinierten und hinterhältigen Mechanismen eingesetzt werden, die uns alle versklavt haben und dafür sorgen sollen, dass wir aus dem gegenwärtigen, riesigen Hamsterrad nie ausbrechen.

ISBN 978-3938656-27-3 • 21,00 Euro

POLITISCH UNKORREKT

Jan van Helsing & Co.

Mit der Schere im Kopf müssen viele Autoren, Journalisten und Verleger arbeiten und schreiben nicht das, was sie gerne möchten und was auch die Bürger interessieren würde, sondern sie unterliegen einem unsichtbaren Diktat – der *Politischen Korrektheit*! Wenn Sie bislang meinten, dass *„man in Deutschland doch alles sagen darf"*, dann liegen Sie falsch. Bei uns darf man bestimmte Themen nicht ansprechen oder gar publizieren. Ansonsten folgt eine gesellschaftliche – meist durch die Medien angezettelte – Hetze und im Regelfall dann auch eine Bestrafung. Fakt ist, dass den Bürgern entweder Teile einer Nachricht vorenthalten werden, weil sie „politisch unkorrekt" sind und eventuell den „öffentlichen Frieden" stören könnten, oder es tauchen in vielen Fällen die Ereignisse überhaupt nicht in den Nachrichten auf, man hält sie einfach von der Öffentlichkeit fern, um das Volk nicht zu beunruhigen!

ISBN 978-3-938656-60-0 • 24,00 Euro

HITLER ÜBERLEBTE IN ARGENTINIEN

Jan van Helsing & Abel Basti

Augenzeugen kontra Geschichtsbücher

„So ein Unsinn", werden Sie über den Titel denken. *„Hitler ist im Berliner Bunker gestorben. Man hat die verkohlten Leichen von ihm und Eva Braun gefunden, und das dort aufgefundene Gebiss wurde als das von Hitler identifiziert."*

Nun ja, diese Darstellung des Ablebens von Adolf Hitler ist zwar offi-ziell anerkannt und wurde kürzlich auch recht aufwendig verfilmt, ist aber selbst unter Historikern umstritten – nicht zuletzt deshalb, weil das angebliche Schädelfragment Hitlers im Jahre 2010 untersucht wurde und sich nach einem DNS-Test als das einer Frau herausstellte. Und wieso berichten die größten Tageszeitungen Paraguays im Jahre 2010, dass Hitler lange in Südamerika gelebt hat und auch dort gestorben ist? Nun stellen Sie sich bestimmt die Frage: *„Ja und, was soll's? Jetzt ist er aber bestimmt tot! Was soll ich mich damit noch beschäftigen?"* Richtig, genau das sollte man meinen. Allerdings werden in diesem Buch Personen präsentiert – die namentlich genannt werden –, die nicht nur behaupten, Adolf Hitler persönlich in Südamerika angetroffen zu haben, und das über einen längeren Zeitraum hinweg – bis ins Jahr 1964 –, sondern auch, dass er die letzten zwanzig Jahre seines Lebens nicht untätig war – ganz im Gegenteil!

ISBN 978-3-938656-20-4 • 26,00 Euro

HÄNDE WEG VON DIESEM BUCH!

Schon 200.000 mal verkauft in Deutschland!

Jan van Helsing

Sie werden sich sicherlich fragen, wieso Sie dieses Buch nicht in die Hand nehmen sollen. Handelt es sich hierbei nur um eine clevere Werbestrategie? Nein, der Rat: **„Hände weg von diesem Buch!"** ist ernst gemeint. Denn nach diesem Buch wird es nicht leicht für Sie sein, so weiterzuleben wie bisher. Heute könnten Sie möglicherweise noch denken: *„Das hatte mir ja keiner gesagt, woher hätte ich denn das auch wissen sollen?"* Heute können Sie vielleicht auch noch meinen, dass Sie als Einzelperson sowieso nichts zu melden haben und nichts verändern können. Nach diesem Buch ist es mit dieser Sichtweise jedoch vorbei! Sollten Sie ein Mensch sein, den Geheimnisse nicht interessieren, der nie den Wunsch nach innerem und äußerem Reichtum verspürt hat, der sich um Erfolg und Gesundheit keine Gedanken macht, dann ist es besser, wenn Sie den gut gemeinten Rat befolgen und Ihre Finger von diesem Buch lassen.

ISBN 978-3-9807106-8-8 • 21,00 Euro

DIE KINDER DES NEUEN JAHRTAUSENDS

Jan van Helsing

Mediale Kinder verändern die Welt!

Der dreizehnjährige Lorenz sieht seinen verstorbenen Großvater, spricht mit ihm und gibt dessen Hinweise aus dem Jenseits an andere weiter. Kevin kommt ins Bett der Eltern gekrochen und erzählt, dass *„der große Engel wieder am Bett stand"*. Peter ist neun und kann nicht nur die Aura um Lebewesen sehen, sondern auch die Gedanken anderer Menschen lesen. Vladimir liest aus verschlossenen Büchern und sein Bruder Sergej verbiegt Löffel durch Gedankenkraft.

Ausnahmen, meinen Sie, ein Kind unter tausend, das solche Begabungen hat? Nein, keinesfalls! Wie der Autor in diesem, durch viele Fallbeispiele belebten Buch aufzeigt, schlummern in allen Kindern solche und viele andere Talente, die jedoch überwiegend durch falsche Religions- und Erziehungssysteme, aber auch durch Unachtsamkeit oder fehlende Kenntnis der Eltern übersehen oder gar verdrängt werden. Und das spannendste an dieser Tatsache ist, dass nicht nur die Anzahl der medial geborenen Kinder enorm steigt, sondern sich auch ihre Fähigkeiten verstärken. Was hat es damit auf sich?

Lauschen wir den spannenden und faszinierenden Berichten medialer Kinder aus aller Welt.

ISBN 978-3-9807106-4-0 • 23,30 Euro

NATIONALE SICHERHEIT – Die Verschwörung

Dan Davis

Theorien über eine Verschwörung gab es genug! In diesem Buch finden Sie die Fakten dazu: Adressen, Bilder, Beweise, Interviews!
Viele Menschen sind für diese Aufdeckungen verfolgt und gerichtlich belangt worden, unzählige wurden umgebracht. Und die Uhr tickt!
Der Autor wurde aufgrund unglaublicher Fakten von hochrangigen Politikern der Bundesregierung zu ‚Vier-Augen-Gesprächen' eingeladen, interviewte Opfer der Projekte MK-Ultra und Monarch, sprach mit verschiedenen Insidern und hatte bereits in seiner frühesten Kindheit Bekanntschaft mit Hochtechnologie, die dem Normalbürger gänzlich unbekannt ist.

Das Buch enthält 548 Fotos von geheimen Entwicklungen in Luft- und Raumfahrt!

ISBN 978-3-938656-25-9 • 25,50 Euro

BUCH 3 – Der Dritte Weltkrieg

Jan van Helsing

Ist das Schicksal der Menschheit vorherbestimmt...?

Im Jahre 1871 erstellten die Führer einer Geheimloge einen Plan, wie sie über drei Weltkriege die Welt – sprich die Zentralbanken, das Öl, die Energie- sowie die Wasserversorgung und die Medien – in ihre Gewalt bringen können. Auf dem Weg zur *Neuen Weltordnung* – einer Weltregierung kontrolliert von diesen Schattenmännern – sollte der Erste Weltkrieg inszeniert werden, um das zaristische Russland in ihre Hände zu bringen. Der Zweite Weltkrieg sollte über die Manipulation der zwischen den deutschen Nationalisten und den politischen Zionisten herrschenden Meinungsverschiedenheiten fabriziert werden, und der Dritte Weltkrieg sollte sich, diesem Plan zufolge, aus den Meinungsverschiedenheiten ergeben, die man zwischen den Zionisten und den Arabern hervorrufen würde. Es wurde die weltweite Ausdehnung des Konfliktes geplant.
Interessiert es Sie, ob es tatsächlich dazu kommt, und wenn ja, wie dieser Krieg ausgehen wird? Die in diesem Buch aufgeführten Prophezeiungen von über einhundert verschiedenen Sehern haben alle genau diesen Dritten Weltkrieg vorausgesehen und die weitere Entwicklung der irdischen Menschheit im Detail beschrieben.

ISBN 978-3-9805733-5-1 • 25,50 Euro

WENN DAS DIE MENSCHHEIT WÜSSTE...

Daniel Prinz

Wir stehen vor den größten Enthüllungen aller Zeiten!

Der neue Blockbuster von Daniel Prinz – 720 Seiten! Der Inhalt dieses Buches wird Sie aus den Schuhen hauen! Im Folgeband des Bestsellers „Wenn das die Deutschen wüssten..." hat Daniel Prinz im ersten Teil in aufwendiger Recherchearbeit brisante Hintergründe zu den beiden Weltkriegen aufgedeckt, die mit dem gefälschten Geschichtsbild der letzten 100 Jahre mit eisernem Besen gründlich aufräumen. In Teil 2 geht es um Chemtrails, die Dezimierung der Menschheit, Zensur und Gedankenpolizei, Impfungen und das Krebsgeschäft, und in Teil kommt die kosmische Variante mit ins Spiel: das geheime Weltraumprogramm!

ISBN 978-3-938656-89-1 • 33,00 Euro

GEHEIMSACHE „STAATSANGEHÖRIGKEITSAUSWEIS"

Max von Frei

Wussten Sie, dass ein Reisepass oder ein Personalausweis nicht dazu ausreicht, Ihre deutsche Staatsangehörigkeit nachzuweisen? Wenn Sie beispielsweise als Deutscher in den USA oder Russland eine Firma gründen wollen, verlangen die dortigen Behörden Ihren "Staatsangehörigkeitsausweis" als Nachweis, dass Sie Deutscher sind. Noch nie davon gehört? Diesen Ausweis erhalten Sie beim Landratsamt, und er kostet nur 25 Euro. War Ihnen bekannt, dass Sie nur mit dem "Staatsangehörigkeitsausweis" die Bürgerrechte – laut Grundgesetz die sog. „Deutschenrechte" – beanspruchen können? Aber wieso wissen wir das nicht, und wieso erhält man dieses Dokument nicht ganz automatisch mit der Geburt ausgehändigt? Wieso macht die BRD den Staatsangehörigkeitsausweis zur Geheimsache? Könnte die Offenbarung dieses Geheimnisses über die Zukunft Ihres Vermögens entscheiden? Könnte diese neue Erkenntnis darüber hinaus vielleicht sogar zu einem von Deutschland ausgehenden, weltweiten Frieden führen?

Max von Frei beantwortet diese Fragen im Detail – belegt durch geltende und gültige Gesetze sowie zahlreiche Dokumente – und erklärt darüber hinaus, wieso die BRD nicht wirklich souverän ist und weshalb die „Menschenrechte" in „Handelsrecht" und „Staaten" in „Firmen" umgewandelt werden.

ISBN 978-3938656-61-7 • 21,00 Euro

NATIONALE SICHERHEIT – Die Verschwörung

Dan Davis

War es eine Freimaurer-Hinrichtung?

Etwa 2.800 bislang geheime Dokumente zum Mord an John F. Kennedy wurden von Präsident Donald Trump zur Veröffentlichung freigegeben. In diesem Buch werden die neuesten Erkenntnisse über den Mord an JFK am 22. November 1963 in Dallas, Texas, thematisiert und aufgelistet. Neben den brandaktuellen Fakten werden weitere offene Fragen erstmals beantwortet: Warum waren alle Entscheidungsträger, die mit der „Aufklärung" des Mordes zu tun hatten, Freimaurer? Welche von JFK geplanten Gesetzesänderungen verschwanden nach dem Attentat umgehend wieder? Warum kam es zu einem Massensterben von Augenzeugen? War es reiner „Zufall", dass Kennedys Sohn 1999 mit seinem Flugzeug abstürzte, wenige Tage vor einer geplanten Kandidatur zum US-Präsidenten?

ISBN 978-3-938656-52-5 • 21,00 Euro

GEHEIMGESELLSCHAFTEN 3

Jan van Helsing

Halten Sie es für möglich, dass ein paar mächtige Organisationen die Geschicke der Menschheit steuern? Jan van Helsing ist es nun gelungen, einen aktiven Hochgradfreimaurer zu einem Interview zu bewegen, in dem dieser detailliert über das verborgene Wirken der weltgrößten Geheimverbindung spricht – aus erster Hand! Dieser Insider informiert uns darüber: Was die Neue Weltordnung darstellt, wie sie aufgebaut wurde und seit wann sie etabliert ist – weshalb die Menschen einen Mikrochip implantiert bekommen – dass die Menschheit massiv dezimiert wird – welche Rolle Luzifer in der Freimaurerei spielt – dass der Mensch niemals vom Affen abstammen kann – welche Rolle die Blutlinie Jesu spielt – dass es eine Art Meuterei in der Freimaurerei gibt, und was aus Sicht der Freimaurer auf die Menschheit zukommt.

ISBN 978-3-938656-80-8 • 26,00 Euro